Hans-Dieter Leuenberger

Sieben Säulen der Esoterik

Hans-Dieter Leuenberger

Sieben Säulen der Esoterik

Grundwissen für Suchende

Verlag Hermann Bauer
Freiburg im Breisgau

CIP-Titelaufnahme der Deutschen Bibliothek

Leuenberger, Hans-Dieter:
Sieben Säulen der Esoterik : Grundwissen für Suchende /
Hans-Dieter Leuenberger. – Freiburg im Breisgau: Bauer, 1989
ISBN 3-7626-0373-1

Autor und Verlag danken der U.S. Games Systems Inc. Stamford CT 06902
für die freundliche Genehmigung zum Nachdruck der
Karten aus dem Rider-Waite-Tarot.

Bezug der Rider-Waite-Tarotkarten durch
AGM, AG Müller Spielkartenfabrik, CH-8212 Neuhausen.

1989
ISBN 3-7626-0373-1

Schutzumschlag: Atelier Klauer, Raubling.
Satz: Jung SatzCentrum, Lahnau.
Druck und Bindung: May + Co, Darmstadt.
Printed in Germany.

Meiner lieben Frau Eva

Ora
Lege Lege Lege Relege labora
et Invenies
(Bete, lies, lies, lies, lies aufs neue,
arbeite und du wirst finden.)

Liber Mutus (Stummes Buch), 1677

Inhalt

Einführung

Bücher haben ihre Geschichte. Dieser sicher schon etwas abgedroschene Satz hat auch für das vorliegende Buch seine Gültigkeit. Im Frühling 1988 stieß ich während eines Aufenthaltes in Paris auf das Buch *ABC illustré d'Occultisme. Premiers Eléments d'Etudes des grandes Traditions initiatiques* von Papus. Dieses Buch sprach mich sowohl von seiner Thematik als auch von seiner Konzeption her sofort an. Papus machte es sich darin zur Aufgabe, in locker aneinandergefügten Kapiteln die Grundbegriffe der Esoterik allgemeinverständlich zu vermitteln – ein Anliegen, das auch heute noch, in dem Sinne wie Papus und seine Generation Esoterik verstanden haben, für unsere Zeit, jedenfalls was die deutschsprachige Region betrifft, weitgehend unerfüllt geblieben ist. Mir kam sogleich der Gedanke, Papus' Buch auch dem deutschsprachigen Leser, der am Thema Esoterik interessiert ist, durch eine Übersetzung zugänglich zu machen. Es zeigte sich allerdings rasch, daß Papus sein Buch für eine andere Zeit und für Leser geschrieben hatte, deren Allgemeinbildung auf einer anderen Grundlage beruhte, als das heutzutage der Fall ist. Das wissenschaftliche Denken in der zweiten Hälfte des neunzehnten Jahrhunderts bewegte sich in ausgesprochen materialistischen Bahnen, wie sie der französische Philosoph Auguste Comte (1798–1857) im Positivismus vorgezeichnet und formuliert hatte.

Für den Positivismus ist nur die materielle Erscheinung, das Phänomen Tatsache. Man kann nur vom materiell Gegebenen als dem Tatsächlichen, Positiven ausgehen. Alles wissenschaftlich Erfaßbare ist demzufolge auf die sinnlich faßbare Erscheinung beschränkt. Die Erscheinungen müssen klassifiziert und geordnet werden, um Gesetzmäßigkeiten erkennen zu können, aus denen heraus es möglich wird, den Ablauf der Dinge zuverlässig vorauszusagen. Jede metaphysische Hinterfragung der Erscheinungen ist sinnlos (*metaphysisch* meint hier die wirkliche Ursache), da ja nur die Erscheinung selbst erfahrbar ist. So ist beispielsweise die Gravitation beschränkt auf den Apfel, der einem auf den Kopf fällt. Etwas erklären heißt, die materiell erfahrbaren Tatsachen zueinander in Beziehung zu setzen, um so eine allgemeine Tatsache zu erhalten. Comte sieht im Positivismus die höchste Entwicklung des menschlichen Denkens, das er auf drei Evolutionsschritte zurückführt. Danach hat der Mensch die Erscheinungen zuerst *theologisch* erfaßt, in einem zweiten Schritt *metaphysisch* und dann, als Krönung gewissermaßen, *positivistisch.* So erfaßt der Mensch zum Beispiel die Gestirne theologisch zuerst als Götter, auf der metaphysischen Stufe erfaßt er die Gestirne unter dem Aspekt abstrakter Begriffe, etwa so: Die Gestirne bewegen sich in kreisförmigen Bahnen, weil der Kreis die vollkommenste Figur ist. Dann aber, als Krönung, werden die Gestirne aufgrund genauer Beobachtung phänomenologisch erfaßt, und die erhaltenen Resultate werden zueinander in Beziehung gebracht. Daraus ergibt sich eine Hypothese, die durch das Experiment erhärtet und bewiesen werden muß. Die Gestirne sind positivistisch gesehen nichts anderes als Materieklumpen im Universum, die zueinander in einer bestimmten gesetzmäßigen Beziehung stehen, die erforscht und nachgewiesen werden kann.

Es ist sofort ersichtlich, daß der Positivismus mit seinem Denksystem sehr weit von den Ideen und Überlegungen der Esoterik wegführt. Da aber in der zweiten Hälfte des neunzehnten Jahrhunderts der Positivismus das allgemein wissenschaftlich gebräuchliche Denksystem war, mußten damalige Autoren der Esoterik zwangsläufig versuchen, ihr Thema in eine vom Positivismus akzeptierte Form zu bringen. Papus hat als naturwissenschaftlich geschulter Arzt diese Aufgabe hervorragend erfüllt. Im deutschen Sprachgebiet war es vor allem Rudolf Steiner, der sich dieser Aufgabe widmete. Auf diese Weise ermöglichte er vielen Menschen (sein damaliger Erfolg beweist dies), sich mit Esoterik auseinanderzusetzen, ohne daß sie ihr gewohntes Denksystem aufgeben mußten. Was damals ein unbestreitbarer Vorteil war, erweist sich für die heutige Generation als Nachteil, denn es ist der Anthroposophie bis heute nicht gelungen, sich aus diesem positivistischen Denksystem wieder zu lösen. Dies ist mit ein Grund, warum es für manche heutige Leser so schwierig ist, Steiners Schriften zu verstehen. Bedingt durch die Veränderung unseres Weltbildes können, ja müssen wir sogar andere Modelle und eine andere Terminologie verwenden als die Esoteriker der früheren Generation. Allerdings müssen wir nicht alles über Bord werfen, was damals erarbeitet wurde. Manch ein Denkmodell von früher kann aus heutiger, veränderter Sicht sogar besser verstanden und gehandhabt werden als zur Zeit seiner Entstehung.

Die Situation um die Jahrhundertwende bedingte denn auch eine andere Akzentuierung und teilweise eine andere Sprache im Umgang mit esoterischen Themen. Da der Positivismus großes Gewicht auf Klassifizierung und daraus resultierende Zusammenhänge legte, glaubte man auch in der Esoterik möglichst die gleichen Maßstäbe anlegen zu müssen. Esoterik mußte also phänomenologisch unter dem Aspekt der Erscheinungen und ihren vermutlichen Zusammenhängen erfaßt werden. Darum wird in der esoterischen Literatur des neunzehnten und frühen zwanzigsten Jahrhunderts so großes Gewicht gelegt auf Einteilung (Ätherkörper, Astralkörper, die verschiedenen Strahlen sowie nach historischen Gesichtspunkten ausgerichtete Evolutionsmodelle und so weiter) und genau differenzierte Klassifizierung. Auch die vom heutigen Standpunkt aus gesehen unverhältnismäßige Betonung des divinatorischen Aspekts der einzelnen esoterischen Wissensgebiete läßt sich aus dem Bestreben heraus verstehen, phänomenologisch erfaßbare Tatsachen vorweisen zu können. Das gleiche gilt auch für den Spiritismus und sein Bestreben, Materialisation zu erreichen. Das Grundwissen der Esoterik wurde mehr phänomenologisch beschrieben als in einen das Verständnis fördernden Zusammenhang gebracht.

Das zwanzigste Jahrhundert brachte einen Umschwung des Denkens unter gleichzeitiger Loslösung vom Positivismus mit sich. Verursacht wurde dieses Umdenken durch die moderne Physik, wie sie von Albert Einstein und seiner Relativitätstheorie begründet wurde, und die moderne Psychologie. Hier waren es Sigmund Freud und C. G. Jung sowie deren Schüler, die ein neues, nicht materialistisch geprägtes Bild des Menschen ermöglichten, das es erlaubte, Esoterik nicht mehr länger als eine Angelegenheit von Außenseitern zu behandeln. Daraus ergibt sich nicht nur die Möglichkeit, sondern auch die Notwendigkeit, die Tradition der Esoterik von diesem neuen Standpunkt aus zu betrachten und zu hinterfragen.

Dieses Buch möchte den veränderten Voraussetzungen Rechnung tragen. Dem interessierten Leser soll ein Grundwissen vermittelt werden, das es ihm ermöglicht, esoterische Literatur, gerade auch der früheren Zeit, zu verstehen und seinen Bedürfnissen gemäß zu qualifizieren. In der Beziehung stellt dieses Buch eine Fortsetzung und Erweiterung meines früheren Buches *Das ist Esoterik* (Verlag Hermann Bauer, Freiburg, 1987[3]) dar. Dort ging es darum, einen ersten Überblick über das weitläufige Gebiet zu ermöglichen. Hier soll nun die Gelegenheit zur Vertiefung und zum Verständnis der tieferen Zusammenhänge gegeben werden. Besonders gilt dies für Namen und Begriffe. Viele Bücher zur Esoterik, die in letzter Zeit veröffentlicht wurden, lassen Mißverständnisse entstehen, weil die esoterische Terminologie des neunzehnten und frühen zwanzigsten Jahrhunderts unbesehen und teilweise auch ungeklärt übernommen wird. Ein Beispiel dafür ist das Vokabular zu den Planeten und Planetensphären, wie es gerade auch bei Steiner häufig anzutreffen ist. Es entstammt der Zeit der Jahrhundertwende, als die Gebrüder Wright gerade ihre ersten Hüpfer im Motorflug unternahmen und die Raumfahrt, wie sie heute möglich ist, noch jenseits von praktischer Verwirklichung lag und wohl auch noch von niemandem ernsthaft in Erwägung gezogen wurde. Unter dieser Voraussetzung wurden die Namen der Planeten als Bezeichnungen für transzendente Ebenen außerhalb der menschlichen Reichweite verwendet, was heute nicht mehr möglich ist. Trotzdem findet man in heutigen Publikationen immer noch gelegentlich den unreflektierten Gebrauch der Planetennamen in diesem Sinne.

Eine Schwierigkeit beim Verständnis der Esoterik liegt in der

Tatsache, daß sie keine »objektive« Wissenschaft ist, sondern größtenteils als Vermittlerin subjektiver Erfahrung dient. Diese ist nicht meßbar, und Erlebnisse und Erfahrungen können nicht ohne weiteres auf andere Menschen übertragen und in gleicher Weise nachvollziehbar gemacht werden.

Esoterik muß heute sorgfältig nach zwei Seiten hin abgegrenzt werden. Esoterik als ein seit Jahrtausenden überliefertes Urwissen der Menschheit sollte nicht mit Religion verwechselt werden. Eine solche Verwechslung liegt nahe und ist begreiflich, denn die Esoterik bedient sich der religiösen Sprache, obgleich sie mit dieser Sprache etwas anderes zum Ausdruck bringt als die Religion. Religion ist Rück*bindung* (lateinisch *religio*), während Esoterik in der heutigen Zeit Rück*besinnung* bedeutet, Rückbesinnung auf das kosmische Selbstverständnis des Menschen, das durchaus ohne einen religiösen Gottesbegriff im herkömmlichen Sinne auskommt.

So wie die Esoterik sich der religiösen Sprache bedient, verwendet die moderne Psychologie, namentlich deren humanistische Richtung, mehr und mehr die esoterische Sprache. Dies kann zu Mißverständnissen führen, weil zwar die esoterische Sprache benutzt wird, weil aber das, was damit ausgedrückt wird, sich doch in den bekannten Bahnen der Psychologie bewegt. Dies ist vorwiegend im sogenannten New Age der Fall. So ist das Bestreben nach Abgrenzung und Klarstellung der allgemein verwendeten Begriffe ein wichtiges Anliegen dieses Buchs, damit im gegenwärtig schnell wachsenden Dschungel der esoterischen Schlinggewächse einigermaßen die Orientierung aufrechterhalten werden kann. Esoterik bejaht die geistige und spirituelle Mündigkeit der Menschheit sowie des einzelnen Menschen, und ich habe versucht, dieses Buch von dieser Position aus zu formulieren. Das Wassermannzeitalter sollte sich vom Fischezeitalter durch das Fehlen jeglicher Dogmatik unterscheiden. Statt starrer Aussagen »so ist es« sollte der Möglichkeit und auch der Spekulation mehr Raum gegeben werden, im Wissen darum, daß Erkenntnis, je nach dem Entwicklungsweg des jeweiligen Menschen, ausweitbar und somit auch der Veränderung unterworfen ist.

Dieser Prozeß der Veränderung zeigt sich ganz besonders auch in der gegenwärtigen Zeit. Als sich Mitte der siebziger Jahre ein vermehrtes Interesse an Esoterik entwickelte, war man rasch bereit, diese Erscheinung als eine vorübergehende Welle zu betrachten. Diese Prognose hat sich als falsch erwiesen. Die Entwicklung, die seither eingesetzt hat, ist weit mehr als eine vorübergehende Modewelle. Das rege Interesse an Esoterik und den damit verbundenen Fragen und Themen erweist sich immer mehr als ein tiefgreifender Prozeß der allmählichen Bewußtseinsveränderung, der weit mehr auf den Beginn eines neuen Aeons als auf die Degenerationserscheinungen eines zu Ende gehenden Zeitalters schließen läßt. Dieses Buch sucht dem Rechnung zu tragen, indem es die Aufmerksamkeit des Lesers nicht nur in die Vergangenheit lenkt, sondern auch den Versuch unternimmt (vor allem in den letzten zwei Kapiteln), Perspektiven aufzuzeigen, wie sich diese Bewußtseinsveränderung vielleicht für einzelne Menschen auswirken könnte, die sich dieser Herausforderung stellen wollen; Menschen, die erfahren haben, daß viele Werte des zu Ende gehenden Zeitalters allmählich ihre Gültigkeit verlieren, die aber noch nicht klar sehen können, was an deren Stelle treten könnte. So ist ein ganz neues Buch entstanden, das kaum mehr mit dem anfangs erwähnten von Papus verglichen werden kann.

Vom Wesen der Esoterik

Die allgemeine Verbreitung und Popularisierung esoterischen Wissens in den letzten Jahren hat unter anderem auch dazu geführt, daß der Begriff Esoterik zu einem Allerweltswort geworden ist, ein Gefäß, worin alles und jedes zu einem subjektiv-persönlichen Eintopf gekocht werden kann. Es ist daher notwendig, daß wir zu allererst dieses Wort neu betrachten und auf seinen eigentlichen Inhalt hin überprüfen. Dabei wollen wir nicht bei den gängigen Übersetzungen des rein sprachlichen Ausdrucks verweilen, sondern uns auch näher damit befassen, was Esoterik in früherer Zeit war und wie die Generationen vor uns damit umgegangen sind. Erst dann können wir ermessen, was Esoterik in unserer Zeit bedeutet.

Beginnen wir mit der sprachlichen Bedeutung des Begriffs. Esoterik, abgeleitet vom griechischen Wort *esotericos,* bedeutet innen, verborgen, geheim, nicht für die Öffentlichkeit bestimmt. Der sprachlichen Bedeutung in diesem Sinne trug man bis vor wenigen Jahrzehnten auch Rechnung, indem im allgemeinen Sprachgebrauch der Ausdruck Okkultismus den Platz einnahm, der heute vom Begriff Esoterik eingenommen wird. Vom lateinischen *occultus* abgeleitet, was verborgen, geheim bedeutet, wird damit fast ausschließlich auf diesen Aspekt hingewiesen. Dabei muß noch bedacht werden, daß das Wort Okkultismus stark negativ besetzt ist, weil es im Laufe der Zeit mehr oder weniger zum sinngleichen Begriff für das Dämonische, die dunklen und bösen Kräfte schlechthin geworden ist. Da heutzutage okkultes Wissen kaum mehr geheim und verborgen ist und die dämonischen und dunklen Kräfte in unserer Zivilisation ganz offen zutage treten, hat der Begriff Esoterik zu Recht den Platz des Begriffes Okkultismus eingenommen. Das heißt, das Innere oder der eigentliche

Sinn, die innere Bedeutung einer Sache hat Vorrang gegenüber dem Geheimen und Verborgenen gewonnen. Das ist gut so und entspricht auch mehr dem Stellenwert, den Esoterik in unserer Zeit gewinnt.

Was wir heute Esoterik nennen, war viel mehr in die Kultur und Zivilisation früherer Völker integriert, als das in der Gegenwart der Fall ist. Obwohl die Esoterik heute mehr und mehr öffentlich in Erscheinung tritt, ist sie immer noch mit dem Vorurteil des Abseitigen, Spinnerten behaftet, und wer sich zur Esoterik und der damit verbundenen Lebenshaltung bekennt, muß damit rechnen, in eine gesellschaftliche Randgruppe abgedrängt zu werden mit all den damit verbundenen Vorurteilen und Erschwernissen. Esoterik hat in vergangenen Epochen einmal die gleiche gesellschaftliche Position eingenommen wie sie in unserer Zeit der Wissenschaft eingeräumt wird. Das wird oft übersehen, weil sich die Esoterik in ihren Methoden und äußeren Erscheinungen eben doch stark von dem unterscheidet, was in der heutigen Wissenschaft Geltung hat und Anerkennung findet. Die Gründe sind vor allem technischer Natur.

Die wenigsten Menschen sind sich darüber im klaren, welche privilegierten Möglichkeiten unsere Generation zur Verfügung hat, um sich Wissen in fast beliebiger Menge anzueignen. Überall gibt es Bücher, Zeitungen, Telefonnetze, Rundfunk, Fernsehen, magnetische Datenträger und Datenbanken mit den dazugehörigen Geräten. Sie sind uns zur Selbstverständlichkeit geworden, und wir zerbrechen uns kaum mehr den Kopf, uns vorzustellen, wie ein Leben ohne sie aussehen würde. Und doch ist gerade unsere Zivilisation fast ausschließlich auf diese freie und rasche Verfügbarkeit der Informationen aufgebaut. Man stelle sich vor, über Nacht würden wie von Zauberhand sämtliche Telefone samt den dazugehörigen Leitungen einfach verschwinden. – Eine Katastrophe, die unsere Zivilisation von Grund auf bedrohen oder gar vollständig lahmlegen könnte. Ähnliche Überlegungen lassen sich auch in bezug auf Druckerzeugnisse und Magnetspeicher anstellen. Das zeigt, wie abhängig unsere Kultur von ihrer Technologie ist.

Es gab aber einmal eine Zeit, und sie liegt noch gar nicht so lange zurück, in der die Menschheit ohne diese technischen Hilfsmittel auskommen mußte und dennoch wissenschaftliche Studien betrieb. Allerdings bediente sie sich dabei anderer Mittel und anderer Datenträger, die nicht weniger durchdacht und auf ihre Weise nicht weniger ausgefeilt, ja genial waren wie die der heutigen Zeit. Auch diente Wissenschaft damals zum Teil anderen Zielen und wurde von einer anderen Perspektive aus betrachtet als heutzutage.

Esoterik hatte in früheren Kulturen die gleiche Bedeutung wie die Naturwissenschaft in der unseren. Auch heute sind Esoterik und Naturwissenschaft immer noch enger verwandt als allgemein angenommen wird. Eine Definition der Esoterik, die im letzten Jahrhundert geprägt wurde, lautet: Wissenschaft von den verborgenen Kräften der Natur, des Menschen und der göttlichen Ebene. Auch wenn diese Definition dem in vielem andersgearteten Denken des 19. Jahrhunderts entspricht, kann sie auch noch für uns zur Begriffsklarheit beitragen. Wenn wir die Begriffe »verborgen« und »göttliche Ebene« streichen, erhalten wir eine Umschreibung von Naturwissenschaft, der auch ein heutiger, die Esoterik überaus kritisch wertender Mensch durchaus beipflichten könnte. Wir erkennen also, daß es in der Geschichte, wenigstens der abendländischen Kultur und ihrer Abkömmlinge, eine Entwicklung gegeben hat, die Göttliches und Menschliches, Religion und Sachwissen getrennte Wege gehen ließ, eine Kluft, die Kultur und Geschichte der abendländisch-christlichen Menschheit über Jahrhunderte hinweg zutiefst geprägt hat. Namen wie Kopernikus, Galilei, Giordano Bruno bis hin zu Newton und Einstein legen davon Zeugnis ab. Es ist hier nicht der Ort, auf die entsprechenden historischen und geistesgeschichtlichen Fakten näher einzugehen, sie können in jedem guten Geschichtsbuch nachgelesen werden. Für unsere Belange ist lediglich wichtig, daß es einmal eine Zeit gab, in der diese Trennung nicht vollzogen wurde und die Wissenschaft sehr wohl auch religiöse Dimensionen in ihren Rahmen einbezogen hat. Wissenschaft war damals Kosmogonie, eine Synthese von Naturerkenntnis und Religion. Die gleiche Sicht wird von der Esoterik erneut in die heutige Zeit eingebracht.

Das Wort »unsichtbar« hat in der heutigen Zeit nicht mehr die gleiche Bedeutung wie für den positivistisch denkenden Menschen des neunzehnten Jahrhunderts. Damals konnte ein so anerkannter Wissenschaftler wie der Mediziner Virchow repräsentativ für seine ganze Generation den bekannten Ausspruch tun: »Ich habe in meinem Leben viele menschliche Körper geöffnet, aber noch nie eine Seele darin gesehen.« Dieser Satz ist heute selbst für einen eingefleischten Materialisten unhaltbar geworden, denn immerhin kennen wir viele Phänomene, die zwar unsichtbar sind, aber dennoch im heutigen naturwissenschaftlichen Weltbild ihren Platz haben. Man denke nur an die elektromagnetischen Schwingungen. Daher müssen wir für unsere Zeit das Wort »unsichtbar« durch »sinnlich nicht direkt wahrnehmbar« ersetzen. (Der Ausdruck »übersinnlich« verlangt Vorsicht, da er mit allzuviel zwielichtigem Ballast befrachtet ist.) Somit kann der Versuch gewagt werden, Esoterik zu definieren als das Wissen um eine Energie, die in allem vorhanden ist und sich durch alles ausdrücken kann. In einem höheren Zusammenhang gesehen erfaßt sie alle Bereiche, sowohl die sinnlich erfahrbaren als auch diejenigen, die mit den Sinnen nicht erfaßt werden können. Durch diese Energie wird der ganze Kosmos lebendig erhalten und einer höheren Ordnung unterworfen.

Erinnern wir uns im Vergleich dazu noch einmal daran, daß das neunzehnte Jahrhundert Esoterik als Wissenschaft von den verborgenen Kräften der Natur, des Menschen und der göttlichen Ebene definierte. Was daran auffällt ist die Klassifikation und Trennung zwischen Mensch, Natur und Gott. Es fällt auf, daß zwischen Mensch und Natur offensichtlich eine Trennung, möglicherweise ein Gegensatz vorausgesetzt wird. Was stimmt nun? Wohl beides. Der Mensch kann sich durchaus als Teil dieses großen Ganzen fühlen, nicht anders als auch Mineralien, Pflanzen und Tiere, aber andererseits ist er auch fähig, sich selbst als Individuum in diesem großen Ganzen zu erkennen, als jemand, der dazu entweder in Harmonie oder in disharmonischem Gegensatz stehen kann – ein Umstand, der in allen großen Schöpfungsmythen der Menschheit vorkommt, wie bei uns im Mythos von Adam und Eva und dem Sündenfall.

Das bedeutet, daß sich der Mensch zwar als ein Teil der Natur erkennt, aber gleichzeitig erfährt, daß er in dieser Natur eine besondere Position einnimmt. Wie alle Natur besteht der Mensch (esoterisch bildhaft gesehen) aus den sogenannten vier Elementen Feuer, Wasser, Luft, Erde, die für sich den Grundstoff oder die Grundenergie der irdisch materiellen Ebene bilden, auf der wir uns befinden. Der Mensch hat also Gemeinsamkeiten mit der ihn umgebenden Natur, beispielsweise die grundlegenden Strukturen des Körpers sowie dessen Lebensfunktionen, die ihn steuern und ihm so das Überleben ermöglichen. Andererseits erfährt der Mensch aber auch, daß er nicht nur ein Teil des Ganzen ist, sondern auch ein Eigenleben führen kann, also ein selbständiges Individuum, ein Mikrokosmos ist. Indem der Mensch seine Beziehung zum großen Ganzen erkennt, begreift er gleichzeitig, daß es eine übergeordnete göttliche Ebene gibt. Dies bedeutet, daß der Mensch im Unterschied zu Mineralien, Pflanzen und Tieren zu Spiritualität fähig ist und daß der Weg zu dieser Spiritualität nur über die Selbsterkenntnis führt. Das ist das Entscheidende. Alle Esoterik, ganz gleich mit welchem Teilgebiet wir uns befassen, soll zu dieser höheren Selbsterkenntnis führen, zur Erkenntnis dieser als göttlich bezeichneten Ebene und zum Verständnis dessen, wie sie sich außerhalb und innerhalb des Menschen zeigt. Dic Frage ist nun: Wie kommt der Mensch zu dieser Selbsterkenntnis, welche Wege dazu stehen ihm offen, und welche Möglichkeiten zur Umsetzung und Anwendung dieser Erkenntnis hat er zur Verfügung? Dieser Frage nachzugehen ist das Thema der folgenden Kapitel.

Initiation

Die Aufgabe, das Wissen, das wir im vorhergehenden Kapitel mit Esoterik in Verbindung gebracht haben, zu vermitteln und dafür zu sorgen, daß es auch künftigen Generationen zugänglich bleibt, fiel einst den Mysterien zu. Die Mysterien und ihre geheimen Kulte hatten in der Welt, die wir mit dem Wort »antik« im weitesten Sinne bezeichnen, eine wichtige Position und genossen großes Ansehen. Um das Wesen der Mysterien und ihre herausragende kulturelle und politisch-gesellschaftliche Stellung zu verstehen, müssen wir über die Gegebenheiten und Eigenarten der damaligen Zeit einiges wissen und berücksichtigen.

Die antike Gesellschaft war äußerlich stark hierarchisch und klassenmäßig strukturiert. In einer Zeit, in der in langen und großen Kriegszügen ganze Weltreiche zusammengeschmiedet wurden, war es allgemein üblich, die Besiegten zu Sklaven der Sieger zu machen. Bei der großen Zahl von anfallenden Kriegsgefangenen war menschliche Arbeitskraft äußerst billig und im Überfluß vorhanden. Daher rührt auch die Tatsache, daß sich technischer Fortschritt in der Antike über Jahrhunderte hinweg kaum feststellen läßt. Die Griechen und Römer verfügten zwar durchaus über die physikalischen Kenntnisse, die sie zur Erfindung des Benzinmotors und damit des Autos befähigt hätten, aber wozu ein solches Gefährt bauen, da doch die Sklaven jeden Transport so viel billiger besorgten. Diese ausgeprägte Zweiklassengesellschaft hat sich im Abendland bis nach der französischen Revolution erhalten. Die Welt Platos (428–348 vor Christus) unterschied sich von der Goethes mehr als zweitausend Jahre später, viel weniger, als sich die Welt Goethes von unserer nur zweihundert Jahre späteren unterscheidet. Das sind Umstände, die für Geschichte und Verständnis der Esoterik wichtig sind.

So gab es also grob gesehen zwei Gruppen von Menschen in der antiken Welt: die privilegierten Wissenden und die nicht privilegierten Unwissenden; oder, um es bildhaft auszudrücken, es gab eine große Herde gedankenloser Schafe, die von wenigen Hirten geführt wurde, die imstande waren, sich über den höheren Zweck ihres Daseins Gedanken zu machen und sich dadurch befähigt fühlten, die Herde entsprechend zu leiten. In den Überlegungen der damaligen Zeit taucht immer wieder das Bild auf, daß die Herdenangehörigen unreifen Kindern glichen, denen man das zum Leben Notwendige auch in einer ihrer Kindlichkeit gemäßen Form zugänglich machen mußte.

Es ist ein auch heute noch recht verbreiteter Fehler, zu stark zwischen einem geheimen und einem anderen, öffentlichen Wissen zu unterscheiden. Demgegenüber muß festgehalten werden, daß das in den Mysterien vermittelte Wissen stets auch jedermann öffentlich zugänglich war, sofern er es als Mysterienwissen erkennen konnte. Das war aber nicht ohne weiteres möglich, da es sich sorgfältig in Legenden, Mythen, Sagen und den personifizierten Göttern mit den dazugehörigen Bildern verbarg. Was bei der Mysterieneinweihung geschah, war die Offenlegung dieses eigentlichen, eben esoterischen Inhalts oder, um einen modernen Ausdruck zu gebrauchen, es wurde Bewußtheit oder Bewußtseinserweiterung vermittelt. Zum Esoteriker wurde jemand, der um die *abstrakten Prinzipien* wußte, die in den bildhaften Erzählungen von den vielen Göttern enthalten waren. Was für das esoterische Volk mehr oder weniger reinen Unterhaltungswert hatte, wurde dem wahren Esoteriker zur Quelle von Weisheit und Wissen um die letzten Dinge. Die im Vergleich zur Masse des Volkes wirklich kleine Anzahl von Wissenden und Esoterikern der alten Zeiten schloß sich zu Gruppen zusammen, in denen dieses Wissen und das Eigentliche, den inneren Kern Betreffende, gepflegt und an geeignet erscheinende Menschen weitervermittelt wurde. So entstanden die geheimen Mysterienbünde mit ihren verschiedenen Kulten.

Soweit bekannt ist (die Geheimnisse um diese Mysterien wurden im allgemeinen sehr sorgfältig gehütet), gab es, über die damalige bekannte Welt verbreitet, zahlreiche Mysterienkulte mit den dazugehörigen Tempeln oder heiligen Stätten. Im Gebiet, das später vom römischen Weltreich zusammengehalten wurde, waren die bekanntesten Mysterien die von Isis und Osiris in Ägypten, deren Inhalt später in die berühmten Mysterien von Eleusis in Griechenland übertragen wurde. Es gab die sogenannten orphischen Mysterien, die mit dem Sänger Orpheus in Beziehung standen, sowie die Adonis-Mysterien im Gebiet des heutigen Libanon. Aber auch außerhalb der römisch-griechischen Welt wurden Mysterienkulte gefeiert. Die Kelten hatten ihre Mysterien, in welche die Druiden eingeweiht wurden, und auch die Germanen hatten die ihren.

Es ist ziemlich sicher, daß die verschiedenen Mysterienstätten miteinander in Verbindung standen, und bei aller Verschiedenheit der darin gebrauchten Bilder und Mythen läßt sich eine Gemeinsamkeit ihrer Lehre feststellen. Hauptinhalt der Mysterien war die Lehre vom einen Gott sowie die Auferstehung des Menschen zum ewigen Leben. Die Mysterien lehrten die Würde und Erhabenheit der menschlichen Seele in der Natur und wollten den Menschen zur Schau des Göttlichen führen, wie es sich in der Schönheit, Größe und Ordnung des Universums zeigt. Einsicht in die Gesetzmäßigkeit des kosmischen Geschehens war ihr Ziel. Der weise, eingeweihte Mensch sollte sich nicht aus blindem Gehorsam und mit unreflektierter Unterwerfung, sondern aus seinem freien Willen heraus in diese höhere Ordnung einfügen.

Die Mysterien waren Schulen, aber ihre didaktischen Methoden und der Lehrinhalt, den sie vermittelten, unterschieden sich erheblich von dem, was wir heute mit dem Wort Schule bezeichnen. Sie waren Kanäle der transzendenten Kraft, mit der der Mysterienschüler in zwei Formen konfrontiert wurde:

1. als Erkenntnis, Bewußtwerdung,
2. als Übertragung.

Initiation wurde in allen Mysterienstätten ausschließlich über ein Ritual vermittelt, das in den meisten Fällen einen sehr breiten Raum einnahm und sich auch in sehr dramatischen Formen abspielen konnte. Innerhalb dieses Rituals wurde dem Mysterienschüler ein ganz bestimmtes Wissen zugänglich gemacht, das dazu dienen sollte, sein ganzes bisheriges Leben und auch sein zukünftiges unter einem ganz neuen Aspekt sehen und verstehen zu lernen. Von diesem Augenblick an war für ihn nichts mehr wie vorher, und alles fing neu an. Dies ist denn auch die wörtliche Bedeutung des Wortes Initiation, das vom lateinischen *initio,* »ich fange an«, hergeleitet ist und den Kern der Sache viel besser zum Ausdruck bringt als das deutsche Wort Einweihung.

Wissen als Erkenntnis zu vermitteln war *ein* Ziel der Mysterieninitiation. Dieses Wissen wurde aber nicht unter Einsatz der für unsere Zeiten so typischen Medienvielfalt übermittelt. Dies lag nicht nur an den damals fehlenden technischen Möglichkeiten, sondern es ging dabei auch um etwas ganz anderes als die rein intellektuelle und gedächtnismäßige Aneignung von Wissensstoff. Man kann in einer gut assortierten esoterischen Bibliothek sicherlich viel Wissen und vielleicht auch einige Erkenntnis erwerben, aber ob auch wirkliche Initiation erlangt werden kann, ist doch sehr fraglich.

Im Initiationsgeschehen wurde das Wissen in Form einer prägenden Erfahrung übermittelt. Der Mysterienschüler sollte zu einem Punkt geführt werden, an dem er nur noch sagen konnte: »So ist es, es kann gar nicht anders sein, denn ich habe es erfahren.« Ein auf solche Art gewonnenes Wissen hatte denn auch ganz andere Auswirkungen auf die Lebenshaltung und die Lebensgestaltung eines Initiierten als ein rein gedächtnismäßig angelerntes. Welches Wissen man dem Mysterienschüler auf diese Weise vermittelte, wurde bereits kurz erwähnt (siehe Seite 22). Da der Inhalt dieses Buches zu einem großen Teil davon handelt, möchte ich an dieser Stelle nicht näher darauf eingehen.

Was unter dem Begriff »Wissen, das zur Erkenntnis führt« dargestellt wurde, ist ein wichtiger Teil des Initiationsgeschehens, aber noch wichtiger scheint mir die »Übertragung der Kraft«.

Die Übertragung der Kraft besteht, kurz formuliert, in der Erweckung eines Lichtfunkens im Menschen. Von einem Eingeweihten der Antike ist das seltsame Wort überliefert, die Mysterien vermittelten die Erkenntnis, daß die Lebenden von den

Toten regiert würden. Diesem Ausspruch liegt die Ansicht zugrunde, daß der Mensch an sich nicht unsterblich ist, sondern aus Teilen besteht, die dem Tod unterworfen sind, und solchen, die eigentlich dazu da wären, den physischen Tod zu überdauern. Dieser Gegensatz wurde in den Mysterienkulten, die unsere westliche Kultur geprägt haben, mit den Begriffen Licht und Dunkel umschrieben und zum Ausdruck gebracht. Der normale Alltagsmensch ist nach diesem Bild mondhaft, nächtlich bestimmt, indem sein göttlicher Funke, der als in jedem Menschen vorhanden angenommen wird, gleichsam wie schlafend in das eingebettet liegt, was man als den animalischen Teil des Menschen bezeichnen könnte, dessen Aufgabe darin besteht, das Überleben in der physischen Existenz zu ermöglichen. Dieser animalische Teil des Menschen besteht aus den Trieben, Instinkten und den damit verbundenen emotionellen Äußerungen sowie den vegetativen Körperfunktionen. Sie bestimmen in den weitaus meisten Fällen das Leben des Durchschnittsmenschen, der sich seines göttlichen Funkens gar nicht bewußt wird oder ihn von dem beschriebenen rein animalischen Teil seiner selbst nicht zu unterscheiden vermag. Daher erklärt sich das Wort, die Lebenden würden von den Toten regiert.

Das darf nun allerdings nicht so verstanden werden, als sei der animalische Teil des Menschen, also alles, was mit seiner Triebhaftigkeit und Emotionalität zusammenhängt, a priori negativ und böse. Wie bereits erwähnt, dient dieser animalische Teil, den der Mensch eben mit der Tierwelt gemeinsam hat, dem Überleben. Ohne daß der Mensch zunächst einmal nur überlebt, kann sich auch kein menschenwürdiges Leben entwickeln. Deshalb ist es so wichtig, daß die beiden Teile, der emotional animalische und der göttliche Funke, in der rechten Weise miteinander verbunden werden.

Aber noch auf eine andere alte Lehre der Mysterien weist dieses Wort hin. Nach ihr gibt es im Jenseits keine höhere Erkenntnis. Der Mensch bleibt nach dem Tod auf dem Erkenntnisstand seines vergangenen Lebens, geprägt von den Irrtümern, die auch seine abgelegte physische Existenz geprägt haben. Solange er in der nachtodlichen Sphäre weilt, ist keine Korrektur möglich.

Erst eine neue Reinkarnation schafft auch eine neue Chance. Diese Ansicht finden wir übrigens noch in den großartigen Visionen von Dantes Inferno ausgedrückt. Jeder Fort-Schritt muß sich demnach innerhalb eines Erdenlebens vollziehen. Die Mysterien dienten dazu, dem Menschen in seinem Fortkommen behilflich zu sein.

Für einen Menschen ist die Chance äußerst gering, daß sich der in ihm eingebettete und schlummernde göttliche Funke von selbst entfacht, es bedarf dazu eines von außen kommenden Impulses, der dieses verborgen vorhandene Licht entzündet und zum Leuchten bringt. Dies geschieht durch die Initiation. Ein entflammtes Feuerzeug, mit dem man Feuer weitergibt, kann diesen Vorgang bildhaft verdeutlichen. Man bedenke, daß man mit einem entflammten Feuerzeug sowohl das Licht einer Kerze als auch eine Zigarette anzünden kann. In der Geschichte der Esoterik hat es immer wieder Initiierte gegeben, die rauchten statt zu leuchten. Initiation ist demnach, wie der Name sagt, ein Anfang, dem ein unerbittlich konsequenter Weg zu folgen hat. Sie ist keine Garantie dafür, daß der Eingeweihte auf diesem Weg keine Rückfälle erleidet.

Aus diesem Grunde gehörte zu jeder Initiation mehr oder weniger sinnlich erfahrbar auch ein Todeserlebnis. Der Myste wurde mit bestimmten Mitteln, die wir heute nicht mehr in jedem Falle rekonstruieren können, in einen Zustand versetzt, der dem Sterben und dem Tod soweit als möglich nahekam. In dieser Situation erfuhr er sich als dem freien Spiel der chaotischen Kräfte überlassen, also dem, was wir mit animalisch bezeichnen (oft wird auch der Ausdruck astral dafür verwendet), einer Erfahrung, daß der animalische Teil seinen eigenen Gesetzen gehorcht, die in einer Art höherem Faustrecht bestehen. Dieses höhere Faustrecht kann zwar auf längere Sicht auch zu einer übergeordneten und auf ihre Weise stabilen Ordnung führen, aber in diesem höheren Faustrecht kann sich der Mensch entweder nur auf der Seite der herrschenden und siegenden Gewalt oder als unterlegenes Opfer erleben. (Es sei nicht verschwiegen, daß es in der Esoterik auch diesen anderen Initiationsweg gibt, der darin besteht, dem Menschen beizubringen, wie er in diesem chaotischen Kampf der Kräfte mittels Gewalt der Stärkere und damit Sieger durch Unterdrückung des anderen bleibt. Wer sich für diesen Weg interessiert, muß seine Informationen aus anderen Quellen beziehen als aus diesem Buch.)

Aus dieser totalen Orientierungslosigkeit, dem Ausgeliefertsein an die Kräfte des Chaos, wurde der Myste durch die Erwekkung des in ihm vorhandenen Lichtfunkens gerettet. Er erlebte, daß es die lichten göttlichen Kräfte waren, die ihn vor diesem als Tod empfundenen Chaos retteten. Und was vielleicht am wichtigsten war, er machte die Erfahrung, daß diese lichten göttlichen Kräfte nicht außerhalb von ihm, sondern ein Teil seiner selbst waren. Durch die Initiation erhielt er – einem zündenden Funken gleich – die Kraft, dieses Licht in sich leuchten zu lassen und zum Zentrum seines weiteren Lebens zu machen. Er wußte von nun an, daß es jederzeit in seiner eigenen Verantwortung und an seinem eigenen Bemühen lag, die Kräfte der Finsternis nicht über die des Lichtes Herrschaft erlangen zu lassen. Seine alte Vorstellung vom Menschen als einem dem Chaos ausgelieferten war damit gestorben und eine neue auferstanden, die ihn gewiß werden ließ, daß es ein höheres Göttliches gibt, fähig, das Chaos zu ordnen.

Deshalb sagte man wohl auch, das Ziel der Mysterien bestehe darin, dem Menschen die Furcht vor dem Tod zu nehmen. Aus diesem Grunde wurden die Mysterien stets in der Nacht gefeiert, um eben diesem Sieg des Lichtes über die Dunkelheit sinnlichen Ausdruck zu geben. Apulejus schildert in seinem Roman *Der goldene Esel* (eines der wichtigsten Quellenwerke über die Mysterien), wie seine Augen die Sonne am nächtlichen Himmel scheinen sahen. »Ich ging bis zur Grenzscheide zwischen Leben und Tod. Ich betrat die Schwelle zur Unterwelt, und nachdem ich durch alle Elemente gefahren, kehrte ich wiederum zurück. Zur Zeit der tiefsten Mitternacht sah ich die Sonne in ihrem hellsten Lichte leuchten; ich schaute die unteren und die oberen Götter von Angesicht zu Angesicht und betete sie in der Nähe an.«

Zum Wesen jeder echten Initiation gehört, daß sie, wenn einmal geschehen, nicht mehr rückgängig gemacht werden kann. Das bedeutet, daß das einmal durch den äußeren Impuls entfachte Flämmchen brennt und nicht wieder erlischt. Dies hat einerseits einen tröstlich positiven, andererseits aber auch einen gefährlichen Aspekt, dessen Tragweite in der Euphorie des Initiationserlebnisses sicherlich oft unterschätzt wird. Zum Verständnis dessen, was mit diesem gefährlichen Aspekt gemeint ist, müssen wir uns noch einmal das Wort von den Toten, die die Lebenden regieren, in Erinnerung rufen. Wie im Kapitel »Menschlichkeit« noch eingehender dargestellt wird, werden durch das Initiationsgeschehen, durch das Licht, das in der Finsternis entzündet wird, zwei ursprünglich voneinander getrennte Teile des Menschen definitiv miteinander in Verbindung gebracht: ein der Sterblichkeit verhafteter animalischer Teil mit einem, der vom nicht sterblich Göttlichen geprägt ist. Vor der Initiation hatte der Mensch in gewissem Sinne die Gnade, daß sich alles, was seiner animalischen Seite teilhaftig war, nach dem physischen Tod wiederum anonym dem großen Ganzen, wie es sich im Chaos zeigt, einfügte. Als ein Beispiel dafür mag der Prozeß der Verwesung dienen, bei dem die Atome und Moleküle des Körpers, die für eine begrenzte Zeit in eine höhere Ordnung eingebettet waren, wiederum frei werden. Aber auch das Lichthafte vereint sich nach der anderen Seite hin ebenfalls wieder anonym mit dem Göttlichen. Daraus geht hervor, daß Unsterblichkeit der Seele nicht selbstverständlich ist. Das zu erfahren mag für manche ein Schock sein. Sogenannte Unsterblichkeit der Individualität wird erst durch das Zusammenfügen des dem Licht und dem Dunkel zugehörigen Teils des Menschen mittels der Initiation erreicht. Der Mensch wird dadurch zu einer den jeweils physischen Tod überdauernden Individualität.

Was nun, wenn die Finsternis nicht begriffen hat, daß jetzt das Licht in ihr scheint, und weiterhin trotz aller Initiation das Tote das Lebende regiert? Konflikte und Spannungen ungeheurer Art sind die Folge. Durch die Initiation ist nicht nur der lichte göttliche Teil im Menschen unsterblich geworden, sondern auch der animalisch dunkle. Der animalische Teil hat durch die Initiation nicht aufgehört, dem eigenen Gesetz des Chaos und der Auflösung verpflichtet zu sein. Es ist nur natürlich, wenn er versucht, den lichten Teil des Menschen ebenfalls diesem Gesetz zu unterwerfen. Und wehe, wenn es dem lichten nicht gelingt, dem dunklen die Herrschaft zu entreißen. Denn jetzt ist dem Menschen, der Individualität geworden ist, die Gnade des anonymen Zurücksinkens in die Vergessenheit versagt. Er hat Bewußtheit seiner selbst erlangt; das bedeutet in dem speziellen Falle, daß er sich selbst bei lebendigem Leib als eines Toten bewußt werden würde – ein Leiden ohne absehbares Ende. Im Mythos vom Gral ist dieser Zustand bildhaft in der Gestalt des leidenden Amfortas dargestellt, der vom lebenspendenden Gral immer neue unerhörte Qual erfährt und nicht sterben kann.

In Zusammenhang damit findet sich vielleicht die Erklärung dafür, warum im alten Ägypten soviel dafür getan wurde, den Leichnam vor dem Zerfall zu bewahren. Die Einbalsamierung der Eingeweihten wurde als ein sichtbares Zeichen dieser umfassenden Ganzheit vorgenommen. Später wurde dieser Prozeß ganz allgemein üblich und an jedem vorgenommen, der ihn sich leisten konnte.

Jeder, der Einweihung begehrte, wurde vorher eindringlich davor gewarnt, daß mit diesem Schritt Konsequenzen verbunden sind, die, selbst wenn der Myste sich darüber noch nicht im klaren sein kann, dennoch unwiderruflich sind und sein weiteres Leben nicht nur im Guten, sondern auch im Schlechten nachhaltig prägen. Wenn bei den ägyptischen Mysterien die zwei Priester mit starker Hand die mächtigen Ketten ergriffen, damit die beiden Türflügel öffneten und so den Weg zur Initiation freigaben, dann wurde der Myste, bevor er das Tor in die Tiefe durchschritt, vom obersten Priester noch einmal eindringlich vor diesen Gefahren gewarnt und darauf aufmerksam gemacht, daß die nunmehr geöffnete Tür nur ein Eingang, aber niemals wieder der Ausgang sein konnte.

Die Warnung und die damit verbundenen Konsequenzen sind heute noch genauso gültig wie damals, auch wenn Initiation sich heute auf andere Weise vollzieht als ehemals in Ägypten. In den Initiationsritualen mancher Freimaurerlogen sind diese Warnungen ab und zu noch in den eindringlichsten Worten enthalten und laufen damit Gefahr, in diesem Zusammenhang eher lächerlich zu wirken. Dennoch hat sich darin ein karger Rest der alten

Tradition erhalten, selbst wenn diese Rituale nicht mehr die echte Einweihung zu vermitteln vermögen. Wer Initiation zu irgendeiner Zeit erfahren hat, sei es jetzt oder in einer früheren Inkarnation, muß fortan in jedem Moment seines jeweiligen Erdenlebens dafür sorgen, daß das Dunkle in ihm vom Licht in ihm regiert wird und nicht umgekehrt.

Die großen Mysterien der Vergangenheit sind untergegangen, weil sie zwar von Göttern gestiftet, aber von Menschen verwaltet wurden. Was im Ausklang der Antike an Trümmern und Resten noch vorhanden war, wurde von der immer mächtiger werdenden christlichen Kirche eliminiert. Was an echter Initiation noch vorhanden war, mußte zwangsläufig von der zweiten Hälfte des ersten Jahrtausends christlicher Zeitrechnung an im Untergrund des herrschenden Fischezeitalters verschwinden. Ab und zu traten im Verlauf der Geschichte einige Spuren davon wieder an die Oberfläche. Solche Erscheinungen wurden aber von der herrschenden Kirche aufs heftigste und blutigste bekämpft. Es gab immer wieder Versuche, die Tradition der echten Initiation auch im Fischezeitalter wieder zur Geltung zu bringen. Beispiele dafür sind der Orden der Templer im Frankreich des 12. Jahrhunderts, die Rosenkreuzer im 17. Jahrhundert, ebenso die geheimnisvolle Erscheinung des Grafen von Saint Germain im 18. Jahrhundert. Der letzte bekannt gewordene Sproß der alten Mysterien war der im Jahre 1888 in England gegründete Orden »The Golden Dawn« (Orden der goldenen Morgendämmerung), der allerdings nur wenige Jahre lang im echten Sinne arbeitete und dann ebenfalls an der menschlichen Unzulänglichkeit seiner Mitglieder scheiterte. Die Spuren, die er hinterließ, haben jedoch die Esoterik des 20. Jahrhunderts in hohem Maße beeinflußt und geprägt. Die Geschichte der Mysterien in den letzten zweitausend Jahren ist immer die Geschichte ihres Scheiterns, denn immer nur dadurch ist ihr Vorhandensein überhaupt bekannt geworden. Dieses Scheitern wurde in keinem Falle durch feindliche Einflüsse von außen her in Gang gesetzt, sondern immer nur durch die Fehler und Verirrungen der Mitglieder dieser Orden selbst. Die dadurch hervorgerufene Schwächung erleichterte und ermöglichte es dann allerdings den äußeren Feinden, ihr Werk der Zerstörung erfolgreich durchzuführen. Wenn es noch intakte Mysterien und Einweihungsrituale in unserer Zeit geben sollte, dann ist es gerade ein Zeichen ihrer Echtheit und ihrer erfolgreichen Fortsetzung der alten Tradition, daß wir nichts davon wissen.

Es ist klar, daß Initiation niemanden zum Übermenschen macht, sondern daß sich der Eingeweihte ganz im Gegenteil in besonderem Maße seiner unvollkommenen Menschlichkeit bewußt und ausgesetzt ist. Ja es kann gerade ein Erkennungszeichen für manche Eingeweihte sein, daß sie schillernde Persönlichkeiten sind und daß ihre menschlichen Schwächen stärker und kantiger nach außen hin zum Ausdruck kommen als bei anderen. Dies zeigt, wie wichtig es ist, Einweihung eben als Anfang *(initio)* zu erkennen. Initiation fordert ein unablässiges Arbeiten an sich selbst, um dem hohen Ziel einigermaßen zu genügen.

Wie bereits erwähnt, wurde das Geheimnis der Mysterien gut bewahrt. Somit wissen wir äußerst wenig über die Einzelheiten der Mysterienkulte, und die wenigen Details lassen sich nicht einmal zu einem einigermaßen zuverlässigen Mosaik zusammensetzen. Spuren davon sind zweifellos noch in manchen kirchlichen Handlungen und Ritualen vorhanden, wobei aber beachtet werden muß, daß es sich dabei nicht automatisch um Reste der ägyptischen und antiken Mysterien handeln muß, sondern daß auch Einflüsse keltischer und nördlich angesiedelter Kulte zu finden sind. Spuren solcher Art könnten durchaus im Mythos von König Artus und der Suche nach dem Gral enthalten sein. In einer etwas reineren Form sind die Überreste noch in einigen Freimaurer-Ritualen zu finden, die sich vielleicht in irgendeiner Weise auf die Rituale des alten Templerordens zurückführen lassen. Dabei ist aber zu beachten, daß diese Rituale, so wie die Freimaurer sie durchführen, keine Initiation im erwähnten Sinne vermitteln, sondern rein symbolisch zu verstehen sind. Die Initiationsrituale des Golden Dawn basieren auf solchen freimaurerischen Vorbildern. Der interessierte Leser sei dorthin verwiesen, um nähere Details zu erfahren. (Vergl. Israel Regardie: *Das magische System des Golden Dawn,* Hermann Bauer Verlag, Freiburg i. Br., 1988). Versuchen wir, aus den wenigen erhaltenen und mit Absicht verschleierten Hinweisen zu rekonstruieren, wie eine Initiation in früheren Zeiten ausgesehen haben mag und welchen Erfahrungen ein Myste ausgesetzt war.

Die Initiation bestand offensichtlich aus folgenden fünf Phasen:

1. Die Vorbereitung
2. Die Reinigung
3. Die Entäußerung
4. Die Orientierungslosigkeit im Dunkel
5. Die Erweckung des Lichtes und die Auferstehung zum neuen Leben

Jeder, der sich um Initiation bemühte, hatte sich zuvor einer bestimmten Vorbereitungszeit zu unterziehen. Sie diente zur Herbeiführung einer Vision, denn ohne diese Vision konnte (wenigstens in der Frühzeit und nach dem Bericht des Apulejus) keiner zu den Mysterien zugelassen werden. Diese Vision war das erkennbare Zeichen des Gottes oder der Göttin, denen der jeweilige Kult gewidmet war, daß der Kandidat wirklich für die Einweihung bestimmt und dazu reif war. Wie genau diese Vision sein sollte, war offenbar nicht festgelegt. Sie sollte ja das einzigartige und nur diesem betreffenden Menschen zukommende Zeichen der Gottheit sein, die ihn bereits in diesem Moment als zur Individualität berufen erkennbar machte. Apulejus berichtet, daß der oberste Priester folgende Worte an den Kandidaten richtete: »Die Göttin selbst (gemeint ist Isis) wird dir ankündigen, wenn der günstige Zeitpunkt gekommen ist. In ihrer Hand ruhen die Schlüssel der Dunkelheit und der Welt des Lichtes. Die Initiation ist wie ein freiwilliger Tod, gefolgt von einem möglichen Heil und einer Wiedergeburt. Wie tief die Inbrunst und das Gebet des Kandidaten auch sein mögen, das Zeichen der Göttin selbst muß abgewartet werden.« Fast exakte Parallelen dazu werden uns aus der Schulungs- und Vorbereitungszeit mancher Schamanen berichtet, wo der Schüler am Ende seiner Schulung allein in der Wildnis ausharrt, bis ihm sein großer Traum oder ein sonstiges auszeichnendes Erlebnis zuteil wird. Die Vorbereitungszeit wurde im Bezirk des Tempels verbracht und hatte große Ähnlichkeit mit einem mönchischen Leben in Zurückgezogenheit und Meditation. Daß dabei gewisse Lebensregeln und Diätvorschriften eine wichtige Rolle spielten, darf als sicher angenommen werden. Die Dauer einer solchen Vorbereitungszeit mag verschieden lang gewesen sein, von nur einigen Tagen bis zu Jahren. Es lag im Ermessen des amtierenden Oberpriesters, zu entscheiden, wann der Zeitpunkt gekommen war, daß der Kandidat die Riten der Initiation erfahren durfte. Möglicherweise verbrachte mancher Kandidat sein ganzes Leben in dieser Vorbereitungszeit, ohne je in dieser Inkarnation das Zeichen der Gottheit empfangen zu haben.

War das Zeichen der Gottheit erfolgt, erhielt der Kandidat vom Priester seine ersten Instruktionen für den vor ihm liegenden Weg und wurde einer gründlichen körperlichen Reinigung unterzogen. Diese hatte nicht nur den Zweck, die Aura des betreffenden von allen störenden Verunreinigungen zu befreien, sondern sie sollte zugleich symbolisch darstellen, daß der Kandidat bereit war, alles Störende und Unreine seines bisherigen Lebens abzulegen und im Sinne der Initiation neu zu beginnen. Das Ritual der kirchlichen Taufe ist ein Beispiel dafür, wie ein Fragment der alten Mysterien innerhalb eines neuen Kultes integriert werden kann.

Wie aus den eben zitierten Worten des Apulejus entnommen werden kann, wurde der Initiationsweg als eine Analogie des Todes betrachtet und war sicher mit Elementen versehen, die diese Erfahrung möglichst echt erscheinen ließen. Am Anfang dieses Weges stand die Entäußerung all dessen, was im bisherigen Leben des Kandidaten Wert und Gewicht besessen hatte. Es wurden wahrscheinlich rituelle Handlungen vollzogen, die eine Analogie zu dem Umstand herstellen sollten, daß ein Mensch bei seinem Tod alles Irdische zurücklassen muß und daß nichts davon ihm auf dem bevorstehenden Weg helfen kann. Sein weiteres Leben wurde nun von ganz anderen Gesetzen regiert als bisher, und es bedurfte auch anderer Werkzeuge und Voraussetzungen, um es erfolgreich bestehen zu können. Als Symbol dafür wurden Hindernisse, Wächter aufgestellt, die nur passiert werden konnten, wenn sich der Kandidat durch die richtigen Paßworte, die ihm von den Mysterienpriestern anvertraut worden waren, als einer ausweisen konnte, der von der Gottheit auf diesen Weg berufen war. Die den Bedingungen der Neuzeit angepaßten Initiationsrituale des Golden Dawn geben anschauliche Beispiele für diese Phase. So wurde die Psyche des Kandidaten systematisch desorientiert, bis er bereit war für den zentralen Teil des Initiationsgeschehens: die Erfahrung und Schau einer scheinbar transzendenten Ebene, die im esoterischen, okkulten Vokabular die Astralebene genannt wird. Zu diesem Zweck wurde der Myste in einen anderen Bewußtseinszustand versetzt, in welchem ihm sehr eindrückliche, manchmal erleuchtende aber in den meisten Fällen wohl eher beängstigende Visionen zuteil wurden. Es war dies der Moment der absoluten Todeserfahrung, des »Abstiegs zur Hölle«, verbunden mit totaler Orientierungslosigkeit und einem Gefühl des Verlorenseins. Es gab wohl verschiedene Möglichkeiten, diesen Zustand herbeizuführen. Man vermutet, daß der Kandidat bei den Ägyptern möglicherweise unter dem Einfluß bestimmter halluzinogener Drogen in einem Sarkophag mehrere Tage lang seinem Schicksal überlassen wurde. (Vielleicht diente die sogenannte Grabkammer in den Pyramiden diesem Zweck.) Von den druidischen Einweihungsmysterien wird behauptet, sie vermittelten dem Mysten die Erfahrung, sich als freischwebend in der Grenzenlosigkeit des Weltraums zu erleben. In den Mysterien der Antike wurde er Zuschauer einer inszenierten Theateraufführung, aber es könnte auch – wie bei den Mysterien von Eleusis vermutet wird – beides, Theater und Droge, kombiniert worden sein. Eine Theateraufführung als Vermittlerin eines im höchsten Maße intensiven Initiationserlebnisses erscheint uns heute auf den ersten Blick doch etwas seltsam und verhältnismäßig naiv. Wir müssen aber bedenken, daß der Mensch der früheren Zeit nicht durch eine Medienvielfalt (Film, Theater und Fernsehen) verwöhnt und abgestumpft war, wie dies heute der Fall ist. Da genügten wahrscheinlich bereits relativ geringe äußere Reize, um einen veränderten Bewußtseinszustand herbeizuführen. Wer glaubt, einfach durch Einnahme von psychedelischen Drogen auf schnelle und billige

Weise zu einem Initiationserlebnis zu kommen, hat den Sinn der Initiation nicht verstanden. Es mag sein, daß die Droge, als Impuls gebraucht, mithilft, die Wahrnehmungsfähigkeit zu erweitern. Das eigentliche Initiationserlebnis indessen kann vielleicht in einer Art von Trance, niemals aber als Trip erfahren werden.

Von den Ängsten der Seele in der Orientierungslosigkeit der Dunkelheit der astralen Ebene wurde der Myste durch die Schau des Lichtes befreit. Man kann dies vielleicht annähernd begreifen, wenn man sich vorstellt, daß man in einem kalten dunklen Sarkophag liegt, noch halb die Worte des Priesters im Gedächtnis, daß Initiation Tod bedeutet. Man weiß nicht, wieviel Zeit verstreicht, kein Schreien und Rufen wird erhört, das absolute Ende scheint da zu sein. Was muß es für ein Erlebnis gewesen sein, wenn dann nach tagelanger Dunkelheit plötzlich das Auge strahlendes Licht erblickte, überirdisch erscheinende Töne an das Ohr drangen, und die Eingeweihten den nunmehr zum Neophyten, zum Neugepflanzten Gewordenen aus dem Sarkophag hoben und als einen der ihnen Zugehörigen begrüßten. Diese Erfahrung mußte so gewaltig gewesen sein, daß von nun an nichts mehr den Eingeweihten schrecken konnte und er gegen jede Todesfurcht gefeit war. Wie es der antike Schriftsteller Plutarch, auch er wahrscheinlich ein Eingeweihter, sagte: »Im Augenblick des Todes erfährt die Seele die gleichen Eindrücke, wie sie denjenigen zuteil werden, welche in die großen Mysterien eingeweiht werden.« In diesem Moment geschah wohl auch das, was die Übertragung der Kraft genannt wird. Durch die Vollmacht des Priesters wurde dem Neophyten eine Kraft übertragen, die von nun an sein Menschsein zu einer unauflöslichen Ganzheit zusammenband und ihn zu einer unsterblichen Individualität über alle weiteren Inkarnationen hinweg werden ließ. Diese Übertragung ist bis heute das eigentliche Geheimnis der Mysterien geblieben, das nur denen bekannt ist, die sie erfahren haben, und ohne die alles andere, so beeindruckend es auch sein mag, bloßes Beiwerk ist.

Klar wird, daß bei der alten Initiation rauhe Sitten herrschten. Es mag keine Seltenheit gewesen sein, daß der eine oder andere Kandidat das Ritual nicht überlebte oder sich mit seinem veränderten Bewußtseinszustand nicht mehr in der Realität des täglichen Lebens zurechtfand und dem Wahnsinn verfiel. In einer Epoche, in der der Glaube an wiederholte und miteinander in Zusammenhang stehende Inkarnationen so fest im öffentlichen Bewußtsein verankert war, hatte dies nicht den gleichen Stellenwert wie heute. Was in diesem Leben als unvollendet zurückgelassen werden mußte, konnte im nächsten oder in den folgenden bewältigt und abgeschlossen werden. Zeit in unserem Sinne spielte kaum eine Rolle, wenn es um göttliche, kosmischen Maßstäben unterworfene Dinge ging. Die Mysterienkulte waren ihrer jeweiligen Zeit und deren Menschenbild verhaftet. Wenn sie Göttliches zum Ausdruck brachten, dann taten sie es mit den Mitteln, die ihrer jeweiligen Epoche zu eigen und möglich waren. Das ist in unserer Zeit nicht anders.

Damit kommen wir zu einer Frage, die sich der Leser vielleicht schon längst gestellt hat. Wo und wie sind die Mysterien unserer Zeit zu finden und zu bestehen? Unsere Epoche kann den Mysterienkulten nicht mehr die großartigen und weitläufigen Tempelanlagen und den angesehenen, gehobenen sozialen Status zur Verfügung stellen, wie dies in früheren Zeiten der Fall war. Somit müssen die Mysterien unserer Zeit im Verborgenen stattfinden, wahrscheinlich mit sehr beschränkten äußerlichen Möglichkeiten, manchmal vielleicht mehr improvisiert als organisiert. Kritiker des Golden Dawn haben sich gelegentlich darüber lustig gemacht, daß der Orden seine Rituale in einfachen Wohnungen und Hinterzimmern von London zelebrierte. Es ist indessen kaum anzunehmen, daß man ihm zu diesem Zweck die Westminsterabtei oder die St. Pauls Kathedrale zur Verfügung gestellt hätte. Somit kann es durchaus ein Zeichen der echten Mysterien sein, daß sie eben nicht öffentlich in Erscheinung treten und nur denen bekannt sind, die dazu berufen sind.

Die Rückkehr der Mysterien in die Verborgenheit und äußere Bedeutungslosigkeit ist nicht unbedingt ein Zeichen, daß die von ihnen vertretenen Lehren überholt sind und der Vergangenheit angehören. Äußere Beschränktheit kann auch zum Jungbrunnen und zur notwendig gewordenen Regeneration werden.

Das äußere Ansehen der Mysterien in der damaligen Kultur

und der Einfluß, den sie – einer Kirche vergleichbar – im damaligen sozialen und politischen Leben ausübten, machten sie anfällig für Korruption und Degeneration.

Da die Initiation den betreffenden Menschen einen besonderen Status verlieh, der sie vor allen anderen auszeichnete, erlagen sie manchmal der Gefahr einer elitären, ja in manchen Fällen geradezu faschistoiden Gesinnung. Diese Gefahr ist auch heute noch bei manchen sich selbst als Esoteriker bezeichnenden Menschen latent vorhanden und bricht manchmal auch durch. Mit der Zeit, besonders in der Spätantike, wurde Initiation nicht nur an würdige, sondern auch an materiell potente Menschen verliehen. Aus den ursprünglich wenigen wurden mit der Zeit immer mehr, was schließlich, namentlich an der Mysterienstätte von Eleusis in Griechenland, zu einer Einweihung für beinahe jedermann führte, verbunden mit äußerlichen Erscheinungen, die fast mit dem Karnevalstreiben verglichen werden könnten. In der Folge mußten vermutlich auch die verlangten Anforderungen an die Kandidaten entsprechend reduziert und schließlich in eine mehr oder weniger symbolische Form überführt werden.

Am bedenklichsten aber war, daß Blutopfer in das Mysteriengeschehen Eingang fanden, wie dies gerade auch von Eleusis überliefert ist. Dort mußten die Kandidaten, bevor sie sich der Initiation unterzogen, ein Schwein opfern. Das Schwein ist ein Symboltier des Erdhaften, des mit der irdischen Materie verbundenen animalischen Teils des Menschen. Die Opferung sollte demnach wohl symbolisch zum Ausdruck bringen, daß der Myste bereit war, sich der Herrschaft des Animalischen, Triebhaften in sich zu entäußern. Wo aber solche Symbole notwendig werden, kann es mit der den Menschen bestimmenden Wirklichkeit, die durch das Symbol ausgedrückt werden soll, nicht mehr weit her sein. Schlimmer noch, es kann nicht ausgeschlossen werden, daß das Tieropfer ein Ersatz für ein ursprüngliches Menschenopfer war. Es liegt nahe anzunehmen, daß in einem Ritual, in dem es um das Aufgeben, die Abtötung des mit der Materie verbundenen Menschlichen ging, tatsächlich stellvertretend ein Mensch getötet wurde. Nun ist es aber eine alte esoterische Erfahrung, ja eigentlich schon ein Gesetz, daß, wenn Blut und Sperma in ein Ritual Eingang finden, die Kanäle weit geöffnet sind für das Einströmen von zerstörerischen, dämonischen Energien, weil diese beiden, im höchsten Maße Lebenskraft zum Ausdruck bringenden Stoffe im rituellen Gebrauch zweckentfremdet, vampirisch gebraucht werden und dadurch die höhere kosmische Schöpfungsordnung empfindlich gestört und in die Unausgewogenheit gebracht wird. Das Menschenopfer ist, wie wir noch sehen werden, eine degenerative Erscheinung der Tradition des Sonnenkultes und der aus ihm hergeleiteten Tochterkulten. Dies spricht allerdings nicht gegen den Genuß von Fleisch als Nahrung, weil dabei nur die Materie des Fleisches genommen wird und nicht, im Gegensatz zum magisch-rituellen Opfer, die einer höheren Schwingungsebene angehörende Lebenskraft des Tieres. Tiere können Tiere fressen, das ist in der Naturordnung so angelegt. Kein Mensch verstößt gegen diese Naturordnung, wenn er Fleisch als Nahrung zu sich nimmt. Es bleibt aber jedem Menschen überlassen, den Fleischgenuß zu meiden, wenn er dadurch bewußt etwas zum Ausdruck bringen will, was sein eigenes individuelles Menschsein betrifft.

Die große Zeit der alten Mysterien endete mit der Zerstörung der Tempelanlage von Eleusis durch die Goten im Jahre 396, zur gleichen Zeit als das Christentum das Erbe des römischen Reiches übernahm. Die alten heiligen Stätten verfielen oder wurden mit neuen Kulten besetzt, das alte Wissen verschwand für Jahrhunderte in den Untergrund.

Ich nehme an, daß beim Leser längst die Frage aufgetaucht ist: Was nun? Ist die Kraft der Mysterien erloschen, und wenn nicht, wo finde ich sie, und ist Initiation überhaupt notwendig, um ein Leben nach esoterischen Grundsätzen zu führen?

Wie bereits erwähnt wurde, hat es auch im Zeitalter der Fische und der geistig herrschenden christlichen Kirche immer wieder Indizien dafür gegeben, daß die Mysterien im Verborgenen weiterbestanden. Gelegentlich traten ihre Emissäre, wie etwa der legendenumwobene Graf von Saint Germain, in Erscheinung und versuchten, meist mit eher dürftigem Erfolg, das Licht der Mysterien unter den herrschenden Bedingungen neu zu entzünden. Was zu dieser Frage unter den heutigen Bedingungen zu sagen ist, wurde zu Beginn des Fischezeitalters von einem großen esoterischen Lehrer gesagt, der sich in einer Sammlung von Sprüchen, die heute unter dem Namen Bergpredigt bekannt sind, scharf gegen die Auswüchse und Entartungen der damals sich bereits im Verfall befindlichen Mysterienkulte gewandt hat. Derselbe Lehrer erzählte aber auch die Geschichte von einem jungen Mann, der eines Tages aus der Geborgenheit seines Vaterhauses auszog, um das Risiko eines eigenen, selbständigen Lebens auf sich zu nehmen. Er erlebte Höhen und Tiefen, ging mancherlei Tätigkeiten nach und war zuletzt Schweinehirt. (Erinnern wir uns, das Schwein ist Symbol dessen, was der Erde, dem animalisch Materiellen verhaftet ist.) Da überkam ihn das Verlangen, dorthin zurückzukehren, von wo er ausgegangen war und wohin er, wie er immer stärker fühlte, in Wahrheit auch gehörte. Aber er hatte längst die Orientierung verloren. Nur noch undeutlich wußte er, in welcher Richtung er sein Vaterhaus zu suchen hatte. Er machte sich dennoch auf den Weg und ließ sich weder durch Mühsal noch Gefahr davon abhalten. Er hatte das unerschütterliche Vertrauen, daß er das ersehnte Ziel irgendwann finden würde. Lange irrte er umher und näherte sich, vielleicht ohne dessen gewahr zu werden, wirklich seinem Vaterhaus. Der Vater sah ihn von ferne, lief ihm entgegen, nahm ihn in die Arme und zog ihn zu sich ins Haus.

In dieser Geschichte ist eine alte esoterische Wahrheit verborgen: Wenn ein Mensch aus der ganzen Inbrunst seines Herzens heraus nach dem Licht sucht, kommt ihm mit jedem Schritt, den er auf das Licht zu macht, auch das Licht einen Schritt entgegen, bis beide, Licht und Mensch, sich irgendwo und irgendwann begegnen.

In diesem Kontakt geschieht auch heute noch die Initiation. Allerdings gibt es keine verbindliche Regel dafür. Jeder Mensch ist ein zur Individualität berufenes Wesen, und darum ist auch für jeden Menschen dieses Initiationserlebnis individuell verschieden und nicht übertragbar. Das war mit ein Grund dafür, daß die Mysten geloben mußten, niemandem über das in der Initiation Erfahrene auch nur ein Wort zu verraten.

Initiation ist einmalig und über alle Inkarnationen hinweg

gültig, und es ist ebenso esoterische Tradition, daß die Mysterien ihre Mitglieder auch über alle Inkarnationen hinweg immer wieder zu finden wissen. (Darum gehe ich auch davon aus, daß niemand mit diesem Buch in Kontakt kommt, der nicht zu irgendeiner Zeit in einer früheren Inkarnation Initiation erfahren hat.) Wer sie mit neuem Leben erfüllen will, findet dazu reichlich Gelegenheit in seinem persönlichen Leben, hier und jetzt. Man beachte dabei die fünf beschriebenen Phasen der Initiation. Sie lassen sich in jedem Leben und unter allen Umständen durchlaufen.

Jeder findet, wenn er will, in seinem Leben die Möglichkeit, sich mit der nötigen Bewußtheit auf das Licht vorzubereiten. Jeder kann sich auf die ihm gemäße Weise von dem reinigen, wovon er sich reinigen muß, und sich all dessen entäußern, was ihm auf der Suche nach dem Licht hinderlich ist. Jeder erfährt auf seine ihm eigene Weise Orientierungslosigkeit und das scheinbar sinnlose Spiel der astralen Kräfte. Schließlich bleibt nur noch der Moment zu erkennen, in dem sich das Licht im Menschen entzündet und er aus der Dunkelheit zu neuem Leben auferstehen darf.

Es scheint so und kann eigentlich als eine Gewißheit angenommen werden, daß das Leben und die Bestrebungen jedes einzelnen Menschen, seine Bemühungen während vieler einzelner Erdenleben von der großen, allem übergeordneten kosmischen oder göttlichen Intelligenz sehr genau wahrgenommen und verfolgt werden. Mit jedem Schritt, der dem strebenden Menschen auf seinem Weg vorwärts und empor gelingt, kommt jemand oder etwas ihm von oben entgegen, im gleichen Maße, in dem der betreffende Mensch in seinen Bemühungen fortschreitet. Irgendwann und irgendwo findet die Begegnung statt, der Kontakt, der das Überspringen des Funkens der Initiation ermöglicht.

Ein echter Esoteriker ist immer auf der Suche nach den Mysterien im doppelten Sinne, nach ihrer Weisheit und nach ihrer Verbindung zum Göttlichen. Der Weg zu den Mysterien, die Suche nach dem Gral, besteht darin, sich von ihnen finden zu lassen.

Tradition

Wie wir im vorhergehenden Kapitel gesehen haben, vermittelte Initiation unter anderem auch Erkenntnis, die durchaus mit naturwissenschaftlichem Wissen im heutigen Sinne vergleichbar ist. Dabei fällt besonders auf, daß dieses Wissen offenbar ohne all die technologischen Möglichkeiten, die uns heute zur Verfügung stehen, erworben und von Generation zu Generation weitergegeben wurde. Daraus ergab sich lange Zeit keine besondere Problematik. Im Mittelalter war Wissen ohnehin Privileg und Monopol der Kirche, und es gab keinen offiziellen Platz für esoterische Spekulationen, es sei denn, sie erfolgten im sorgfältig abgeschirmten Getto der Mystik, wo keine praktischen, das heißt vor allem keine strukturverändernden Konsequenzen möglich waren. Die mit dem Humanismus und der Renaissance anbrechende Neuzeit orientierte sich an der im Vergleich zum Mittelalter weit höherstehenden Kultur der Antike. Somit war die Herkunft eines Wissens aus früherer Zeit an sich schon ein Gütezeichen, das in den wenigsten Fällen einer weiteren Hinterfragung bedurfte. Und ungefähr so blieb es auch bis zum Ende des achtzehnten Jahrhunderts. Bis dahin genügte es, wenn man sich darauf berief, daß dies schon bei den Griechen, Römern, ja bei den Ägyptern so gewesen sei, und sich auf diese frühen Quellen des Wissens stützte.

Dies änderte sich erst im neunzehnten Jahrhundert, insbesondere in seiner zweiten Hälfte. Ein auf die Erkenntnistheorien Kants gestütztes neues Denken bestimmte den Zeitgeist und mündete schließlich in Positivismus und Materialismus. Jetzt wurde der naturwissenschaftlich abgesicherte Beweis gefordert. Damit wurde auch für die Esoterik und die Esoteriker die Frage nach der Legitimität ihrer Tradition aktuell. In einem Jahrhundert, das der Naturerforschung auf der Grundlage des sinnlich Wahrnehmbaren einen so hohen Stellenwert beimaß, mußte sich auch die Esoterik, damals noch Okkultismus genannt, aus dieser Perspektive heraus neu betrachten lassen.

Wie wir gesehen haben, vertritt die esoterische Tradition die Kosmogonie, die Synthese von Naturerkenntnis und Religion. Da beides im Denken des neunzehnten Jahrhunderts praktisch unvereinbar war, mußte man sich entweder für das eine oder für das andere entscheiden. Entweder wurde Esoterik als religiöse Strömung und Alternative zur kirchlichen Tradition und ihren sozialen Erscheinungsformen betrachtet, oder man suchte esoterisches Denken in die offiziellen Strukturen der damaligen Naturwissenschaft zu fassen und die Esoterik damit als die eigentliche und ältere Naturwissenschaft darzustellen. Den ersten Weg, in der Esoterik eine Alternative zur Religion zu sehen, beschritt beispielsweise der auf seinem Gebiet als Klassiker geltende französische Esoteriker Eliphas Lévi, ursprünglich katholischer Theologe und in seinen späteren Jahren ein glühender Verfechter der Ansicht, nur die katholische Kirche sei die wahre Hüterin esoterischer Tradition. Die gleiche Ansicht vertrat auch Huysmans in seinen Romanen und wurde später konsequenterweise Kartäusermönch. Auch die Freimaurer können unter dem Aspekt der Alternative zur Religion gesehen werden sowie der Orden *The Golden Dawn* mit allen aus ihm hervorgegangenen Sprößlingen und Auswüchsen. Den anderen Weg, Esoterik als Naturwissenschaft zu betrachten, versuchte der französische Arzt Dr. Gérard Encausse, bekannt unter dem Pseudonym Papus. Seine naturwissenschaftliche und medizinische Schulung ermöglichten es ihm, den Dialog und die Auseinandersetzung mit dem Positivismus zu versuchen. Natürlich gab es auch Bemühungen, die beiden Richtungen in irgendeiner Weise wieder zu der ursprünglichen kosmogonischen Synthese zu vereinen. Dieser Aufgabe widmeten sich die Theosophie und die aus ihr hervorgegangene Anthroposophie.

Aus heutiger Sicht heraus kann man sagen, daß die Ende des neunzehnten Jahrhunderts wirkenden esoterischen Autoren ihre Aufgabe unter den damals herrschenden Verhältnissen sehr gut bewältigt haben. Was sie indessen nicht voraussahen und auch nicht voraussehen konnten, war, daß sie uns die Problematik des esoterischen Fundamentalismus vererbten, der gerade in der Gegenwart eine wichtige Rolle zu spielen beginnt. Da meines Wissens weder der Begriff noch der damit verbundene Problemkreis in der esoterischen Literatur bis jetzt je aufgegriffen worden sind, müssen wir uns näher damit befassen, um im folgenden Mißverständnisse möglichst zu vermeiden.

Der Begriff Fundamentalismus (von lateinisch *fundamentum*, Grundlage) entstammt der Religionswissenschaft und bezeichnet eine Richtung, die es mit der Tradition religiöser Überlieferung möglichst genau nimmt, ohne sie in Frage zu stellen. Im Christentum zeichnen sich Fundamentalisten etwa dadurch aus, daß sie die wörtliche Inspiration der Bibel vertreten und die darin erzählten Ereignisse als faktische Realität verstehen. Ein christlicher Fundamentalist kann also durchaus davon überzeugt sein, daß Gott die Welt in sieben Tagen erschaffen hat und daß alle Menschen, wie in der biblischen Schöpfungsgeschichte beschrieben, von Adam und Eva abstammen. Ein Fundamentalist ist nicht willens oder nicht fähig, hinter den biblischen Erzählungen ihren bild- und gleichnishaften Sinn zu erkennen. Auch der esoterische Fundamentalist weigert sich, die esoterische Tradition als Gleichnis oder Bild zu erfassen, nur wählt er dazu einen anderen Weg. Um sich den Glauben an das überlieferte Detail wortgetreu zu bewahren, zwängt er dieses in das Korsett des jeweils gerade gültigen naturwissenschaftlichen und technologischen Standards. Die Bundeslade der Juden wird auf diese Weise etwa zum Stromgenerator oder auch zur Manna-Maschine erklärt, und die Weisheit der Mysterien begründet man damit, daß sie der Menschheit von Bewohnern fremder Planeten vermittelt wurden, welche vor langer Zeit die Erde mit Raumschiffen besuchten, die dem technischen Stand des amerikanischen Apollo-Raumfahrtprogramms der sechziger Jahre entsprachen, weil damals diese Thesen erstmals einer breiteren Öffentlichkeit vorgelegt wurden. Sowohl für den religiösen wie für den esoterischen Fundamentalisten teilten sich die Wasser des roten Meeres im buchstäblichen Sinne. Für den religiösen Fundamentalisten war der Grund dafür Gottes Macht, für den esoterischen mögen es die Energie-Emanationen eines startenden oder landenden Raumschiffs gewesen sein. In beiden Fällen werden die Wundergeschichten der Bibel als faktische Realität akzeptiert, einmal aufgrund von Glaube, im anderen Fall aufgrund einer »wissenschaftlichen« Erklärung. Beides dient auch dem gleichen Zweck: Der heile, naive Kinderglaube an die Wirklichkeit der biblischen Erzählungen wird auf diese Weise bewahrt und braucht nicht hinterfragt zu werden. In beiden Fällen verbleibt der betreffende Mensch freiwillig in einem künstlichen Status der Kindlichkeit, was unter Umständen die evolutionäre Entwicklung seiner geistigen Persönlichkeit bremsen oder gar verhindern kann. Ich gebe gern zu, daß ein solches Verharren in kindlichen Glaubensstrukturen nicht überall als Nachteil empfunden wird und daß Fundamentalismus, sowohl religiöser wie esoterischer, starke psychische Kräfte enthalten kann. Für mich stellt sich allerdings die Frage, ob etwa der Glaube an einen persönlichen Gott nicht dazu führen kann, daß seelische Energie auf diese Weise in eine religiös motivierte künstliche Vater-Kind-Beziehung gebunden wird, die dann für die Anknüpfung und Pflege einer Beziehung auf menschlich-partnerschaftlicher Ebene fehlt und erst dann dafür frei wird, wenn der Schritt zum unpersönlich Göttlichen vollzogen werden kann. All dem, wenn auch in andere Begriffe gekleidet, werden wir auf Schritt und Tritt immer wieder begegnen, sobald wir uns mit den Grundzügen esoterischer Tradition zu befassen beginnen. Die heute bekannteste und sicher auch populärste Erscheinung des esoterischen Fundamentalismus ist die Ufologie, die sich mit dem Thema von außerirdischen Besuchern auf der Erde befaßt. Daran zeigt sich eine der möglichen Gefahren des esoterischen Fundamentalismus, das Verharren in eschatologischen, zukunftsorientierten Erwartungshaltungen, die alles Heil in die Zukunft und auf mögliche außerirdische Wesen einer höheren Evolutionsstufe als der unsrigen projizieren. In der Folge wird die Gegenwart vernachlässigt, das persönliche Hier und Jetzt im Sinne einer umfassenderen, höheren Bewußtseinshaltung, die mit der Zeit zu einer höheren Evolutionsstufe führen sollte. Es ist immer wieder zu beobachten, daß selbst ehrliche, aufrichtige und wissende Esoteriker in die Fallgrube des esoterischen Fundamentalismus plumpsen.

Die Theosophie unternahm in der zweiten Hälfte des neunzehnten Jahrhunderts den ersten Versuch, esoterische Tradition und esoterisches Wissen in ein System zu bringen, das sich an positivistischen Denkkriterien orientierte und so darauf hoffen konnte, Esoterik auch für den in diesem Denksystem erzogenen Menschen zugänglich und akzeptabel zu machen. Bereits der Name Theosophie, der mit Gottesweisheit übersetzt werden kann, nimmt Bezug auf dieses Ziel. Theosophie versteht sich durchaus als Philosophie im wissenschaftlichen Sinne, nur beruft sie sich auf andere Erkenntnismethoden als nur auf das logische Denken. Die Theosophie verläßt sich nicht allein auf eine sinnlich wahrnehmbare Welt, sondern behauptet auch die Existenz einer mit den normalen menschlichen Sinnen nicht wahrnehmbaren Ebene, die gewöhnlich im esoterischen Sprachgebrauch mit »geistig« bezeichnet wird, ein Wort, das in der deutschen Sprache zu Mißverständnissen Anlaß gibt. (Das Wort Geist hat ein sehr breites Bedeutungsspektrum und kann von Gespenst über Intellekt bis Alkohol alles mögliche bezeichnen.) Dieser Denkansatz ist vor hundert Jahren sicher viel provokativer gewesen als heute, wo sich nicht nur die Parapsychologen, sondern auch die übrigen Psychologen sowie die Physiker mit dieser These einverstanden erklären können.

Prägend für die Theosophie im neunzehnten Jahrhundert war vor allem Helena Petrowna Blavatsky. Sie war, wie dies bei Eingeweihten oft der Fall ist, eine in allen Farben schillernde Persönlichkeit. (Ich möchte mich hier nicht näher mit der Persönlichkeit und der Biographie von Helena Blavatsky befassen oder mit der unter ihrem Einfluß entstandenen Theosophischen Gesellschaft, die später unter Rudolf Steiner zur Anthroposophischen Gesellschaft wurde. Das habe ich bereits in meinem Buch *Das ist Esoterik* getan. Der interessierte Leser sei darauf verwiesen.) Helena Blavatsky war ohne Zweifel medial begabt. Medium heißt Weg, Vermittler. Ein medialer Mensch ist fähig, die Schwingungen einer höheren Ebene und die darin enthaltenen Informationen aufzunehmen und sie in eine Form umzuwandeln, die der materiellen Ebene entspricht, so daß sie auch von nicht medialen Menschen aufgenommen und verarbeitet werden können. Ein menschliches Medium tut also im Grunde das gleiche wie ein Radiogerät. Ein Radio nimmt mittels Antenne Schwingungen auf, die vom Menschen nicht gehört werden können, und transformiert sie in einen Frequenzbereich, in dem sie mit den Ohren wahrgenommen werden können. Wahrscheinlich ist diese Eigenschaft mehr oder weniger latent in allen Menschen angelegt, aber nur bei einzelnen kommt sie dann so intensiv zum Durchbruch, wie das bei Helena Blavatsky der Fall war.

Nachdem sie ihre Begabung eine Weile im Kreis von Spiritisten erprobt hatte (der Spiritismus war damals gerade neu entdeckt worden), schrieb sie unter Hinweis auf transzendente Quellen zwei Bücher. In *Isis Unveiled (Isis entschleiert)* publizierte sie eine Art esoterische Geschichte der Menschheit und der Religion, eine Thematik, die auch Inhalt dieses Kapitels ist. Ihr zweites großes und gleichzeitig bedeutendstes Werk ist *The Secret Doctrine (Die Geheimlehre)*, eine »Synthese von Wissenschaft, Religion und Philosophie«, eine esoterische Naturlehre also. Beide Werke, vor allem *Die Geheimlehre*, haben bis heute ihren Wert als Grundlagenwerke der modernen Esoterik nicht eingebüßt. Was Helena Blavatsky begann, wurde später von Annie Besant, Franz Hartmann, Rudolf Steiner und in einer etwas anderen Richtung von Dion Fortune weitergeführt und teilweise auch modifiziert.

Bei beiden Werken behauptete Helena Blavatsky, die darin enthaltenen Lehren seien nicht von ihr verfaßt, sie habe lediglich als Übersetzerin oder Übermittlerin von Informationen gedient, die ihr durch sogenannte »Meister« von einer höheren Ebene aus übermittelt worden seien. Diese »Meister« seien Menschen von einem so hohen Evolutionsgrad, daß sie über die Grenzen der materiellen Ebene hinausgewachsen seien und nun von einer transzendenten Sphäre aus die Geschicke der Menschheit in liebevoller Weise begleiteten. Da ihnen aber nach einem der obersten Gebote der Esoterik, die Akzeptierung der absoluten, persönlichen Entscheidungsfreiheit des einzelnen Menschen, jede direkte Einmischung und Beeinflussung verwehrt sei, sähen sie ihre Aufgabe darin, der Menschheit als Ganzes wie auch einzelnen Menschen die Informationen zukommen zu lassen, die ihnen für die positive Evolution ihres Entwicklungsweges hilfreich und förderlich seien.

Über die Existenz dieser »Meister« ist in esoterischen Kreisen ein Streit entbrannt, der bis heute andauert und an dem ich mich in diesem Buch nicht beteiligen möchte. Ich bin der Ansicht, daß der reine Inhalt der von den »Meistern« übermittelten Informationen so für sich spricht, daß die eindeutige Identifizierung dieser eventuellen Quelle zwar sicher interessant, aber nicht von ausschlaggebender Bedeutung ist. Was zählt, ist der Inhalt und wie diese Informationen für die eigene, nach esoterischen Gesichtspunkten ausgerichtete Lebensgestaltung eingesetzt werden können. Wer sich näher für diesen speziellen Aspekt der Esoterik und die damit zusammenhängenden Fragen interessiert, sei auf die eingehende Untersuchung von Jon Klimo: *Channeling. Der Empfang von Informationen aus paranormalen Quellen* (Verlag Hermann Bauer, Freiburg im Breisgau 1987) verwiesen.

Viele Theosophen und Esoteriker sind vor lauter Streit über das Wesen und die Echtheit dieser »Meister« gar nicht mehr dazu gekommen, sich deren Lehren zunutze zu machen. Dazu müssen wir uns nun folgendes überlegen. In der Zeit, als Helena Blavatsky ihre beiden Hauptwerke schrieb, war die Situation vollständig anders als heute. Im damals herrschenden Positivismus wurden Eingebung und Inspiration höchstens dem Künstler zugestanden, aber niemals dem Wissenschaftler. Da Helena Blavatsky ihre Werke ausdrücklich als Synthese von Wissenschaft und Religion sah, mußte sie auch versuchen, den damaligen wissenschaftlichen Kriterien Genüge zu tun, so gut das eben mit esoterischen Themen zu machen war. Diese Kriterien verlangten nun einmal eine genaue, möglichst logisch nachvollziehbare Quellenangabe. In der Berufung auf die »Meister« können wir ebenso die Bemühung erkennen, der Forderung nach exakter Quellenangabe nachzukommen, wie in dem Hinweis, daß diese Informationen einer Dimension entstammen, die durch materiell festgelegte Kriterien nicht greifbar ist. Bedenken wir zudem, wie viel von dem, was uns heute in dieser Hinsicht selbstverständlich geworden ist, erst durch die moderne Psychologie einigermaßen nachvollziehbar und erklärbar wurde. Als Helena Blavatsky ihre Bücher schrieb (*Isis Unveiled* erschien 1877 und *The Secret Doctrine* 1888), gab es diese moderne Psychologie noch nicht. Sigmund Freud veröffentlichte seine *Traumdeutung* 1899 (von einem offenbar »hellsichtigen« Verleger auf die Jahrhundertwende 1900 vordatiert als Beginn einer neuen Epoche). Erst allmählich wurden dann andere als rein materielle Kriterien auch für die Wissenschaft zumindest diskutabel. Heute würde Helena Blavatsky vielleicht sagen, sie habe ihre Informationen dank ihrer Hellsichtigkeit aus dem Fundus des kollektiven Unbewußten der Menschheit erfahren, womit sie selbst bei Wissenschaftlern kaum mehr anecken würde.

Wir dürfen dabei nicht außer acht lassen, daß die Begriffe »Bewußtsein«, »Unbewußtes«, »Unterbewußtsein«, die heute jedermann geläufig und vertraut sind, nur Modellcharakter haben. Kein Mensch weiß, ob so etwas wie das Bewußtsein oder das Unbewußte in der Form, wie es die Psychologen definieren, wirklich existiert. Freud und C. G. Jung, die diese Begriffe in die Psychologie einführten, handhabten sie in der gleichen Weise wie man die unbekannten Faktoren in einer algebraischen Gleichung mit Buchstaben statt mit Zahlen bezeichnet. Die Praxis hat gezeigt, daß man auf diese Weise recht gut damit umgehen kann, auch wenn niemand weiß, was sich in Wirklichkeit dahinter verbirgt. Ähnlich mag es sich auch mit den »Meistern« verhalten, obgleich nicht verschwiegen werden soll, daß es auch Indizien gibt, die darauf hinweisen, daß die Behauptungen von Helena Blavatsky vielleicht doch nicht ganz jeder realen Grundlage entbehren. Letztlich soll sich jeder Esoteriker an die Erklärung halten, die ihm dazu verhilft, die durch die »Meister« übermittelte Information am besten und glaubwürdigsten in sein persönliches Leben zu integrieren.

Helena Blavatsky führte ein unruhiges, von vielen Reisen geprägtes Leben, das nur schwer in seinen Einzelheiten rekonstruiert werden kann. Sie selbst und ihre Anhänger behaupten, daß sie längere Zeit in verborgenen Himalajatälern von ihren Meistern geschult worden sei und Zugang zu geheimen Bibliotheken gehabt habe. In einigen Biographien kann man wunderschöne bildhafte Schilderungen dieser Bergidylle finden, die an Ganghofer erinnern. Kritiker, die ihr weniger gut gesonnen sind, meinen, diese häufigen Reisen hätten wohl eher damit zu tun gehabt, daß sie über Jahre hinweg die ständige Begleiterin eines russischen Opernsängers gewesen sei, dessen Beruf die häufigen Ortswechsel bedingte. Sei dem wie es wolle. Für den Wert der von ihr übermittelten Botschaft ist es ohne Belang, ob Helena Blavatsky ihr Wissen wirklich aus den Höhen des Himalaja mitgebracht hat oder ob sie sich einfach genierte zuzugeben, daß hohe Erkenntnis auch in schäbigen Hotelzimmern Mittel- und Osteuropas erlangt werden kann. Uns interessiert hier nur der eigentliche Inhalt ihrer Botschaft und der ihrer Nachfolger, und dem wollen wir uns nun zuwenden.

Die Esoterik sieht die Entstehung der Menschheit nicht wie die biblische Erzählung von Adam und Eva, also von einem einzelnen Menschen oder Menschenpaar ausgehend, sondern polygenetisch. Damit wird angenommen, daß Menschen mehr oder weniger gleichzeitig an verschiedenen Orten die Erde besiedelten. Unter diesen verschiedenen Menschen kam es nacheinander immer wieder zu einem Zusammenschluß von einzelnen Gattungen, in der Sprache der damaligen Theosophie Wurzelrassen genannt, die jeweils während einer gewissen Zeit auf der Erde die Vorherrschaft ausübten und sich von den anderen deutlich durch Hautfarbe und Kultur unterschieden. Fünf solche Wurzelrassen werden angenommen; die gegenwärtig herrschende wird als die fünfte betrachtet. Aus bekannten Gründen ist das Wort Rasse heute so belastet, daß ich es nicht mehr verwenden möchte und deshalb an seine Stelle lieber den Begriff Wurzelgattung setze.

Die beiden ersten Wurzelgattungen, die aus dem Dunkel des Mythos heraus mit Namen genannt werden, sind die Polarier und die Hyperboräer. Die erste dieser zwei Wurzelgattungen soll vor ungefähr 18 Millionen Jahren gelebt haben in einem »unvergänglichen heiligen Land«. Sie seien »Selbstgeborene« gewesen, was dahingehend verstanden werden kann, daß sich Materie um einen ätherischen Kern ballte, wahrscheinlich analog zu den

Elektronen, die sich um den Atomkern sammeln. Die zweite Wurzelgattung, die Hyperboräer, soll das Gebiet von Griechenland und Nordeuropa besiedelt haben, das damals offenbar die gleichen günstigen klimatischen Bedingungen aufwies, wie sie heute in subtropischen Breiten anzutreffen sind. Sie werden als »knochenlos« und »dunstgeboren« bezeichnet. Der zweite Ausdruck soll wahrscheinlich besagen, daß sich ihre Fortpflanzung noch auf eine asexuelle Weise vollzog. Beide Wurzelgattungen sind für die Geschichte der heute lebenden Menschheit von eher geringer Bedeutung. Erst mit der dritten Wurzelgattung, Lemurier genannt, beginnt die Kette der Evolution, in die wir heute Lebenden miteinbezogen sind. Die Lemurier sollen auf einem Kontinent namens Lemuria im Pazifischen Ozean gelebt haben, der zwischen 700 000 und 25 000 Jahren vor unserer Zeitrechnung in den Fluten versunken sein soll. Der Name Lemuria wurde vom englischen Naturforscher P. L. Sclater eingeführt, der damit eine hypothetische Landmasse im indischen Ozean in einer frühen erdgeschichtlichen Epoche bezeichnete. Er wollte damit gewisse Übereinstimmungen zwischen der Fauna in Südafrika und der in Indien erklären.

Man muß sich von der Vorstellung lösen, daß die frühen Wurzelgattungen eine Existenz führten, die mit der heutigen menschlichen Existenz direkt vergleichbar ist. Die damaligen Menschen verfügten noch nicht wie wir über ein Individualbewußtsein; ihr Bewußtsein war vielmehr nur in der Gattung als Ganzes enthalten und konnte nur durch die Gruppe zur Wirkung gelangen. Man spricht in diesem Zusammenhang von der Gruppenseele. Die Gruppenseele gehört dem animalischen Bereich an und ist im Tierreich, besonders bei Vögeln und Insekten von großer Bedeutung. So kann beispielsweise der Vogelzug, wo ein größerer Verband von Vögeln sich zusammenfindet und als eine einzige Ganzheit einem bestimmten Ziel zustrebt, als Ausdruck der Gruppenseele verstanden werden. Auch die Ameisen können unter dem gleichen Aspekt gesehen werden. Die einzelne Ameise ist nichts, nur im großen Verband des Ameisenhaufens ist ihre Existenz sinnvoll. Darum haben einzelne Zoologen auch schon die Behauptung aufgestellt, daß eigentlich der Ameisenhaufen die Tiergattung Ameise sei und nicht das einzelne Exemplar. Auch die großen Heuschreckenschwärme in tropischen Gebieten sind ein Beispiel für diese Gruppenseele und verdeutlichen uns noch zusätzlich, daß der Mensch den Rück-Fall in das Stadium der Gruppenseele, deren Elemente ja latent in jedem einzelnen individuellen Menschen noch vorhanden sind, als dämonische Besessenheit erfährt. In den Naturreligionen der tropischen Gebiete werden Heuschrecken nämlich als Dämonen betrachtet. Die Gruppenseele darf allerdings nicht mit dem von C. G. Jung geprägten Begriff des kollektiven Unbewußten gleichgesetzt werden.

Im weiteren Verlauf der Geschichte der Menschheit, so wie die Esoterik sie sieht, gewann die sich in Schüben vollziehende Evolution der Menschheit eine große Bedeutung. Mit Evolution wird eine Entwicklung bezeichnet, die nicht allmählich linear verläuft, sondern treppenförmig. Der neue fortgeschrittene Zustand ist nach einer längeren Zeit des scheinbaren Stillstandes plötzlich vorhanden. Evolution setzt voraus, daß jeder Entwicklungsschritt, der durch die Evolution plötzlich nach außen hin in Erscheinung tritt, von allem Anfang an, wenn auch noch nicht erkennbar und verhüllt, bereits programmiert und latent vorhanden ist. Die Ähre wäre demnach die fortgeschrittene Evolutionsstufe des Weizenkorns. Die Vorstellung von der Evolution ist Bestandteil praktisch aller esoterischer Lehren. Die Geschichte der Erde und der Menschheit wird geprägt von solch aufeinanderfolgenden Evolutionsschritten. Für die Menschheit als Ganzes bedeutet eine Evolutionsstufe etwa das gleiche wie für den individuellen Menschen eine Inkarnation.

Die Entwicklung der Menschheit von der Gruppenseele zum Individualbewußtsein muß als ein solcher Evolutionsschritt betrachtet werden. Man kann sich das bildhaft so vorstellen, daß sich aus der amorphen Masse heraus der Drang bildete, alles das, was bisher nur die Gruppenseele als Ganzes enthalten hatte, in eine einzelne Entität, in ein einzelnes Individuum zu fokussieren. Diese Entität ihrerseits entwickelte als Vorstufe eine menschliche Form zum Träger all dessen, was zu enthalten für sie vorgesehen war. Aus diesem Drang oder Bedürfnis der Gruppenseele heraus entstand schließlich ein Wesen mit äußerlich menschlichen Formen, das gewissermaßen zum Prototyp des unmittelbar bevorstehenden Evolutionssprungs geworden war, ohne aber seinerseits Mensch im herkömmlichen Sinne zu sein. Diese, eine jeweilige Evolution vorausnehmende Entität, wird in der Sprache der Esoterik mit der Bezeichnung *Manu* versehen (von Sanskrit *man,* Mensch). Natürlicherweise kommen nun einer solchen Entität alle Eigenschaften einer großen »Führergestalt« zu. Dieser Ausdruck, der aus der heutigen Zeit heraus gesehen nicht ganz unproblematisch ist, hat dazu geführt, daß esoterische Tradition in gewisse geschichtliche Entwicklungen des zwanzigsten Jahrhunderts involviert war, sei es, daß sich gewisse Esoteriker freiwillig für entsprechende politische Ideologien einspannen ließen oder daß man sich ihre Terminologie für die Politik zunutze machte. Aufgabe eines solchen als Führergestalt in Erscheinung tretenden Manus war, der noch der Gruppenseele verhafteten Wurzelgattung behilflich zu sein, die in ihr bereits vorhandenen, aber noch schlummernden Eigenschaften, die der Manu bereits als Einzelwesen verkörperte, soweit zu entwickeln, daß schließlich jeder einzelne Mensch der Wurzelgattung als individueller Mensch die Eigenschaften des betreffenden Manu verkörperte. Um dies zu erreichen, bediente sich der Manu einer »Strahl« genannten kosmischen Energie und brachte einzelne, ihm geeignet erscheinende Menschen in Kontakt mit dieser Energie. Diese waren dann ihrerseits auf menschlicher Ebene imstande, die entsprechende Entwicklung zu vollziehen und wiederum andere geeignete Menschen mit dem entsprechenden Strahl in Kontakt zu bringen. War diese Entwicklung einmal eingeleitet und setzte sie sich erfolgreich fort, so konnten sich die im Manu verkörperten transzendenten Energien wieder auf ihre Ebene zurückziehen. Die Schüler des Manu, nun ihrerseits Hüter des entsprechenden Strahls, setzten dann sein Werk fort. Auf diese Weise entstanden die verschiedenen Mysterien, die mit dem Strahl des entsprechenden Manu arbeiteten, der ihrer Entstehung zugrundegelegen hatte. So erklärt sich auch das, was im vorherigen Kapitel bei der Schilderung der Mysterien als Übertragung der Kraft bezeichnet wurde. So wie der Manu für seine

Wurzelgattung mittels des Strahls die Verbindung der Gruppenseele mit dem Individualbewußtsein herstellt, so wird bei der Initiation mittels der Energie des betreffenden Strahls die Animalität des Mysten mit dem ihm als Menschen eigenen höheren Selbst unauflösbar verknüpft.

Aus all dem wird nun verständlich, warum man die Manus immer als »ohne Vater und Mutter« bezeichnet. Ein weiteres Merkmal ist ihr plötzliches Erscheinen und ihr spurloses Verschwinden. Die Manus der atlantischen Sonnentradition werden »Hohepriester nach dem Orden des Melchisedek« genannt, und zwar aufgrund der Erzählung von Abrams (später Abraham) Initiation durch den Priesterkönig Melchisedek (1. Mose 14,18). Auch der Hebräerbrief des Neuen Testaments erwähnt diesen Melchisedek und stellt eine Verbindung zwischen ihm und Jesus Christus her. In der Bibel finden wir noch mehr Hinweise, beispielsweise in der Erzählung von Moses. Zwar ist Moses von Vater und Mutter geboren, aber er wird auch in einem Binsenkörbchen von den Wellen des Nils ans Ufer getragen, und sein Tod erfolgt als ein spurloses Verschwinden auf dem Berg Nebo (5. Mose 34), kurz bevor das Volk Israel das von Moses gesteckte Ziel der Einwanderung in das gelobte Land erreicht.

Hier zeigen sich in einer tieferen Schicht der literarischen Erzählung deutlich Elemente, die mit einem Manu in Verbindung gebracht werden können. Ähnliches läßt sich auch in den Berichten über Jesus aufzeigen. Auch in bestimmten Göttermythen findet man diese Elemente des plötzlichen Erscheinens ohne Herkunft, wie auch des spurlosen Verschwindens. Allerdings dürfen Manus nicht mit Göttern im herkömmlichen Sinne verwechselt werden. Götter sind personifizierte Naturkräfte oder personifizierte kosmische Energien (zum Beispiel Planetenkräfte), während die Manus die Personifizierung des Evolutionsziels der betreffenden Menschengattung sind.

Irgendwann zwischen 700 000 und 25 000 vor unserer Zeitrechnung soll Lemuria durch eine gigantische kosmische Katastrophe, wie sie immer wieder in der Tradition der esoterischen Menschheitsgeschichte überliefert werden, untergegangen sein.

Die Überlebenden siedelten sich entweder auf den zu Inseln gewordenen verbliebenen Landresten an oder (und vielleicht war dies der größere Teil) machten sich unter der Führung eines Manu zu einer großen Wanderung Richtung Westen auf. Diese Wanderung mag sich über einen sehr langen Zeitraum erstreckt haben. Die Lemurier erreichten auf ihrem Zug irgendwann Afrika, besiedelten diesen Kontinent bis zu seiner Westküste und wagten dann die Überfahrt über die damals noch relativ schmale Wasserstraße, wo sie einen neuen Kontinent fanden: Atlantis.

Bezüglich des weiteren Geschehens sind zwei Versionen vorstellbar. Entweder fanden die Lemurier auf Atlantis bereits eine hochstehende Kultur vor, in die sie sich allmählich integrierten und an deren weiterer Entwicklung sie sich beteiligten, oder das auf diesem Kontinent vorhandene Energiefeld beschleunigte und förderte die weitere Evolution der Lemurier. Denkbar ist natürlich auch eine Kombination. Der weitere Verlauf wird jedenfalls meist so überliefert, daß sich von Atlantis her in größeren Abständen drei Emigrationswellen lösten, die im Zuge ihrer Wanderung bestimmte Teile der Erde besiedelten. Jede dieser Emigrationen nahm den damals vorhandenen Stand an Kenntnissen mit und verkörperte dadurch eine bestimmte Evolutionsstufe.

Die erste Emigrationswelle unter Führung eines entsprechenden Manus hatte die Energie des sogenannten ersten Strahls zur Verfügung, weil er der damaligen Evolutionsstufe der Atlanter entsprach. Man kann diesen als Strahl der reinen Kraft oder des Willens zur Macht bezeichnen. Seine Eigenheit besteht darin, daß er sehr eng an das Stoffliche der materiellen Ebene gebunden ist. Sein Initiationsweg eröffnet den Zugang zur niederen astralen Ebene. Dies kann so gesehen werden, daß dadurch die reine Materie mit der animalischen Lebenskraft verbunden wird (mehr darüber im Kapitel »Menschlichkeit«). Der Weg des ersten Strahls ist deshalb ein Erkenntnisweg, der immer und in jedem Fall von der reinen Materie ausgehen muß. Sein Ziel ist es, die Kontrolle über die Materie zu erlangen. In dieser Tradition ist alles enthalten, was mit primitivem Zauberwesen, Naturmagie, sogenannter Hexerei, Schamanismus und den damit verwandten Gebieten zu tun hat. Die Eingeweihten dieses Strahls verfügen über eine große Kenntnis der physischen Ebene der Natur und wissen, wie man auf diese Ebene Einfluß nehmen kann, zum Beispiel mittels bestimmter Drogen, die auf das Nervensystem und die endokrinen Drüsen einwirken. Allerdings fehlt ihnen in der Regel das intellektuelle Verständnis der von ihnen angewandten Techniken und die Bewußtheit bezüglich der Wirkungen. In unserer Zeit können etwa der Spiritismus, Tischerükken, Nekromantie, Talismanische Magie, Geomantie, gewisse Formen der Medialität wie etwa Psychometrie (die Fähigkeit, aus dem Erfühlen von Gegenständen damit in Beziehung stehende Informationen herauszulesen) und so weiter diesem ersten Strahl zugeordnet werden. Auch die moderne Technik ist dem ersten Strahl zuzuordnen. Man darf nun aber nicht dem Irrtum verfallen, den ersten Strahl als minderwertig gegenüber den anderen zu betrachten. Ein Beispiel dafür, wie hoch entwickelt und reich differenziert Techniken sein können, die von der Basis des ersten Strahls aus arbeiten, gibt uns die Homöopathie. Sie verfügt über eine überaus feine und komplizierte Struktur, an der aber auch rein gar nichts primitiv ist in dem Sinne, in dem das Wort allgemein gebraucht wird. Und doch erfüllt sie die erwähnten Kriterien des ersten Strahls. Alle ihre Mittel haben die Materie zur Ausgangsbasis und wirken mit den in dieser Materie enthaltenen Energien. Letztlich entzieht sich die Wirkungsweise der Homöopathie unserem intellektuellen Verständnis. Von einem wissenden Heiler angewandt, erzielt sie oft durchschlagende ganzheitliche Heilerfolge, die sich unserem gewohnten intellektuellen Verständnis entziehen. Ähnliches gilt auch für die Bach-Blütentherapie.

Der erste Strahl bildet den einen Bestandteil der Einheit aller drei Strahlen, die uns als Erbe des versunkenen Atlantis überliefert sind. Nur wer die Initiation aller drei Strahlen erhalten hat, darf als wahrer Adept und Eingeweihter betrachtet werden. Das schließt aber nicht aus, daß der nur mit der Energie des einen oder anderen Strahls oder mit zwei davon arbeitende Esoteriker (in diesem Fall auch Magier genannt) innerhalb dieser Begrenzung nicht auch ein Meister werden kann. Was er dann braucht, ist Selbsterkenntnis und Einsicht in seine Grenzen. Sich selbst zu überschätzen gehört zu den schlimmsten Untugenden eines Esoterikers.

Dieser erste Emigrationszug aus Atlantis soll seinen Weg in nordöstlicher Richtung genommen haben. Stationen dieses Emigrationszuges wären demnach Britannien, das Baskenland, Nordeuropa und Sibirien (das Wort Schamane ist sibirischen Ursprungs), bis er die Küste des gelben Meeres erreichte und sich in dieser Region mit möglicherweise noch vorhandenen Resten der lemurischen Kultur vereinigte. Spuren dieser Emigration finden wir noch in den seltsamen und mit vielen Rätseln behafteten Steinmälern der sogenannten Megalithkultur. Das bekannteste Beispiel ist Stonehenge. Diese Steinmäler sind Zeugen des mit Atlantis verbundenen Sonnenkultes.

Als diese Hypothesen vor ungefähr hundert Jahren aufgestellt wurden, war die ethnologische und archäologische Forschung der Gebiete Mittel- und Südamerikas, namentlich der Maya-Kultur, noch nicht auf dem heutigen Stand. Wenn man die Ergebnisse dieser Forschungen mit in Betracht zieht, scheint sich die Emigration des ersten Strahls entweder in zwei entgegengesetzte Richtungen geteilt zu haben, oder, was mir persönlich auch plausibel erscheint, er wandte sich von Anfang an überhaupt in westliche Richtung zum amerikanischen Kontinent und darüber hinaus in den pazifischen Raum (zum Beispiel zur Osterinsel), wahrscheinlich bis nach Südindien. Die gesamte indianische Kultur wäre demnach eine Auswirkung des ersten Strahls. Auch der Don-Juan-Schamanismus nach Castaneda paßt, unter diesem Aspekt betrachtet, gut in diesen Zusammenhang.

Die zweite Emigration aus Atlantis erfolgte wie die Tradition berichtet, nachdem dort die Evolutionsebene des zweiten Strahls erreicht worden war. Der zweite Strahl ist der Strahl des Wissens und der Weisheit. Seine Energie bewirkt die Bewußtseinserweiterung mittels der geistigen, mentalen Ebene. Dieser zweite Emigrationszug erfolgte offenbar in eine mehr südliche Richtung. Ursache dafür waren möglicherweise die zur Eiszeit aus der Polarregion hervorstoßenden mächtigen Gletscherströme. Die

Emigranten nahmen ihren Weg über Mitteleuropa und den Nahen Osten, bis sie in der Bergregion des Himalaja ihr Ziel fanden und dort ihr geistiges Zentrum errichteten. Aus diesem zweiten Strahl entwickelte sich die östliche Esoterik. Ihr Wissen und ihre Weisheit wurden entlang dem Lauf der großen Flüsse, die im Himalaja ihren Ursprung nehmen (Ganges, Brahmaputra) bis in den indischen Subkontinent getragen. Im südlichen Indien stießen sie auf Kulte, die dem ersten Strahl zugehörig waren, und integrierten sie. Spuren der Begegnung der beiden Strahlen sind zum Beispiel noch deutlich in den Tempelanlagen von Mahabalipuram südlich von Madras zu finden.

Der zweite Strahl ist eine Ausweitung des ersten. Er enthält alle Elemente, die auch dem ersten zu eigen sind. Dieser erste sollte sich jedoch unter der Kontrolle der Errungenschaften des zweiten befinden. Das war offenbar für die Evolution des zweiten Strahls nicht immer ganz leicht zu bewerkstelligen. Ein sich immer wieder bemerkbar machendes Überschwappen der Energien des ersten Strahls wurde von der Evolution des zweiten vorwiegend auf der körperlichen Ebene wahrgenommen. Deshalb wurden im Rahmen der östlichen Esoterik zahlreiche Yogaformen und Meditationstechniken entwickelt, die eine möglichst hohe körperliche Entäußerung zum Ziel hatten. Dion Fortune brauchte zur Illustration das Beispiel eines Radioapparates, auf dem ein bestimmter Sender nur schwach zu hören ist. Zweierlei ist nun möglich. Man kann den Lautstärkeregler aufdrehen und auf diese Weise die Musik oder das gesprochene Wort besser hörbar machen. Das ist der Weg, den die östliche Esoterik gewählt hat. Der andere Weg besteht in der Verstärkung der Sendeleistung. Das ist der Weg, den man als den westlichen Weg bezeichnen kann. Der östliche Esoteriker versucht, mit seinen hochentwickelten spirituellen Techniken Störungen der körperlichen und der ihn umgebenden physischen Ebene möglichst zu eliminieren und herauszufiltern. Der westliche Esoteriker sucht nach einer Möglichkeit, die vorhandene Energie zu verstärken, so daß auftretende Störungen überdeckt werden. Keiner der beiden Wege kann als der bessere oder gar edlere bezeichnet werden. So wie man sich beim ersten Strahl davor hüten muß, ihn nur im

Zusammenhang mit Primitivkulten und Schwarzer Magie zu sehen, darf man auch nicht dem Irrtum verfallen, daß das Wissen des zweiten Strahls allein schon verhindert, daß falsche Wege gegangen werden. Die Atomenergie der Gegenwart, mit ihrer Technik ein reines Produkt des ersten Strahls, legt davon beredt Zeugnis ab. Das theoretische Wissen um die Möglichkeit dazu gehört zum zweiten Strahl, und unreflektierte kurzsichtige Umsetzung dieses Wissens in die Praxis ist eine Angelegenheit des ersten.

Indessen sollte man sich für den einen oder anderen Weg, den östlichen oder den westlichen, entscheiden. Dabei ist zu beachten, daß der normale westliche Mensch kaum mit den zum Teil hochkomplizierten spirituellen Techniken zurechtkommt, die ausschließlich auf die körperliche Beschaffenheit des östlichen Menschen hin zugeschnitten sind. Diese Techniken sind zudem noch in einer Zeit entwickelt worden, in der auf der Erde, insbesondere im Osten, andere Verhältnisse und andere Energieschwingungen vorherrschten. Es ist zu bezweifeln, daß diese Techniken, selbst für östliche Menschen, die im Osten leben, immer noch den erhofften Zweck erfüllen. Die östliche Esoterik hat allerdings im Tantrismus ein System entwickelt, das die Synthese der Energien des zweiten mit denen des ersten Strahls, also des Geistes mit der Materie, auf einer sehr hoch entwickelten Stufe realisiert. Analog dazu erfüllt in der westlichen Esoterik die Alchemie von der Ebene des zweiten Strahls aus die gleiche Aufgabe.

Kurz bevor Atlantis für immer versank, begann die Emigration des dritten Strahls. Manche meinen, daß die Führer dieser dritten Gruppe um die bevorstehende Katastrophe wußten. Vielleicht haben sie deshalb in aller Eile den Auszug in die Wege geleitet, bevor die Evolution des dritten Strahls vollendet war. Jedenfalls gewinnt man den Eindruck, daß der dritte Strahl entweder beschädigt wurde oder nicht vollständig zur Reife gelangen konnte.

Der Mythos von Atlantis ist uns nur in vielen einzelnen Fragmenten zugänglich, die kein zusammenhängendes Bild ergeben. Wir sind somit in wichtigen Dingen auf Spekulationen angewiesen. Alles, was wir tun können, ist, die einzelnen Stücke wie Teile eines Puzzles hinzulegen und zu sehen, ob sich Gemeinsamkeiten oder Hinweise auf einen roten Faden finden lassen, der uns weiterführen könnte. Wenn wir die Züge der drei Emigrationen verfolgen, dann zeigt sich, daß überall, wo Atlantis seine Spuren hinterließ, auch Spuren von Menschenopfern zu finden sind. Am stärksten ist dies in Mittel- und Südamerika der Fall. Auch gewisse religiöse, rituelle Gebräuche, die im keltischen Britannien ausgeübt wurden, lassen daran denken, um so mehr als wir wissen, daß die Kelten auf ihrem Zug aus Zentralasien nach Westen die religiösen Gebräuche, die sie an den Orten ihrer Niederlassung vorfanden, in ihre eigenen Kulthandlungen integrierten. Auf diese Weise mögen sich durchaus Bruchstücke eines alten atlantischen Kultes erhalten haben. (Näheres dazu im Kapitel »Esoterik und Christentum«). Auch anhand des ägyptischen Mythos vom zerstückelten Osiris lassen sich ähnliche Überlegungen anstellen. In der tibetischen Religion spielen rituelle Gegenstände aus Menschenknochen eine wichtige Rolle. Das Tieropfer der Juden, wie es im Tempel von Jerusalem gefeiert wurde, ist höchst wahrscheinlich die Milderung eines ursprünglichen Menschenopfers, wie sich aus der biblischen Erzählung von Isaaks Opferung schließen läßt. Auch auf den Moloch der Karthager und Babylonier sei in diesem Zusammenhang hingewiesen. All dies führt zu der Frage, ob die rituelle Opferung eines Königs oder einer Führergestalt im atlantischen Sonnenkult und in den drei Evolutionen eine Rolle gespielt hat. In diesem Zusammenhang sei daran erinnert, was im vorigen Kapitel zum Thema Menschenopfer gesagt wurde (siehe Seite 40). Vielleicht bewirkten diese sicher sehr lange Zeit ausgeübten Menschenopfer, die als energetische Erneuerung eines ganzen Volkes gedacht waren, zwangsläufig plötzlich das Gegenteil dessen, was man sich von ihnen erhoffte.

Es mag sein, daß die den Opfern geraubte Lebenskraft im Laufe der Zeit eine kosmische Unausgewogenheit entstehen ließ, die sich plötzlich zerstörerisch auswirkte und zumindest dazu beitrug, den Untergang von Atlantis herbeizuführen. Als der dritte Schub von Emigranten Atlantis verließ, hatten sich die

Menschen vielleicht doch noch nicht ganz von diesem Brauch gelöst, wie es eigentlich das Wesen des dritten Strahls erfordert hätte. So nahmen sie den Opferkult mit in ihre zukünftigen Heimstätten. Dies hat Folgen bis in unsere heutige Zeit. Im Kapitel »Esoterik und Christentum« werden diese Folgen noch eingehender erläutert.

Die Auswanderer wandten sich in westliche Richtung und besiedelten den mediterranen Raum. Diese Emigration des dritten Strahls wurde die Quelle der westlichen Traditionen und umfaßt das ganze Gebiet des späteren römischen Reiches zur Zeit seiner größten Ausdehnung von Britannien bis zu den Grenzen Persiens. So wie die Evolution des zweiten Strahls das Wissen und die Energien des ersten mit umfaßt, enthält auch die Emigration des dritten die der beiden ersten in sich.

In der westlichen Tradition sind die drei Strahlen mit verschiedenen Namen verknüpft. Jeder dieser Namen bezeichnet einen eigenen Initiationsweg. Die Energie des ersten Strahls und ihr Initiationsweg trägt die Namen von Pan und Orpheus. Die Mysterien des Pan wurden in Ägypten im Tempel des Bocks von Mendes gefeiert. Die auf Ekstase und Sinnenhaftigkeit aufgebauten orphischen Mysterien vermittelten ebenfalls die Initiation des ersten Strahls. Bekannt ist die Sage von Orpheus, der seine über alles geliebte Gattin Eurydike nach deren Tod in der Unterwelt suchte und sie durch die Macht seines Gesangs der Herrschaft des Hades entriß, sie aber sogleich wieder verlor, weil er sich, entgegen dem Gebot des Gottes Hades, nicht enthalten konnte, sich auf dem Rückweg aus der Unterwelt ins Licht nach Eurydike umzusehen. Darin mag zum Ausdruck kommen, wie schwierig es für den ersten Strahl offenbar ist, sich aus dem Verhaftetsein mit der Materie zu lösen, um den Evolutionsschritt zum zweiten zu vollziehen. Aber schließlich verwandelt sich Orpheus doch noch in einen Schwan, das Symbol der Eingeweihten und der göttlichen Kraft, aus der das Universum hervorgeht.

Der zweite Strahl des Wissens und der Weisheit wird in der westlichen Tradition von Hermes repräsentiert, auch Hermes Trismegistos, der dreifach große Hermes, genannt. Ihm war wohl die klassische Initiation im alten Ägypten geweiht. Zu diesem Strahl gehört in der westlichen Tradition das Wissen der Alchemie (von *al Khem,* das heißt Ägypten) als der höchsten Synthese der Energien des ersten und des zweiten Strahls, analog zum Tantrismus in der östlichen Tradition. Alles, was mit Wissen und Weisheit verknüpft ist, wird Hermes zugeschrieben. So ist die Astrologie ein Teil des zweiten Strahls ebenso wie der Tarot und die Kabbala. In diesem Zusammenhang ist übrigens interessant zu beobachten, daß die beiden großen Schulen der westlichen Psychologie, die zu Beginn dieses Jahrhunderts begründet wurden, ganz offensichtlich auch mit den zwei ersten Strahlen der atlantischen Evolution in Verbindung gebracht werden können. Das bedeutet nicht, daß sie Teil der westlichen Esoterik sind, aber doch, daß sie, jede auf ihre Weise, mit den damit verbundenen Kräften arbeiten.

Sigmund Freuds Psychoanalyse steht in Verbindung mit den Energien des ersten Strahls. Noch mehr gilt dies für das Werk seiner Schüler und Nachfolger, wie etwa Wilhelm Reich und Alexander Lowen, welche die Arbeit am Körper und mit dem Körper, also mit der Materie, in die Psychotherapie eingeführt haben. Man darf allerdings die Freudsche Psychoanalyse und die aus ihr abgeleiteten Körpertherapien nicht in unmittelbarer Nähe von primitiven Naturkulten, Zauberdoktoren und Hexerei ansiedeln, wie man überhaupt keinen der drei Strahlen als wertvoller oder minderwertiger gegenüber den anderen beiden Strahlen betrachten darf. Ein Meister des ersten Strahls wird durch seine »magische« Arbeit ein genausogutes Resultat erzielen wie ein Meister des zweiten, der, um seine »magische« Arbeit erfolgreich durchführen zu können, die Kräfte des ersten Strahls genausogut beherrschen muß wie die des zweiten. Die praktische Alchemie im Labor ist ein Beispiel dafür. Was den Alchemisten vom Magier des ersten Strahls unterscheidet, ist das Verstehen der Zusammenhänge und Gesetzmäßigkeiten.

Die analytische Psychologie nach C. G. Jung arbeitet auf der Ebene des zweiten Strahls. Der Eigenschaft dieses Strahls entsprechend führen die Ergebnisse ihrer psychotherapeutischen Bemühungen nicht zur unmittelbaren Einwirkung und Veränderung am Körper und in der materiellen Sphäre des Patienten, sondern zur Einsicht. Wenn dieser Einsicht allerdings eine materiell faßbare Veränderung im Leben des Patienten folgen soll, wird dies nicht ohne Einsatz der Energien des ersten Strahls möglich sein. Andererseits ist ein Patient, der nach den Methoden des ersten Strahls behandelt wird, erst dann wirklich geheilt, wenn er fähig ist, die erreichte Heilung durch Einsicht aufrechtzuerhalten. Anhand dieser Beispiele läßt sich erkennen, in welchem Maße das ausgewogene Zusammenspiel aller Strahlen innerhalb der westlichen Tradition erforderlich wäre. Bezeichnenderweise ist eine psychologische Richtung, die auf der Kraft des dritten Strahls aufbaut, innerhalb der westlichen Kultur und Tradition bisher noch nicht in Erscheinung getreten. Damit sind wir bei der Frage angelangt, wo und wie sich in unserer Tradition die Kraft des dritten Strahls zeigt.

Die Theosophen und die mit ihnen verwandten Gruppen haben meiner Ansicht nach die Kraft des dritten Strahls zu sehr mit dem Christentum und Jesus Christus als dessen Repräsentanten in Verbindung gebracht. Zwar kann ich mich durchaus auch der Meinung anschließen, daß es Aufgabe des Christentums war, die Energie des dritten Strahls innerhalb der westlichen Tradition zur Auswirkung zu bringen, aber die Situation des Christentums gerade in der westlichen Tradition läßt deutlich erkennen, daß es an dieser Aufgabe gescheitert ist. Ein Blick auf die Geschichte des Christentums und darauf, wie es das nach ihm benannte Fischezeitalter geprägt hat, beweist dies. Die Evolution des dritten Strahls ist also bisher nicht zur Vollendung gekommen. Dafür ist folgendes Zeichen signifikant: Immer dann, wenn von esoterischer Seite aus der Anspruch erhoben wird, eine Alternative zum kirchlich geprägten Christentum zu geben, wird Zuflucht zu einer nebulösen, verschwommenen Christusmystik gesucht. Der späte Rudolf Steiner ist unter anderem ein Beispiel dafür. Die Theosophie versuchte, indem sie intensiv die Gedanken- und Begriffswelt der großen östlichen Religionen in ihr System integrierte, die Verbindung zum fehlenden oder unvollendeten dritten Strahl ersatzweise herzustellen. Als Bezeichnung für die Konkretisierung des dritten Strahls in der westlichen Tradition möchte ich deshalb nicht Jesus Christus wählen, sondern den Ausdruck Christos-Dionysos verwenden. Die Motive dafür werde ich später näher begründen.

In der esoterischen Literatur der westlichen Tradition, namentlich der Theosophie nach dem Tod von Helena Blavatsky, wird der erste Strahl als der Strahl der Kraft, des Willens oder genauer des Willens zur Macht bezeichnet. Der zweite Strahl ist der Strahl des Wissens, der Weisheit, und der dritte Strahl trägt den Namen Strahl der Aktivität und der Anpassung, besser verständlich unter der Bezeichnung Strahl der Anwendung. Aus den drei Worten *Kraft, Weisheit, Anwendung* ergibt sich eine lineare Folge. Zuerst ist die Kraft an sich vorhanden. Der zweite Schritt ist das Wissen um das Wesen dieser Kraft, die Weisheit, und beide zusammen führen zur richtigen Anwendung der Kraft.

Für alle drei Strahlen existieren noch drei Worte, die man als Siegelworte bezeichnen kann. In ihnen ist das Wesen der westlichen, auf den drei Strahlen begründeten Initiationswege enthalten. Diese drei Siegelworte sind *Leben* für Kraft, da jedes Leben nur aus der Kraft heraus erkennbar ist, die sich in der Materie manifestiert; *Licht* für Weisheit, denn Weisheit besteht im Wissen um das richtige Maß, das in der Begrenzung sichtbar wird, die der Kraft ihre kosmisch gemäße Ordnung gibt; *Liebe* zeigt den Weg, wie die in der Weisheit geborgene Kraft zur Auswirkung und Anwendung gelangen kann. Diese drei Siegelworte kann man in sechs verschiedene Kombinationen bringen, von denen jede einen Initiationsweg darstellt. Zur Gesamtheit vereinigt bilden diese sechs Initiationswege das Hexagramm, den aus zwei ineinander verflochtenen Dreiecken – schwarz und weiß – gebildeten sechszackigen Stern, das Ganzheitssymbol der westlichen Tradition (siehe Seite 130).

Die beiden Dreiecke bilden zueinander eine Polarität, die man vielleicht folgendermaßen interpretieren kann. Das schwarze Dreieck wird aus den Wegen gebildet, die ihren Ausgang im Stofflichen, also vom ersten Strahl her nehmen. Das weiße Dreieck ist das Bild für die Wege, die vom zweiten Strahl ausgehen. Somit wäre die Vereinigung der beiden Dreiecke das anzustrebende Ziel, das in der westlichen Tradition in der Vollendung des dritten Strahls besteht, den man vielleicht als (noch nicht

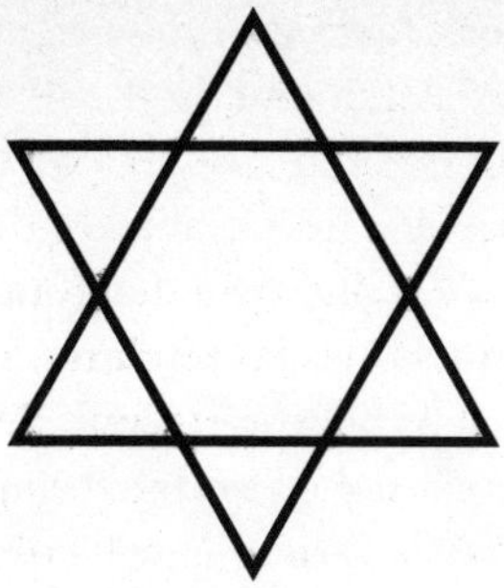

vorhandenes) Dreieck in der Mitte des Hexagramms darstellen kann.

Leben, Licht, Liebe dürfte wohl der von den Templern des 11. Jahrhunderts beschrittene Initiationsweg gewesen sein. Sie gingen aus von der Kraft, die sich ihnen in der Gestalt des Baphomet zeigte, und sie pflegten das Wissen um diese Kraft. Da sie aber offenbar nicht fähig oder nicht willens waren, diese Kraft in der rechten Weise anzuwenden, und wohl auch nicht wußten, wie diese Kraft sich in Liebe auswirken konnte, geriet sie ihnen außer Kontrolle, wandte sich gegen den Orden und seine Mitglieder und vernichtete ihn schließlich.

Leben, Liebe, Licht steht für den Initiationsweg des Pan. In früheren Zeiten wurde er von rituellen Kulten vermittelt, in denen das Wissen um die Kraft, die das Universum vorantreibt und lebendig erhält, geborgen war. Diese Mysterien zu bestehen erforderte viel Mut und Tapferkeit, und es gelang sicher nur wenigen, wenn überhaupt jemandem, bis zum Entscheidenden, zur Liebe, vorzudringen. Ich glaube nicht, daß diese Mysterien heute noch in der alten und recht überlieferten Weise gefeiert werden; unsere gegenwärtige Welt sähe sonst anders und besser aus. Die Gruppen und Zirkel, die sich darauf berufen, mißbrauchen den Namen des großen Gottes. Vermutlich wird dieser Initiationsweg heute nur noch einzelnen Menschen eröffnet, die seiner zur Erreichung ihrer Ganzheit bedürfen.

Licht, Liebe, Leben ist die Initiation des Hermes. Möglicherweise ist sie die einzige, die in der heutigen Zeit noch übertragen wird. Aber auch auf diesem Weg besteht immer wieder die Gefahr, daß wegen des noch nicht zur Vollendung gelangten dritten Strahls der *Liebe,* die Weisheit und die Kraft so schwer miteinander zu verbinden sind.

Licht, Leben, Liebe war der Initiationsweg der alten, echten Rosenkreuzer. Sie wußten um das Wesen der materiellen Natur, des Kosmos, und fanden auch Wege, die darin verborgene Kraft zu erwecken. Aber auch sie scheiterten letztlich, weil sie das wahre Wesen der Liebe nicht zu fassen vermochten und nicht wußten, wie die erweckte Kraft in der richtigen Weise anzuwenden ist.

Bleiben noch die zwei Wege, die beide mit *Liebe* beginnen. Sie sind wohl noch von keinem erfahren und beschritten worden, und ihre Rituale harren noch der Formung auf unserer Ebene. *Liebe, Licht, Leben* dürfte wohl der Initiationsweg zum Gral sein (»Durch Mitleid wissend...«), während *Liebe, Leben, Licht* als Initiation des Aquarius für die kommenden Generationen des Wassermannzeitalters bestimmt ist.

Wer diesen Ausführungen bis hierher gefolgt ist, wird sich dazu eine bestimmte Meinung gebildet haben. Zwei Möglichkeiten sind denkbar. Die eine besteht in der absoluten Ablehnung des hier Geschilderten. Wie kann ein normaler Mensch, mit logischem Verstand begabt, so kritiklos sein, all dies für wahr zu halten und als den Tatsachen entsprechend zu akzeptieren. Was hier berichtet wird, schlägt ja jeder wissenschaftlich fundierten Geschichtsschreibung ins Gesicht und kann sich in keiner Weise auf irgendwelche belegbaren Tatsachen stützen. Dieser kritischen Haltung steht eine andere gegenüber, die kritiklos dieses ganze Material als absolut den Tatsachen entsprechend übernimmt und in den Rang einer wissenschaftlichen Geschichtsforschung erhebt. Beides sind Extrempositionen, die sich auf die Dauer nicht halten lassen. Der überaus kritische Leser läuft Gefahr, sich vorzeitig in einem schön gepflegten und mit dem Maßstab und Zirkel der Logik und Vernunft sorgfältig ausgerichteten Garten einzuzäunen. Dadurch verliert er die Möglichkeit, sein Bewußtsein und seine Weltschau zu erweitern, weil ja alles Neue und Weiterführende nur akzeptiert werden kann, wenn es in die Struktur des mit Vernunft und Logik gepflegten Gartens paßt, die keine nachträglichen Veränderungen duldet. Ein Mensch, der alles kritiklos akzeptiert und mögliche Ungereimtheiten und Widersprüche zum gesunden Menschenverstand mit parawissenschaftlichen Erklärungen zu überbrücken und zu interpretieren versucht, verfängt sich in den Schlingen des esoterischen Fundamentalismus. Er verhindert damit seine Bewußtseinserweiterung ebenso wie der überkritische Mensch.

Es ist noch eine dritte Haltung denkbar. Sie geht davon aus, daß die Vermittler esoterischer Tradition weder die Welt bewußt belügen und hinters Licht führen wollen, noch den Anspruch auf absolute Wissenschaftlichkeit erheben. Folgendes Beispiel soll eine solche dritte Möglichkeit, mit der esoterischen Tradition umzugehen, erläutern. Es handelt sich um eine biblische Erzählung, nämlich um die Geschichte von Abraham, der von Gott dazu aufgerufen wurde, aus seiner angestammten Heimat auszuziehen, um ein Land zu finden, »das ich dir zeigen werde«. Der biblische Bericht von Abraham schildert viele Episoden und Stationen, auf die hier schon aus Platzgründen nicht näher eingegangen werden kann, in denen jedoch zahlreiche esoterische Informationen enthalten sind (1. Mose 12–14). Abraham wird in der Bibel als Stammvater des Volkes Israel bezeichnet, das in zwölf Stämme eingeteilt ist, die sich aus den Nachkommen von Abrahams Urenkeln, den zwölf Söhnen Jakobs, zusammensetzen. Abraham hieß allerdings nicht von Anfang an so, die Bibel berichtet vielmehr, daß sein eigentlicher Name Abram war. Das zusätzliche H in seinem Namen erhielt er erst, nachdem er mit dem Priesterkönig Melchisedek ein Bündnis geschlossen hatte. In dieser biblischen Geschichte von Abraham ist nichts enthalten, was unseren logischen Verstand übermäßig strapazieren könnte. Warum soll nicht ein ganzes Volk von einem einzigen Mann abstammen können? Es scheint erwiesen, daß die Zahl der Menschen, die beispielsweise in direkter Linie von Kaiser Karl dem Großen abstammen, heute viele Tausende oder sogar Zehntausende umfaßt. Ferner vermittelt uns die Geschichte von Abraham ein anschauliches Bild von dem Leben, das manche im Nahen Osten als Nomaden herumziehende Großfamilien vor vier- bis fünftausend Jahren geführt haben mögen. So spricht auf den ersten Blick nicht viel dagegen, hier den biblischen Fundamentalisten einmal mehr oder weniger Recht zu geben.

Auf den zweiten Blick entdeckt man allerdings, hinter dem Ablauf der Erzählung verborgen, noch andere Informationen. Der Name Melchisedek tauchte bereits einmal auf (siehe Seite 56), nämlich in der Formulierung »Hohepriester nach dem Orden des Melchisedek«. Diese Bezeichnung deutet auf einen Manu hin. Mit »Hohepriester vom Orden des Melchisedek« werden Manus bezeichnet, die dem Sonnenlogos verbunden sind. Die Energie des Strahls, den sie vertreten und übertragen, ist die Sonne, das heißt, daß dieser Strahl dem Licht verpflichtet ist und nicht der anderen Polarität, dem Dunkel, dessen Gestirn der Mond ist. Jener Strahl hat ohne Zweifel auch seine Manus und deren Orden, die natürlich anders benannt sind. Damit liegt die Überlegung nahe, daß die Begegnung von Abraham mit Melchisedek im Grunde eine Initiation in die atlantische Sonnentradition ist. Die Vermutung verdichtet sich, wenn wir das kulturelle Umfeld betrachten, das als die ursprüngliche Heimat Abrahams überliefert wird. Es ist Chaldäa, in der Geschichte eines der Zentren des Mondkultes. Abraham wird also aus der Verhaftung mit der dunklen, niederen Astralebene, aus dem durch den Mond symbolisierten animalischen Teil seiner Natur herausgerufen und zu Melchisedek, dem Repräsentanten des Lichtes, geführt. Dort erhält er die Initiation, und der Strahl des Sonnenlogos wird auf ihn übertragen. Als Zeichen dieser Initiation wird Abram durch die Hinzufügung des Buchstabens H zu Abraham. Der Buchstabe H hat im hebräischen Alphabet die bildliche Bedeutung von Fenster (Licht hereinlassen, Ausblick gewähren) und ist das Symbol der Einweihung. Die Einweihungstradition des atlantischen Sonnenkults hat Ganzheit oder vielmehr Ganzwerdung zum Ziel. Abram muß deshalb noch einige Voraussetzungen erfüllen, bevor er Abraham werden kann. Ein Symbol der Ganzheit ist die Zahl Zwölf. Die zwölf Tierkreiszeichen sind Ausdruck des Kosmos als Ganzheit. Wenn Abraham Stammvater der zwölf Stämme Israels werden, also Ganzwerdung erreichen will, muß er die Könige von Edom besiegen, deren Zahl mit elf angegeben wird. Elf ist im Vergleich zu zwölf eins zuwenig und damit unvollkommen. Der Sieg Abrahams über die elf Könige von Edom symbolisiert seine eigene Ganzwerdung im Sinne der Verbindung seines animalischen Teils mit seinem höheren Selbst. Somit wissen wir, daß die Erzählung von Abram, der zu Abraham wird, die Darstellung des Initiationsgeschehens in Form einer Erzählung ist. Zweierlei wird dadurch erreicht. Exoterisch wird dem Angehörigen des Volkes Israel in bildhafter Form eine Information geliefert, die ihm klar macht, daß die Zugehörigkeit zu diesem Volk als etwas Besonderes betrachtet werden muß. Esoterisch kommt zum Ausdruck, daß diese Besonderheit in der Verbundenheit des Volkes Israel und seiner Religion mit der atlantischen Sonnentradition besteht. Dieser Umstand ist auch im Hinblick auf das Christentum, das ja aus dem Judentum hervorgegangen ist, von Bedeutung. Außerdem sagt diese Geschichte Wesentliches über die Initiation aus.

Welche Folgerungen können wir aus diesem Beispiel für den richtigen Umgang mit der esoterischen Tradition ziehen? Es dürfte klar geworden sein, daß die Geschichte von Abraham sich kaum so abgespielt hat wie die Bibel sie berichtet, daß sie also keine historische Tatsache ist, jedenfalls nicht in dem Sinne, in dem wissenschaftliche Geschichtsschreibung historische Tatsachen versteht. Das schließt nicht aus, daß historische Elemente in die Geschichte eingeflossen sind, wie geographische Gegebenheiten, Ortsnamen und so weiter. Auch das soziale und kulturelle Umfeld dürfte im großen und ganzen der Epoche entsprechen, in der die, man möchte fast sagen, Konstrukteure ihre Geschichte angesiedelt haben. Dies geschah sicher nicht, um größere historische Glaubwürdigkeit anzustreben, sondern sollte es den Hörern dieser Geschichte (sie wurde sicher lange Zeit nur mündlich überliefert) erleichtern, mit der darin enthaltenen Information umzugehen und sie sozusagen herauszudestillieren. Die biblische Erzählung von Abraham ist eine Parabel, ein Gleichnis und meint im Grunde etwas ganz anderes als einen bloßen Ablauf von Geschehnissen, die aber den Zuhörern leichter im Gedächtnis bleiben als abstrakte Gedankengänge. Aus der Sicht der esoterischen Lehre von den verschiedenen nach den Tierkreiszeichen benannten Zeitaltern entwickelte sich das abstrakte Denken erst mit Beginn des Widderzeitalters, also vor etwa viertausend Jahren. Die Erzählung von Abraham ist aber wahrscheinlich schon älter. Bevor die Menschen lernten, abstrakt zu denken, dachten sie in Bildern, und da der größte Teil der esoterischen Tradition weit in die Zeit vor dem Widderzeitalter zurückreicht, ist sie uns eben auch in dieser anderen, bildhaften Form überliefert. Die Erzählung von Abraham hat also Modellcharakter, und dieser Ausdruck wurde bereits verwendet, als es darum ging, am Beispiel vom Unterbewußtsein und Bewußtsein aufzuzeigen, daß man unter Zuhilfenahme eines Modells mit Faktoren umgehen kann, über deren wirkliche Beschaffenheit man sich nicht im klaren ist (siehe Seite 51).

Im genau gleichen Sinne müssen wir mit den esoterischen Überlieferungen umgehen. Begriffe wie Manu, Evolutionsstufe, Strahl und so weiter haben solchen Modellcharakter und müssen in diesem Sinne verstanden werden. Selbst Atlantis, der mythenumwobene Kontinent, dürfte da keine Ausnahme bilden. Ob den Erzählungen, die sich um ihn ranken, die Wahrheit einer historischen und geographischen Realität zugrundeliegt oder die Wahrheit des Mythos, spielt für die innere, eben esoterische Wirklichkeit keine Rolle. Es gibt Indizien für beide Versionen, und jeder mag die für sich aussuchen, die ihm am besten hilft, den Wahrheitsgehalt der dadurch ausgedrückten esoterischen Lehren zu fassen und zu verstehen, was damit eigentlich gemeint ist. Dies ist der einzig mögliche Weg, zum Kern esoterischer Lehren vorzustoßen. Wir werden ihn im folgenden Kapitel erneut beschreiten, wenn auch mit einer anderen Thematik.

Menschlichkeit

Kehren wir noch einmal kurz zurück zu Gedanken, wie sie im Kapitel »Initiation« formuliert wurden. *Ein* Ziel der Mysterien war, den Menschen auf dem Wege der Selbsterfahrung und der daraus hervorgehenden Selbsterkenntnis zur Erkenntnis der Würde und Erhabenheit der menschlichen Seele zu führen, wie sie sich in der Erhabenheit und Größe des Universums zeigt. Der eingeweihte Mensch sollte begreifen lernen, daß die Gesetze, die für das Universum, den Makrokosmos, gelten, die gleichen sind, die auch für ihn als individuellen Menschen, den Mikrokosmos, Gültigkeit haben. Der Mensch der alten, archaischen Zeit erlebte seine Umwelt zumeist als seinem eigenen individuellen Streben entgegengesetzt, ja manchmal sogar als ausgesprochen feindlich, da er ja nicht erkennen konnte, daß alles Leid, das ihm widerfuhr, Symptom des Abweichens von der übergeordneten großen göttlichen Schöpfungsordnung war. Diese Zusammenhänge aufzudecken und dem Menschen begreiflich zu machen, ist deshalb auch heute noch das erste, vordringliche Ziel jeder Esoterik. Mensch erkenne dich selbst, damit du daraus eine Ahnung des großen Göttlichen gewinnen kannst. Umgekehrt gilt auch: Mensch erkenne das große Göttliche, damit du daraus die Erkenntnis deiner selbst zu gewinnen vermagst.

Jede Zeit hat ihre eigene Kosmologie und Kosmogonie. Es ist immer wieder eine Überraschung für jeden ernsthaft suchenden Esoteriker, die Übereinstimmung zwischen den Mythen und esoterischen Aussagen vergangener Epochen und den Erkenntnissen der modernen Naturwissenschaft festzustellen – um so mehr als die Menschen damals nicht über diese gewaltigen und reichhaltigen Mittel und Möglichkeiten verfügten, die die moderne Forschung heute hat und die ihre Entdeckung möglich macht. Für die Menschen früherer Zeiten war deshalb der Weg von innen nach außen, von der eigenen Menschlichkeit zum Kosmos, der natürlichere und im Prinzip leichter zu beschreitende. Für die heutigen Menschen ist dies eher umgekehrt. Heute können wir voraussetzen, daß die meisten Menschen mit den Grundzügen der modernen Physik in etwa vertraut sind. Deshalb können wir auch den anderen Weg beschreiten, vom Makrokosmos zum Mikrokosmos, vom Universum zum Menschen mit allen seinen Erscheinungsformen.

Die Lehre vom Urknall als dem Beginn der Entstehung unseres Universums ist heute als wissenschaftliche Hypothese allgemein akzeptiert, wenn auch mit mancherlei Modifikationen versehen. Nach dieser Theorie bildete einst vor Milliarden Jahren sämtliche im Universum existierende Materie einen Klumpen von unvorstellbarer Dichte. Dieses Weltei flog in einer gigantischen Explosion auseinander, nachdem die Materiekonzentration einen kritischen Punkt überschritten hatte. Diese Explosion ist immer noch im Gange, und demzufolge ist das Universum immer noch in Ausdehnung begriffen. Das bedeutet, daß letztlich unser Universum seine endgültige Form, seine Vollendung, noch nicht erreicht hat. Wenn diese größte Ausdehnung einmal erreicht ist, wäre es durchaus denkbar, daß sich der Prozeß umkehrt und das Universum in ein neues Weltei zusammenfällt, das dann wiederum seinerseits zum Ausgangspunkt eines neuen Universums werden kann.

Bereits in dieser kurzen und vereinfachten Darstellung lassen sich zahlreiche Analogien zur menschlichen Ebene erkennen. So drängt sich beispielsweise der Vergleich zum menschlichen Atem auf, der ja auch aus den beiden Phasen Einatmen und Ausatmen besteht. Das Schlagen des Herzens, womit das Blut als Träger der Lebenskraft durch unseren Körper bewegt wird, entsteht durch Ausdehnung und Kontraktion des Herzmuskels. Schon allein eine meditative Betrachtung der beiden Phänomene Atem und Herzschlag ermöglicht zahlreiche weitere esoterische Erkenntnisse. Uns interessiert in diesem Zusammenhang etwas anderes. Vorher müssen wir jedoch zum besseren Verständnis des folgenden noch einige Begriffserklärungen vornehmen.

Wenn esoterische Erkenntnis losgelöst von einem initiatischen Erlebnis erfolgt, vollzieht sie sich nicht auf einmal, sondern in voneinander getrennten Schritten, auch wenn wir diese lineare Abfolge aus lauter Gewohnheit meist nicht mehr wahrnehmen. Daher ist es eines der wichtigsten Ziele auf dem esoterischen Weg, sich von einem durch die Gewohnheit geprägten Gebrauch der Begriffe zu lösen. Dies geschieht, wie so manches auf dem Gebiet der Esoterik, in vier Schritten, von denen jeder an seinem speziellen Namen zu erkennen ist. Diese Schritte gelten nicht nur für die Esoterik und ihre Wissensgebiete, sondern haben auch allgemeine Gültigkeit, wenn es darum geht, die Umwelt kennenzulernen. Sie sind deshalb auch teilweise in der wissenschaftlichen Terminologie zu finden.

Der erste Schritt, der die allgemeine Bestandsaufnahme zum Ziel hat, besteht in der *Namensgebung* oder Begriffsklärung. Es handelt sich dabei um eine Beschreibung dessen, was ist. Der erste Schritt sieht davon ab, aus dem Anschauungsmaterial verbindliche Schlüsse zu ziehen über Funktion, Aufgabe und Zweck dessen, was zunächst einmal rein beschreibend zur Kenntnis genommen wird. Auf dem Gebiet der medizinisch-wissenschaftlichen Erforschung des Menschen erfüllt beispielsweise die Anatomie diese Aufgabe. Der Anatom stellt nur fest, aus welchen Bestandteilen der menschliche Körper zusammengesetzt ist. Er beschreibt sie möglichst genau und versieht sie mit den entsprechenden Namen. Die Anatomie ist ein wissenschaftliches Gemeinschaftswerk vieler einzelner Forscher, wo jede Generation auf den Untersuchungsresultaten der vorhergehenden Generation aufbaut und deren Arbeit weiterführt. Der formale Rahmen, innerhalb dessen sich die Forschung der Anatomen bewegt, bleibt sich jedoch immer gleich: Bestandsaufnahme dessen, was wahrgenommen wird, und die entsprechende Namensgebung und Beschreibung. In der kosmischen Forschung ist es die Astronomie, die diese Aufgabe in bezug auf die Erscheinungen des Weltalls erfüllt (wenngleich der wissenschaftliche Astronom der Neuzeit den im folgenden beschriebenen zweiten logischen Schritt auch zu seinem Fachgebiet zählt).

Der zweite Schritt widmet sich der lebendigen Auswirkung des im ersten Schritt benannten Begriffs und macht seine Funktionen zum Gegenstand der Untersuchungen. Dieser zweite Schritt ist erkennbar an der Endsilbe *-logie*. In der Medizin ist es die Physiologie (*physis* heißt Körper, Materie), die sich damit beschäftigt, welche Funktionsweise und welche Aufgaben die von der Anatomie beschriebenen Organe im körperlichen Lebensprozeß haben. In der Wissenschaft vom Kosmos müßte nun logischerweise die Astrologie für diesen zweiten Schritt stehen, aber sie wurde vor einigen Jahrhunderten aus der offiziellen Wissenschaft verbannt. Ihre Aufgabe besteht darin, den Menschen in eine lebendige Verbindung mit dem kosmischen Geschehen zu bringen, zu erforschen, auf welche Weise der Mensch in seinem Leben von den Erscheinungen und Gesetzmäßigkeiten des Kosmos bestimmt wird. Die Verbannung der Astrologie aus dem Tempel der anerkannten Wissenschaften geschah voreilig und unbedacht. Selbst der vehementeste Gegner der Astrologie kann sich der Notwendigkeit, sein Leben nach astrologischen Gesichtspunkten zu führen, nicht entziehen. Das Leben wird vom Wechsel zwischen Tag und Nacht bestimmt, und dieser Wechsel wiederum hängt direkt davon ab, ob die Sonne am Firmament sichtbar ist oder nicht. Auch ein Feind jeglicher Astrologie ist gezwungen, sein Leben dem Wechsel der Jahreszeiten anzupassen, und diese hängen davon ab, wie hoch und in welchem Winkel die Sonne zur Erdoberfläche steht. Ob man diese Position nun mittels eines wissenschaftlich anerkannten Koordinatensystems mißt oder mit dem traditionell überlieferten Tierkreis, spielt an sich keine Rolle. Es ist also durchaus möglich, einen engagierten Gegner der Astrologie mit einer genau zutreffenden astrologischen Prognose zu verblüffen, indem man ihm voraussagt, daß er, sofern er sich innerhalb einer bestimmten Breite auf der nördlichen Erdhälfte befindet und die Sonne gleichzeitig im Zeichen des Steinbocks steht, wärmere Kleidung anziehen wird.

Auch die Astronomie befaßt sich mit astrologischen Untersuchungen, ohne sie indessen so zu benennen. Sie untersucht etwa, welche Auswirkungen die Sonnenflecken auf gewisse Naturereignisse wie Klimaschwankungen und Pflanzenwachstum haben. Sie hat herausgefunden, daß der sogenannte Sonnenwind Einfluß auf den für unser tägliches Leben wichtigen Funkverkehr haben kann. Überdies ist die Astronomie mittels statistischer Vergleiche, wie sie auch die Astrologen an Horoskopen machen, in der Lage, solche Erscheinungen einigermaßen zutreffend zu prognostizieren. All dies ist Astrologie in dem Sinne, wie wir diesen Begriff definiert haben: lebendige Auswirkung und Funktion. Die heutige Astrologie beschränkt sich vor allem auf die Horoskopie. Mit Hilfe des Horoskops, einer rudimentären Sternkartenskizze, die die am Himmel herrschenden Gestirnspositionen zur Geburtszeit eines bestimmten Menschen vom Geburtsort aus gesehen darstellt, wird untersucht, in welchem Maße das Leben des betreffenden Menschen von der Bewegung der Himmelskörper gesteuert wird. Nach Ansicht der symbolischen Astrologie wird daraus abgelesen (dem Zifferblatt einer Uhr vergleichbar), wie der betreffende Mensch als Individuum in die großen kosmischen Rhythmen eingebettet ist.

Der dritte Schritt, den der Mensch zur Entdeckung seiner Umwelt unternimmt, ist erkennbar an der Endsilbe *-sophie.* Es ist nicht nur ein Schritt nach vorn, sondern einer, der gleichzeitig auf eine höhere Ebene führt. Hier geht es nicht mehr nur um bloße Beobachtung von Phänomenen. Auf der Ebene der *-sophie* wird nach größeren Zusammenhängen gesucht. Das Wissen um diese größeren Zusammenhänge und die daraus hervorgehende Erkenntnis stehen dabei im Vordergrund. Weder in der Astronomie noch in der Medizin ist dafür Raum. Anthroposophie ist bekanntlich kein Fach, das der wissenschaftlichen Medizin zugeschrieben werden darf, obgleich die Bedeutung dieses Begriffes, »Wissen und Weisheit vom Menschen«, eigentlich durchaus dafür sprechen würde. Die Theosophie (Gottesweisheit) wird ebenfalls nicht an den theologischen Fakultäten gelehrt, die auch keinen Platz für Theonomie (griechisch *theos,* Gott) haben. Die auch auf anderen Gebieten zu beobachtende Ausklammerung und Gettoisierung der *-sophischen* Disziplinen ist das Ergebnis der Wissenschaftsentwicklung der Neuzeit. Einzig in der Form der Philosophie (Philosoph heißt Freund des Wissens und der Weisheit) hat ihr die Universität noch ein Plätzchen als Alibifunktion eingeräumt, nachdem sie einst die alles andere zusammen- und umfassende Krone der Wissenschaften war.

In der Esoterik der Gegenwart steht es allerdings kaum besser um die Sophia. Zwar suchen Theosophie und Anthroposophie dem aus dieser Bezeichnung hervorgehenden Anspruch noch einigermaßen gerecht zu werden, aber in der Astrologie ist die Grenzlinie zwischen profaner Sterndeuterei – auch wenn sie psychologisch eingefärbt ist – und der das kosmische Geschehen von einer höheren Warte aus betrachtenden Astrosophie ziemlich verwischt worden.

Die vierte Stufe dieser Reihe besteht in der Umsetzung des mittels der vorhergehenden drei Schritte gewonnenen Wissens um die Kräfte des Kosmos. Das bedeutet *Anwendung* der durch die vorangehenden Schritte gewonnenen Erkenntnisse in der Wirklichkeit, die den Menschen umgibt. Diese Umsetzung erfolgt, indem der Mensch als Mikrokosmos diese Kräfte in sich selbst entdeckt. Er findet auch die Möglichkeit, von diesen Kräften Gebrauch zu machen, und zwar auf zweierlei Art und Weise. Er kann diese Kräfte durch unmittelbare Einwirkung auf die äußere Welt anwenden, oder er kann sie gemäß seines Erkenntnisstandes in der ihn umgebenden Natur wiederentdecken und für sich nutzen. Hier sind wir nun bei einem Punkt angelangt, den wir bereits im Kapitel »Initiation« gestreift haben, daß nämlich der Mensch die ihn umgebende Natur ursprünglich als Gegenpol und ihm bisweilen feindlich gesinnt sieht und erlebt. Erst die Initiation der Mysterien führt die Synthese herbei, aus der heraus der Mensch sich selbst als Mikrokosmos erkennt und die Möglichkeit bekommt, diese Erkenntnis in der Praxis anzuwenden. Diesen vierten Schritt könnte man mit der Endsilbe *-phanie* bezeichnen (abgeleitet von griechisch *phanein*, erscheinen, sichtbar werden).

In der Phanie geht es also um das Sehen, die allumfassende Schau, oder, um es etwas profaner auszudrücken: wenn der Mensch hier angelangt ist, gewinnt er den Überblick, nicht nur über die ihn unmittelbar umgebende Natur, sondern auch über den ihm übergeordneten Kosmos und die Beziehung, die er als einzelner Mensch zu diesem Kosmos hat. Der Mensch hat dann die Möglichkeit, seine Erkenntnis anzuwenden und die Resultate dieser Anwendung als Erscheinung sichtbar werden zu lassen. Um sehen, schauen zu können, braucht man Licht. Dieses Wort haben wir bereits mit dem Begriff Sophia, Weisheit, in Zusammenhang gebracht, der Weisheit, die im Wissen um das richtige Maß besteht, dessen Form und Begrenzung eben durch das Licht *sicht*bar in Erscheinung treten und so der Kraft ihre kosmisch gemäße Ordnung geben kann.

Nun ist Phanie allerdings ein anderes, durch das Licht hervorgerufenes Sehen, Schauen als Sophia. Sie ist ferner eine andere Schau, als die mit dem Wort Kontemplation bezeichnete oder die meditative, nach innen gerichtete Schau. Das zeigt sich in der griechischen Mythologie recht deutlich in der Gestalt des Phanes. Phanes ist in den orphischen Mysterien das urweltliche Lichtwesen, das mit strahlendem Glanz aus dem Weltei hervorbricht. Schon dieses Hervorbrechen allein zeigt Dynamik, Bewegung und Auswirkung an. So ist Phanes Ausdruck des kosmischen Urprinzips des Lebens an sich. Damit wird klar, was dieser vierte Schritt zum Ziel hat, nämlich den Menschen von einem bloß Wissenden, der zur Erkenntnis fähig ist, zu einem bewußt Handelnden zu machen. Dies war eines der Ziele der alten Mysterien. Die Phanie steht also in enger Verbindung zur Initiation. Astrophanie würde demnach bedeuten, daß der Mensch im Sternenhimmel die große göttliche Schöpfungsordnung erkennt, sie auf seine Umwelt überträgt und dort zur Anwendung bringt. Und Anthrophanie hieße demnach das gleiche in bezug auf den Mikrokosmos jedes einzelnen, individuellen Menschen. Statt »Menschlichkeit« könnte diesem Kapitel auch der Titel Anthrophanie gegeben werden. Der aufmerksame Leser wird längst gemerkt haben, daß sich eine natürliche Verbindung zu den im vorhergehenden Kapitel erläuterten drei Strahlen herstellen läßt, und zwar in der Weise, daß die Schritte *-nomie* und *-logie* mit dem ersten Strahl in Verbindung gebracht werden können, *-sophie* in den Bereich des zweiten Strahls gehört; *-phanie* wäre demnach Ausdruck des dritten Strahls, der den Weg zeigen soll, wie die durch die Weisheit geborgene Kraft zur Auswirkung und Anwendung gelangen kann. Dies aber ist genau die Definition und

Erklärung, die für das dritte Siegelwort, *Liebe,* gegeben wurde (siehe Seite 66).

Die Mysterien aller Zeiten und Länder lehrten übereinstimmend, daß die Gesetze, die Elemente und die Kräfte, die Form und Lauf des Universums bestimmen, als Essenz beziehungsweise als verkleinerter Auszug im menschlichen Körper enthalten sind. Alles, was außerhalb des Menschen existiert, hat im Menschen seine Analogie. Aufgrund der riesigen, ihm unendlich erscheinenden Dimensionen des Universums ist der Mensch unfähig, den Makrokosmos zu begreifen. Als Folge davon bleibt nur der Rückgriff auf den Mikrokosmos Mensch, um eine Ahnung oder einen Begriff des Göttlichen zu erhalten, das sich in der Unermeßlichkeit des Universums ausdrückt. Mit anderen Worten: Gott, das Göttliche, erscheint dem Menschen als der »große Mensch«, und der Mensch wiederum erkennt sich selbst als den »kleinen Gott«. In der Esoterik wird gelegentlich der Ausdruck Makroposopus (griechisch, großes Gesicht) als Bezeichnung für das Universum verwendet. Der Mensch als Abbild dieses großen Kosmos erhält entsprechend den Namen Mikroposopus (kleines Gesicht) als Ausdruck des göttlichen Lebens oder der spirituellen Entität, die das Funktionieren des Lebensprozesses im Universum überwacht. Von daher läßt sich auch begreifen, daß eine für den Menschen wesentliche Eigenschaft in der Fähigkeit besteht, Verantwortung zu übernehmen. Mit dem Namen Adam Kadmon (hebräisch, ursprünglicher Mensch) bezeichnet die Kabbala den Menschen als den »kleinen Gott«, als erste Ausstrahlung Gottes und den Versuch, die Unendlichkeit und Unfaßbarkeit des Kosmos in eine faßbare Manifestation zu bringen.

In der These vom Urknall lassen sich zwei Komponenten erkennen, die man als die Urbewegungen oder Urenergien des Universums bezeichnen kann: Ausdehnung und Zusammenziehung oder Emanation (von lateinisch *emovere,* herausbewegen) und Begrenzung. Beide Energien sind einander entgegengesetzt, bedingen einander aber als Voraussetzung, daß überhaupt etwas werden und sein kann.

Der Urknall und damit das Universum entstand, indem sich die im »Weltei« unvorstellbar kompakt verdichtete Materie *her-*

aus bewegte. Diese Herausbewegung, Emanation, wäre im buchstäblichen Sinne unendlich, wenn sich ihr nicht eine Kraft entgegensetzen würde, deren Bestreben es ist, der zur Unendlichkeit drängenden Emanation und ihrer Ausdehnung durch *Begrenzung* Einhalt zu gebieten. Durch diese Begrenzung wird die Emanation zu irgendeinem Zeitpunkt beendet, und durch diesen Endpunkt erhält sie eine Form, die durch Anfang und Ende gekennzeichnet ist. Ohne diese Form würde sich die Emanation in der Unendlichkeit und damit nach menschlichen Begriffen im Chaos verlieren. Reine Ausdehnung, Emanation allein bedeutet also Chaos. Aber auch die begrenzende, formgebende Kraft kann nicht für sich allein existieren, wenn etwas werden und entstehen soll, denn die reine Form ohne die Dynamik und Belebung der Emanation würde zur Erstarrung, zum Ende aller Lebensprozesse und damit zum Tod führen. Reine Begrenzung und Formgebung allein bedeutet also Tod. Nur im ausgewogenen Zusammenspiel *beider* Kräfte kann Leben entstehen und sich behaupten.

Dieses Zusammenspiel von zwei entgegengesetzten Kräften, von denen jede in einer bestimmten Manifestation angelegt und vorhanden ist, wird in der Esoterik das Gesetz der Polarität genannt. Man könnte es auch als das Gesetz von Bewegung und Form bezeichnen, wobei Bewegung primär als Emanation verstanden werden muß. Da aber Bewegung für unsere Sinne ein Kriterium für Leben ist, wären auch die Bezeichnungen Belebung und Formgebung möglich. Jedes esoterische System, ganz gleich wo es angesiedelt ist, östlich oder westlich, kennt dieses Gesetz als eine der Grundlagen des Universums. Da aber dieses Buch esoterisches Grundwissen hauptsächlich in der Sprache und Form der westlichen Welt vermitteln will, wird hier auf die andere Terminologie nicht näher eingegangen.

Im westlichen System werden für das Gesetz der Polarität Ausdrücke wie »aktiv« und »passiv«, »gebend« und »empfangend« verwendet und speziell in der Esoterik die Begriffe *»männlich«* und *»weiblich«*. Sie sind als Folge einer genauen Beobachtung von Naturvorgängen entstanden und enthalten das Gesetz der Polarität in der für die Esoterik allgemein gültigen und typischen Bildsprache. Analysieren wir die den Ausdrücken »männlich« und »weiblich« zugrundeliegenden Vorgänge, um dabei gleichzeitig auch von einer anderen, der Ebene des Mikrokosmos zugehörigen Perspektive das Gesetz der Polarität zu betrachten und zu verstehen.

Der Unterschied zwischen männlich und weiblich zeigt sich in der Natur nirgends so deutlich wie in den Vorgängen, die mit Fruchtbarkeit und Fortpflanzung verbunden sind, und da ganz besonders im Geschlechtsakt, der in archaischen Zeiten vor allem der Zeugung und Hervorbringung von neuem Leben diente. Beim Geschlechtsverkehr emaniert aus dem Phallus des Mannes Sperma, das formlos diffus, aber in höchstem Maße mit Lebenskraft erfüllt ist. Sperma allein ist nutzlos, und die Vorgänge, die sich darin abspielen, kann man beim Betrachten unter dem Mikroskop ohne weiteres als chaotisch bezeichnen. So läßt sich die Aussage machen, daß männliche Energie allein oder im Übermaß Chaos bedeutet. Ordnung und damit auch ein Ansatz zur Form entsteht erst, wenn das Sperma des Mannes in die Vagina der Frau fließt. Die chemische Zusammensetzung der weiblichen Sexualsekrete bewirkt, daß sich die vorher chaotisch und ziellos bewegenden Spermien in Richtung Uterus in Bewegung setzen. Diese *gerichete* Bewegung vom Punkt zur Linie ist eine typische Eigenheit der männlichen Komponente im Gesetz der Polarität. Im Körper der Frau vereinigt sich dann, analog zur sexuellen Vereinigung, ein männliches Spermium mit einer weiblichen Eizelle. Das Hinzufügen der weiblichen Komponente zur männlichen bewirkt, daß eine Form entsteht (in diesem Modell Aufgabe des weiblichen Teils), die mit Leben erfüllt ist (Aufgabe des männlichen Teils). Aus diesem Zusammentreffen von Belebung und Form entsteht etwas Neues, nämlich der lebendige Embryo, der sich im Mutterleib zum Kind entwickelt. Damit ist auch gleich ein drittes der großen esoterischen Gesetze zur bildlichen Anschauung gebracht, das besagt, daß etwas Neues und Selbständiges, in diesem Fall das Kind, entsteht, wenn eine männliche Energie sich mit einer weiblichen verbindet.

Wenn für die beiden polaren Grundkräfte die Ausdrücke männlich und weiblich verwendet werden, dann ist es wichtig, sich darüber klar zu werden, daß männlich oder weiblich im esoterischen Sprachgebrauch als Bezeichnungen eines energetischen Geschehens zu verstehen sind und nichts mit Mann oder Frau und der ihnen auferlegten gesellschaftlichen Rolle zu tun haben. Diese Begriffe sind rein *bildhafte* Darstellungen des energetischen Geschehens. Besonders erwähnen möchte ich noch, daß die Begriffe Animus und Anima, wie sie in der Psychologie C. G. Jungs verwendet werden, nicht der esoterisch energetischen Bedeutung von männlich und weiblich entsprechen. Jung hat diese Begriffe nach gesellschaftlichen Vorbildern und nicht aus energetischen Gegebenheiten heraus gewählt. Jeder Mensch ist in gleichem Maße fähig, männliche wie weibliche Energie zu leben. Ganz alltägliche Vorgänge wie Sprechen und Gehen sind männliche Energien, weil sie das Kriterium der Emanation erfüllen. Auf der polar entgegengesetzten Seite sind Warten oder Zuhören Energien, die das Kriterium empfangend, formgebend erfüllen und deshalb nach esoterischen Gesichtspunkten weiblich sind. Es ist wichtig, daß man die Fähigkeit erwirbt, die Erscheinungsformen von männlicher und weiblicher Polarität in sich selbst sowie in der persönlichen Umwelt jederzeit sicher zu erkennen. Erst auf dieser Grundlage ist praktische Esoterik, die zu tieferer Einsicht in sich selbst und in die Welt führen soll, überhaupt möglich.

Wie wir gesehen haben, finden wir im Urknall des Universums beide Energiekomponenten, die männlich emanierende, die sich in der gewaltigen Explosion äußert, durch die alle Materie nach außen geschleudert wird, und die formgebend weibliche, die mittels der Gravitationskräfte bremsend und begrenzend auf diese männliche Bewegung einwirkt und sie eines Tages zum Abschluß und womöglich zur Umkehr bringen wird. Da diese Ausdehnungsbewegung des Weltalls noch in vollem Gange ist, können wir annehmen, daß das Universum seine endgültige Form noch nicht gefunden hat und sich daher noch auf dem Weg zur höheren Evolution befindet. Daraus ergibt sich der Grundsatz: *Das Universum drängt zur Form.* Dies erleben wir als Kampf zwischen Chaos und Form. Wenn wir uns wieder den Menschen als Mikrokosmos vor Augen halten, dessen Aufgabe es ist, auf seiner

Ebene und mit den ihm zur Verfügung stehenden Mitteln das Wesen des Makrokosmos nachzuvollziehen, dann bedeutet dies auch für jeden einzelnen, daß er an der Vervollkommnung seiner eigenen individuellen Form arbeiten muß, um sich in der geeigneten Weise für den nächsten Evolutionsschritt vorzubereiten. Das Licht spielt in der heutigen Esoterik eine so wichtige Rolle, da es uns die Grenzen sichtbar werden läßt, die unsere kosmische Ordnung bestimmen.

Vom Universum, dem Makrokosmos, ist uns nur ein Teil zugänglich und für unsere Sinne erfaßbar. Dies wird besonders deutlich, wenn wir uns den Fortschritt vor Augen halten, den die Astronomie und die Physik in den letzten zweitausend Jahren von Ptolemäus über Kopernikus, Einstein bis Hawkin gemacht haben. Die Grenzen erweitern sich immer mehr, ohne daß ein Ende sichtbar würde. Noch immer ist ein großer, vielleicht der wesentlichste Teil des Universums unserer Erkenntnis verborgen und wird es vermutlich auch immer bleiben. So bleibt für uns nur der Weg über den Mikrokosmos, um das große Ganze zu erahnen und im Rahmen unserer Möglichkeiten verstehen zu lernen. Auch für den Menschen gilt, daß er nur über eine begrenzte Kenntnis seiner selbst verfügt. Nehmen wir zur Veranschaulichung wieder das Modell von Bewußtem und Unbewußtem. Nach einem populären Bild kann das Unbewußte mit dem Meer verglichen werden, dessen Tosen und Brausen vielleicht in der Nacht hörbar ist, ohne daß wir indessen mit den Augen etwas davon sehen können. Das Bewußte wäre vergleichbar mit dem, was wir in einem kleinen Lichtkreis sehen können, wenn wir das Licht einer Taschenlampe auf die bewegten Wellen des Meeres richten.

Genau die gleichen Voraussetzungen gelten auch für den Menschen als Mikrokosmos. Wie der Makrokosmos verfügt auch der Mensch über Teile, die seiner sinnlichen Erfahrung zugänglich sind, aber der größte Teil dessen, was der Mensch ist, bleibt ihm selbst verborgen. Es war daher Hauptaufgabe der Mysterien, auf diesen Umstand hinzuweisen und dem Menschen einen Ausweg zu zeigen aus den sich daraus ergebenden, für ihn fast unlösbaren Problemen.

Die Mysterienschulen waren bestrebt, den Menschen dazu anzuleiten, die wahre Verbindung zwischen Makro- und Mikrokosmos zu begreifen, damit er auf seiner Ebene die nötigen Folgerungen daraus ableiten und in die Tat umsetzen konnte. Dies bedeutet, daß der Mensch bestrebt sein sollte, für sich und in sich die Verbindung zu seinen nicht ohne weiteres sichtbaren und erfahrbaren Teilen herzustellen, das heißt, seine kosmische Analogie in vollem Maße zu leben. Die Götterfiguren in den Tempeln der alten Zeit waren ursprünglich wahrscheinlich gar nicht einem bestimmten Gott gewidmet, sondern sollten die Idee zum Ausdruck bringen, daß der Mensch Abbild des großen Kosmos ist. Dadurch wurde dem Betrachter des Götterbildes sinnlich erfaßbar vor Augen geführt, daß der unsichtbare Teil des Menschen seine sichtbaren Teile bestimmen und lenken sollte wie der Geist des Göttlichen die große kosmische Schöpfungsordnung regiert. Dies ist auch der tiefere, esoterische Sinn des Wortes »an ihren Taten werdet ihr sie erkennen«. Umgekehrt ausgedrückt: So wie das Universum Abbild und Ausdruck des Göttlichen ist, *sollte* das, was am Menschen sinnenhaft erfahrbar ist, Ausdruck seines Geistigen sein. Daraus folgt, daß der Geist nicht a priori im Körper ist, sondern zuerst eine bestimmte Schwingungsebene schafft (allgemein als Aura bezeichnet), die sich dann als körperliche Ausstrahlung manifestiert.

Aus diesen Überlegungen heraus hat sich im Laufe der langen esoterischen Tradition bei allen Menschheitsgattungen eine spezielle esoterische »Anatomie« herausgebildet, die versucht, diesen Umständen Rechnung zu tragen. Dabei darf der Begriff Anatomie uns nicht dazu verleiten, ihn im selben Sinne zu verstehen wie ihn die Medizin anwendet. Vielmehr haben wir es wieder mit Modellen zu tun, die helfen sollen, diese Idee zu veranschaulichen und damit umzugehen.

So lehrt ein altes Konzept, das von bestimmten Mysterien überliefert ist, daß alles im Menschen, sowohl das Geistige wie das Materielle, drei Zentren hat, bei den Griechen beispielsweise Oben – Mitte – Unten. Diese hierarchische Gliederung von oben nach unten darf nicht in einem wertenden Sinne verstanden werden, sondern lediglich als ein Maßsystem, das die Distanz zu einem gewissen Punkt angibt. Man kann dies am besten veranschaulichen und experimentell nachvollziehen, wenn man im Dunkeln eine Taschenlampe anzündet und ihr Licht auf ein Blatt Papier fallen läßt. Man wird feststellen können, daß das Licht der Taschenlampe einen Kegel bildet, dessen Durchmesser immer kleiner wird, je mehr man das Papier der Lichtquelle annähert. Dies bedeutet, daß das Licht immer intensiver wird, gleichzeitig aber eine immer kleinere Fläche bedeckt und umgekehrt. Licht ist sowohl oben als auch unten. Erlischt es, ist es auf keiner Ebene mehr vorhanden. In der jüdischen Kabbala finden wir dieses Modell der Dreigliederung auf der mittleren Säule des Baums des Lebens mit den Sephiroth Kether – Tipharet – Malkuth. In den östlichen Yogasystemen sind es Scheitelchakra – Herzchakra – Wurzelchakra und in der westlichen, moderneren Tradition die Begriffe Geist – Seele – Körper. Auch die Bezeichnung Gehirn – Herz – Geschlechtsorgane findet man bisweilen; hier ist die Verbindung zu den Siegelworten *Licht* (Gehirn) – *Liebe* – (Herz) – *Leben* (Geschlechtsorgane) leicht herzustellen. Diese Dreiteilung hat sich für einfachere Belange bewährt, genügt aber nicht für ein intensiveres und tiefer gehendes esoterisches Verständnis vom Menschen. Dazu müssen wir ein anderes Modell zu Hilfe nehmen, das den Menschen nicht unter dem Aspekt der Dreiheit, sondern unter dem der Siebenheit sieht.

Die Tradition der Esoterik unterteilt den Menschen in sieben Ebenen:

1. die obere spirituelle Ebene,
2. die untere spirituelle Ebene,
3. die obere Mentalebene,
4. die untere Mentalebene,
5. die obere Astralebene,
6. die untere Astralebene,
7. der Körper.

Es sei nochmals darauf hingewiesen, daß mit dieser Gliederung von oben nach unten, vom Feinstofflichen (spirituelle Ebenen) zum Grobstofflichen (Körper) keine hierarchische Wertung verbunden ist. Ebensowenig darf man sich diese sieben Ebenen so vorstellen, wie sie in manchen Esoterikbüchern, die noch unreflektiert die Vorstellungen des letzten Jahrhunderts oder der Zeit vor dem ersten Weltkrieg übernommen haben, bildlich dargestellt werden. Dort wird der Mensch oft wie von Zwiebelschalen umhüllt abgebildet, und jede Zwiebelschale entspricht einer der sieben Ebenen. So ist es natürlich nicht, und auch die Bezeichnung Körper statt Ebene stammt noch aus dem theosophischen Vokabular des letzten Jahrhunderts, als versucht wurde, Esoterik mit der Terminologie des positivistischen Denkansatzes auszudrücken. Das Wort »Körper« kann mißverstanden werden, weil es etwas Materielles (sei es nun fein oder grob) suggeriert. Die moderne Psychologie gibt uns mit dem Modell von den verschiedenen Bewußtseinszuständen eine weitaus bessere Möglichkeit zu verstehen, was mit diesen diversen Ebenen gemeint ist. Dabei sind die verschiedenen Ebenen nicht als voneinander getrennt zu sehen, sondern als einander simultan durchdringend. Jede Zelle des Körpers enthält diese sieben Ebenen. Dennoch ist es um der besseren Verständlichkeit willen notwendig, sie gesondert zu betrachten und zu beschreiben. Wir beginnen von unten nach oben, wobei dies ebenfalls nicht wertend, sondern ordnend verstanden werden muß.

Das erste, was wir von einem Menschen sinnlich wahrnehmen können, ist sein *Körper.* Der Körper zeigt uns zunächst, daß ein Mensch überhaupt vorhanden ist. Jede Konfrontation und Auseinandersetzung mit einem Menschen geschieht nur auf körperlicher Ebene. Für manche Esoteriker und Spiritualisten der alten Schule ist dies eine kühne, ja provokative Behauptung. Ist denn nicht das Eigentliche am Menschen, das, worauf es letztlich ankommt, die Seele? Doch selbst der höchstentwickelte Spiritualist kann mit anderen Menschen nicht anders als mit körperlichen Mitteln kommunizieren. Die Seele eines Menschen kann nur mittels körperlicher Aktionen und Reaktionen wie etwa Sprechen, Gesichtsausdruck, Gestik und so weiter ausgedrückt und wahrgenommen werden, ebenso wie ohne Radiogerät keine Rundfunksendung gehört werden kann. So gesehen ist der Körper Träger der Information, aber nicht die Information selbst, ebensowenig wie das Radiogerät die Musik selbst ist, die dadurch hörbar wird. Alles, was den Menschen ausmacht, läuft über den Körper. Also sind wir auch für jede esoterische Erfahrung oder Tätigkeit im aktiven wie im passiven Sinne auf den Körper angewiesen, ob uns das nun paßt oder nicht.

Die zweite Ebene wird allgemein *Astralebene* genannt. Der Name hat eine lange Tradition, ist aber trotzdem recht unglücklich gewählt, da seine Herkunft vom lateinischen *astra* (Sterne) die damit verbundenen Assoziationen in eine ganz falsche Richtung führt. Die Theosophin Annie Besant definiert die Astralebene als eine »bestimmte Region des Universums, welche die physische umgibt und durchdringt; sie ist aber nicht wahrnehmbar für unsere gewöhnliche Beobachtung, da sie aus einer anderen Materie besteht.« Die Astralebene (astral heißt sternengleich) hat indessen nichts mit Weltall, Sternen oder Astrologie zu tun und sollte eigentlich analog zu den Namen der anderen Ebenen viel präziser und treffender Emotionalebene heißen. Da sich aber, bedingt durch die lange Tradition, der Begriff Astralebene allgemein durchgesetzt hat, soll er hier beibehalten werden.

Die *untere* Astralebene umfaßt in der menschlichen Sphäre alles, was mit Trieben, Instinkten, Leidenschaften und den damit verbundenen Emotionen zu tun hat. Daher überrascht es nicht, wenn auch ein großer Teil dessen, was die Psychologie in die Region des Unbewußten verweist, von der Esoterik der Astralebene zugeschrieben wird. Auf der unteren Astralebene gilt das pure Spiel der Energien und Kräfte, was zur Herrschaft des reinen Faustrechts führt. Wenn auf dieser Ebene zwei Kräfte aufeinanderprallen, gewinnt die stärkere ohne jede ethische oder moralische Rücksicht. Dieses scheinbar willkürliche Kräftespiel ist immer mit Machtstreben und Machtausübung verbunden. Das hat dazu geführt, daß die Astralebene vorwiegend negativ bewertet wird, als die Region des im ethischen und spirituellen Sinne Niederen und Verwerflichen, eine etwas voreilige und kurzsichtige Beurteilung. In der freien und ungebundenen Natur erkennen wir ein analoges Kräftemessen, das dem Überleben und der Erhaltung der Art dient. Eine der Hauptaufgaben der unteren Astralebene ist die Wahrnehmung der reinen Lebensprozesse und Lebensfunktionen, die zum Überleben erforderlich sind und auf dieser Grundlage ein Leben im höheren Sinne erst möglich machen. Der materielle Körper ist Träger der Information, in unserem Falle des kosmisch gewollten Lebens. Wäre kein materieller Körper vorhanden, könnte sich das Leben auf der irdisch-materiellen Ebene weder entfalten noch im höheren Sinne zum Ausdruck bringen. Alles, was auf der unteren Astralebene geschieht, dient somit dem Ziel, Lebendigkeit zum Ausdruck zu bringen. Bevor der Mensch überhaupt ein spirituelles, esoterisches Leben führen kann, muß er lernen, sich zu behaupten und zu überleben. Dies ist eine der Lektionen, die auf der unteren Astralebene gelernt werden müssen. Solange der Mensch darin versagt, bleibt ihm der Weg zu einer höheren Entwicklung verschlossen.

Die untere Astralebene ist auch der Bereich, wo das Gesetz der Polarität in der Form von Anziehung und Abstoßung, Konsonanz und Dissonanz am zwingendsten zur Anwendung kommt. Deshalb verstehen wir auch, daß die untere Astralebene für den Menschen vor allem mit dem Bereich der rein genitalen Sexualität in Verbindung steht. Diese äußert sich vorwiegend in Eroberung und Unterwerfung, in Besitz nehmen und besessen werden, also im Brunstverhalten.

Ein Aspekt der Astralebene in ihrem *oberen* Bereich ist, daß hier die reine Energie zur reinen Form wird. Ob dies immateriell geschieht oder, nach Annie Besant, in der Sphäre einer nicht wahrnehmbaren anderen Materie, sei dahingestellt. Da der Formwerdung kein oder nur ein äußerst feiner Widerstand entgegengesetzt wird, ist hier praktisch alles Denkbare und Vorstellbare möglich. Das beste Beispiel ist der Traum, den wir im Schlaf als materielle Realität erleben. Erst im Bewußtsein der anderen, der Tagesrealität, erkennen wir die besondere, andersartige Realität des Traums. Doch der Traum ist Realität, ebenso wie alles, was sich in unserem Tagesbewußtsein abspielt. Wir brauchen also nur vor unserem inneren Auge irgendwelche Bilder entstehen zu lassen, mit anderen Worten, reinen Energien eine Form zu geben. Jede Form ist möglich, selbst wenn sie sich auf der stofflichen Ebene infolge der dort herrschenden Gesetze nicht manifestieren kann. Und jede formgewordene Energie hat ihre Auswirkung – ein Umstand, aufgrund dessen Magie überhaupt möglich wird. Darum kann man die obere Astralebene auch als die Ebene der Träume, inneren Bilder und Imaginationen bezeichnen, und dies sowohl im Sinne von kreativen Idealen als auch von hinderlichen Illusionen. Was auf der oberen Astralebene geschieht, sind immer noch Reaktionen auf äußere Reize, aber diese Reaktionen zeigen sich nicht mehr so sehr als funktionsbedingte, sich fast automatisch auslösende Emotionen, vielmehr tritt das Gefühl als neue Motivation an deren Stelle. Dabei spielen Polarität, Sexualität und damit das Gesetz der Attraktion immer noch eine wichtige Rolle, aber sie zeigen sich in einer weiterentwickelten Form als Eros und Liebe. Somit bekommt das auf der unteren Astralebene noch anarchische, unverbindliche Spiel der Kräfte eine gewisse höhere Ordnung.

Diese Tendenz verstärkt sich weiter auf der *Mentalebene*. Ihr *unterer* Bereich umfaßt, was mit dem Begriff konkretes Denken umschrieben werden kann. Das zeigt sich darin, daß der Mensch in die Lage versetzt wird, Grenzen wahrzunehmen und sich mit ihnen auseinanderzusetzen. Er erhält so die Möglichkeit, die Endlichkeit seiner Umwelt und seines eigenen Ichs wahrzunehmen. Dieser Vorgang kann am besten mit dem aus der Computersprache stammenden Ausdruck »Daten erfassen und Daten verarbeiten« beschrieben werden. Auf der unteren Mentalebene gewinnt der Mensch die Möglichkeit, die »Daten«, die er in seiner Umwelt erfaßt, in seinem Gedächtnis zu speichern, um sie später anwenden zu können. Damit hat er erste Kriterien zur Verfügung, die es ihm ermöglichen, sich mit seiner Umwelt unter dem Gesichtspunkt von Nutzen und Schaden auseinanderzusetzen. Eine Frucht von einer bestimmten Form und Farbe schmeckt gut und kann als Nahrungsmittel verwendet werden, während eine mit anderer Farbe und Gestalt zwar auch gut schmeckt, jedoch giftig ist und krank macht. Diese und andere einmalige Erfahrungen können auf der unteren Mentalebene gespeichert und später zu Vergleichszwecken herangezogen werden. Auf der Stufe der unteren Mentalebene hat der Mensch bereits die Möglichkeit, wie ein gut durchdachter und konstruierter

Roboter oder Computer zu funktionieren, der zusätzlich noch mit Trieben und Gefühlen ausgestattet ist.

So wie die untere Mentalebene die Ebene des konkreten Denkens ist, so ist die *obere* die des abstrakten Denkens. Hier beginnt der Mensch über sich selbst nachzudenken, er wird zum Philosophen. Der Mensch erlebt sich selbst als ein Wesen, das sich wesentlich von der übrigen Schöpfung unterscheidet. Aus diesem Grund wird auf der oberen Mentalebene der Beginn der individuellen Bewußtheit angesetzt. Wenn der Mensch sich auf der unteren Mentalebene seiner Möglichkeiten, aber auch seiner Grenzen bewußt wird, so ist die obere Mentalebene der Ort, wo der Mensch versucht, über den Sinn gerade dieser Möglichkeiten und Grenzen soweit als möglich Klarheit zu gewinnen. Somit ist auf der oberen Mentalebene alles angesiedelt, was mit Religion im herkömmlichen Sinne zu tun hat. Der Mensch erfährt Religion in Form von Geboten und Verboten und als Institution, wie etwa die Kirche mit ihren ethischen, moralischen Forderungen. Die Gotteserfahrung der oberen Mentalebene legt den Akzent auf das, was *unterscheidet.* (Dieser Zustand wird durch die »Vertreibung aus dem Paradies« bildhaft repräsentiert.) Gott oder das Göttliche unterscheidet sich auf der oberen Mentalebene vom Menschen vor allem darin, daß er oder es überlegen ist, eine Autorität, die der Mensch zu respektieren und der er sich zu unterwerfen hat. Jede patriarchalische Gesellschaftsordnung ist eine Auswirkung der oberen Mentalebene. Von hier an wird der Mensch gesellschaftsfähig. Das ermöglicht Kultur und Zivilisation, und zwar von einer recht hochstehenden Qualität, wie ein Blick in die Menschheitsgeschichte beweist. Bereits auf der unteren Mentalebene ist der Mensch durch seine äußere Gestalt als solcher erkennbar, aber erst auf dieser Stufe ist er das am höchsten und weitesten entwickelte Lebewesen. Mensch im eigentlichen Sinne wird dieses Lebewesen erst auf der oberen Mentalebene.

Die nächsthöhere Evolutionsebene, die *untere spirituelle Ebene,* kann als Bereich des konkreten Geistes bezeichnet werden. Das Wort konkret wurde bereits zur näheren Definition der unteren Mentalebene verwendet, nur wurde es dort mit dem Begriff Denken verbunden. Somit können wir sagen, daß untere Mentalebene und untere spirituelle Ebene das Konkrete miteinander gemeinsam haben und sich so voneinander unterscheiden, wie sich Denken und Geist (im Sinne von Spiritualität) voneinander unterscheiden. Das Wort konkret steht für anschaulich, greifbar, gegenständlich. Alles, was mit diesen drei Worten umschrieben wird, kann als Realität bezeichnet werden. Deshalb steht das Wort konkret immer in Verbindung mit einer Realität. Die untere Mentalebene und die untere spirituelle Ebene stellen also Realitäten dar, die sich voneinander unterscheiden. Auf der unteren Mentalebene drückt das Denken diese Realität aus, auf der unteren spirituellen Ebene ist es der Geist. Das deutsche Wort Geist ist ein Allerweltsbegriff, der größte gemeinsame Nenner für alles, was nicht stofflicher Natur ist (siehe Seite 48).

Der in den deutschen Sprachgebrauch übernommene Begriff Spiritualität drückt nun ganz speziell den erwähnten Gegensatz zum Stofflichen aus. Diese Nicht-Stofflichkeit können wir mit dem aus der Physik stammenden Begriff »Energie« bezeichnen. Energie kann in zwei Formen vorhanden sein, nämlich als Materie und als reine Energie. Zum besseren Verständnis stelle man sich ein Stück Kohle vor. In der Kohle liegt Energie verborgen, die freilich erst durch einen bestimmten Prozeß, das Verbrennen, herausgelöst wird. Ohne diesen Prozeß bleibt die Energie buchstäblich in der Materie gebunden. Dieses Bild kann man auch auf den Menschen übertragen. Auf der oberen mentalen Ebene ist die Energie der Spiritualität zwar als Realität vorhanden, wenngleich sie nicht herausgelöst ist. Auf der unteren spirituellen Ebene wird die Energie nun herausgelöst und kommt zur Auswirkung, so wie die in der Kohle vorhandene Energie durch den Verbrennungsprozeß zur Anwendung gelangt. Welcher Art die auf der unteren spirituellen Ebene aus dem Menschen herausgelöste Energie ist, zeigt sich an ihren Auswirkungen. Zwischen unterer Astralebene und unterer spiritueller Ebene besteht eine Analogie des Handelns. Wenn das unbewußte, automatische Reagieren auf äußere Reize, das sich im entsprechenden Handeln zeigt, das Merkmal der unteren Astralebene ist, so ist Handeln auch ein Merkmal der unteren spirituellen Ebene. Dieses Handeln wird jedoch nicht mehr durch ein bloß unbewußtes und automatisches Reagieren auf Triebe und Instinkte hervorgerufen, sondern geschieht aufgrund von Erkenntnis. Erkenntnis kann aber nur erfolgen, wenn vorher, auf der oberen Mentalebene, Bewußtheit entstanden ist. Die aus der Bewußtheit heraus geborene Erkenntnis befähigt den Menschen *zur freien Wahl einer Richtung,* die er in eigener Verantwortung einschlagen kann. Die untere spirituelle Ebene ist es auch, auf der die Initiation geschieht.

Das Wesen dieser Initiation besteht darin, dem Menschen zu der Erkenntnis zu verhelfen, daß alles, was den Lauf des Universums bestimmt, auch in ihm selbst vorhanden ist. Im ägyptischen Totenbuch heißt es: »Es ist kein Teil an mir, der nicht von den Göttern ist.« Diese Erkenntnis für das Göttliche *im* Menschen wird auf der unteren spirituellen Ebene aktiviert.

Diese Erkenntnis befähigt und zwingt den Menschen zu einer nachhaltigen Entscheidung, die seinem Leben eine ganz bestimmte Prägung gibt. In bezug auf das Göttliche hat der Mensch zwei Möglichkeiten: Er kann sich entweder für oder gegen das Göttliche (oder Gott) entscheiden. Die Frage ist nur, wie weiß oder erkennt der Mensch, was göttlich ist und was nicht. Die Esoterik kennt keine Dogmen und schon gar keine für jedermann verbindlichen Glaubensbilder. Es liegt schließlich im Ermessen eines jeden einzelnen Menschen, zu bestimmen, was für ihn göttlich ist und was nicht. Deshalb möchte ich hier keine endgültigen Formulierungen und Anweisungen geben. Lediglich ein Hinweis sei gegeben, um zu zeigen, wie das Wesen dieses Göttlichen eventuell gefunden und als Richtung gewählt werden kann.

Bereits an anderer Stelle wurde darauf hingewiesen, daß die Entstehung des Weltalls noch nicht abgeschlossen ist. Essenz dieses Umstandes ist der Satz »Das Universum drängt zur Form«. Dieser zu Form und Gestaltung führende Prozeß bietet sich als eine Möglichkeit an, um das Wesen des Göttlichen zu definieren. Ein Aspekt des Göttlichen, so wie es der Mensch auf der unteren spirituellen Ebene erkennen kann, wäre demnach das *schöpferische Prinzip,* durch das alle Dinge werden und geworden sind. In gleicher Weise drücken es die berühmten Anfangsworte des Johannesevangeliums aus: »Im Anfang war das Wort, und das Wort war bei Gott.« Das Wort ist nichts anderes als ein zu gewollter Form gewordener Laut. Das Wesen des Göttlichen zeigt sich dem Menschen als belebte Form. Dies muß vorerst genügen. Im nächsten Kapitel wird eingehender auf dieses Thema eingegangen.

Die *obere spirituelle Ebene* ist Träger des göttlichen Funkens im Menschen. Hier wird die individuelle Verbindung zum übergeordneten göttlichen, kosmischen Schöpfungsprinzip hergestellt. Um die Beziehung jedes einzelnen Menschen zu Gott zu charakterisieren, prägten die alten christlichen Gnostiker den Satz: »Wir sind alle Funken vom einen göttlichen Feuer.« Diesem Satz liegt das Bild eines großen in der Nacht prasselnden Feuers zugrunde, von dem sich einzelne Funken lösen und vom Wind getrieben ihre eigene Bahn durch die Dunkelheit ziehen. Diese Funken, Teil des einen großen Feuers, sind eine gewisse Zeit lang selbständig und repräsentieren dadurch, jeder Funke für sich, das Prinzip des großen Feuers. Wenn wir uns daran erinnern, daß lange Zeit, nämlich bis zur Erfindung des elektrischen Lichts, Feuer und Licht für die Menschen identisch waren, gewinnt dieses Bild zur Umschreibung des Göttlichen eine tiefe Bedeutung. Jeder Mensch wäre demnach Träger eines solchen Funkens von dem einen göttlichen Feuer. So sieht es auch Jakob Böhme *(Aurora oder Morgenröte im Aufgang)*: »Es ist aber der Geist des Menschen nicht allein aus den Sternen und Elementen herkommen, sondern es ist auch ein Funke aus dem Licht und der Kraft Gottes darin.« Für diesen göttlichen Funken in jedem Menschen wird in der Esoterik allgemein der Begriff das *Höhere Selbst* gebraucht. Zusammengefaßt kann gesagt werden: Das Höhere Selbst ist die *Bewußtheit des schöpferischen Prinzips* in jedem einzelnen Menschen. Es ist Gott *in* den Dingen und nicht außerhalb der Dinge, also auch nicht außerhalb des Menschen.

Um der besseren Übersicht willen seien die sieben Ebenen des Menschen noch einmal zusammenfassend charakterisiert. Der Mensch verfügt über einen materiellen *Körper*, der die Aufgabe hat, Träger der Informationen der übrigen sechs Ebenen zu sein.

Die *Astralebene* ist der Ort, wo sich Triebe, Instinkte, Gefühle und Gedankenbilder zur Form manifestieren, die sich als Emotion auswirkt. Die *Mentalebene,* der Bereich des Denkens, befähigt den Menschen, seine Umwelt datenmäßig zu erfassen, zu verarbeiten und die daraus hervorgehenden Konsequenzen festzustellen. Die Mentalebene ermöglicht Einsicht. Die *spirituelle Ebene* schließlich verhilft dem Menschen zu der Erkenntnis, die ihn zur bewußten Wahl einer Richtung befähigt, wodurch er sich schließlich des Göttlichen bewußt wird, das in ihm liegt. Faßt man die oberen und unteren Bereiche der Astral-, Mental- und spirituellen Ebene zusammen, so wird aus der Siebenheit die Vierheit. Kenner der Psychologie C. G. Jungs werden sofort die Beziehung zu deren vier Typen Empfindung (Körper), Gefühl (Astralebene), Denken (Mentalebene) und Intuition (spirituelle Ebene) erkennen.

Die genaue Kenntnis dieser sieben Ebenen des Menschen ist nicht nur für die Denkweise der Esoterik wichtig, sondern vor allem auch für jede esoterische Praxis. Dies wird spätestens im Kapitel »Theorie und Praxis« deutlich werden. Es ist also notwendig, sich mit den sieben Ebenen vertraut zu machen und ihre Erscheinungen und Auswirkungen in sich selbst möglichst genau kennenzulernen. Daß dafür manchmal auch der Begriff sieben Körper verwendet wird, heißt nicht, daß wir es mit Körpern im anatomischen Sinne zu tun haben. Die sieben Ebenen des Menschen haben ausschließlich Modellcharakter. Dieses Modell ist gerade für die esoterische Praxis sehr brauchbar.

Neben der Siebenheit, die zu einer Vierheit zusammengezogen werden kann, existiert noch ein weiteres Modell, das drei Ebenen im Menschen sieht, die als *Körper, Seele, Geist* bezeichnet werden. Dabei sollte aber beachtet werden, daß dieses Modell der Dreiheit eine gewisse Ungenauigkeit aufweist, die vor allem sprachlich bedingt ist, weil die Begriffe Seele und Geist ein sehr weites Bedeutungsspektrum enthalten. So bezeichnet das deutsche Wort »Seele« nicht nur den Astralbereich, sondern auch Teile, die der spirituellen Ebene zugeschrieben werden, und mit »Geist« kann sowohl der Mentalbereich als auch die Spiritualität gemeint sein. Man könnte für diese Dreiheit auch die vor allem in der Psychologie gebräuchlichen, etwas handfesteren Begriffe Bauch, Herz, Kopf heranziehen. Die nachfolgende Illustration zeigt den Zusammenhang dieser psychologischen Dreiheit mit den sieben Ebenen des esoterischen Modells.

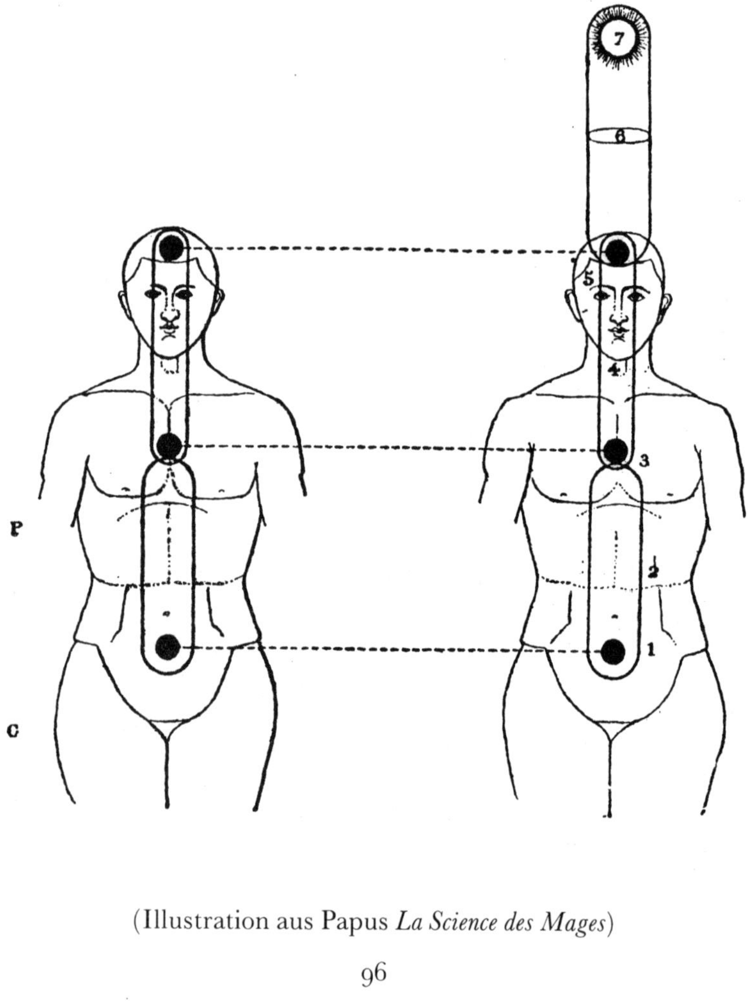

(Illustration aus Papus *La Science des Mages*)

Wer mit den Modellen der östlichen Esoterik vertraut ist, wird sofort einen Zusammenhang mit den sieben Chakras vermuten. Ein solcher Zusammenhang besteht natürlich, obgleich dabei beachtet werden muß, daß die Lehre von den sieben Chakras im Westen durch die Theosophie Helena Blavatskys und ihrer Nachfolger (etwa C. W. Leadbeater) populär geworden ist. Dies zeigt sich darin, daß wir über die positivistische Denkweise mit dieser Lehre vertraut geworden sind, was sich in diesem Fall bis in die Gegenwart hinein auswirkt. Den sieben Ebenen (hier in der Form von Chakras) wurden anatomisch genau definierte Orte am menschlichen Körper zugewiesen. Die praktische Erfahrung zeigt zwar, daß diese anatomischen Lokalisierungen nicht einfach aus der Luft gegriffen sind, aber man darf sie nicht nur in dieser Beschränkung sehen. Vielmehr gilt auch hier das sogenannte Gesetz der Analogie, wonach nicht nur der Mensch als Ganzes diese sieben Ebenen aufweist, sondern auch jedes einzelne Organ, ja selbst jede Zelle.

Der lebendige Mensch ist eine Ganzheit, und für auf das Modell der sieben Ebenen bedeutet dies, daß alle sieben Ebenen dieser Ganzheit zu dienen haben. Jeder einzelne Mensch ist für seine Ganzheit zuständig und verantwortlich. Der Preis des Menschseins ist Bewußtheit im doppelten Sinne, als Auszeichnung wic als Verantwortung. Bei Mineralien, Pflanzen und Tieren geschieht die Koordination der ihnen zugeteilten Ebenen automatisch und unbewußt, was den Vorteil hat, daß nicht viel schiefgehen kann. Auf der anderen Seite besteht aber auch keine Möglichkeit, aus diesem, sich immer gleich abspielenden »Programm« auszubrechen und neue Wege zu erkunden, die die Existenz von Mineral, Pflanze oder Tier erweitern und ihr neue Dimensionen geben könnten. Eine solche Ausweitung kann nur auf einer der Pflanzen- und Tierwelt übergeordneten Evolutionsstufe geschehen, die die dafür notwendige Voraussetzung der Entscheidungsfreiheit enthält. Normalerweise, das heißt, wenn sie nicht zu sehr mit der menschlichen Sphäre verknüpft sind, können sich Pflanzen wie Tiere auf die ihnen innewohnende Gesetzmäßigkeit und Instinkt- wie Triebhaftigkeit verlassen, weil nichts »programmiert« ist, was der Existenz der Pflanze und des

Tieres schädlich sein könnte. Ganz anders verhält es sich beim Menschen. Was seine Evolutionsstufe auszeichnet, ist die Bewußtheit, die unabdingbar mit der Möglichkeit der Entscheidung aus Einsicht heraus verknüpft ist. Jede Entscheidung schließt aber das Risiko einer Fehlentscheidung ein, was bedeutet, daß der Mensch zwar durch Bewußtheit eine höhere Evolutionsstufe erreicht hat, dafür aber den Preis bezahlt, womöglich aus freier Entscheidung zu seinem eigenen Nachteil zu entscheiden.

Der Mensch kann sich nicht mehr hundertprozentig auf die Informationen verlassen, die ihm von der Astralebene aus gegeben werden. Das darf allerdings nicht so verstanden werden, als seien alle Regungen und Informationen, die aus dem emotionalen Bereich der Astralebene in das menschliche Bewußtsein gelangen, von vornherein falsch und irreführend. Hier genau zu unterscheiden und das Nützliche vom Schädlichen zu trennen, ist eine der wichtigsten Aufgaben des wahren Menschen und damit auch eines jeden Esoterikers. Niemand von uns wäre ein reifer Erwachsener geworden, hätte nicht in den ersten Lebensjahren die Astralebene, einem ausgefeilten Computerprogramm gleich, unser Heranwachsen und die damit verbundene Entwicklung gesteuert. Sobald ein Mensch geboren ist, verläuft seine körperliche und geistige Entwicklung anhand dieses Programms. Lächeln, Kopfheben, Sitzen, Stehen, Laufen und Sprechenlernen erfolgen nach einem genauen Zeitplan, der bei allen Menschen mehr oder weniger gleich abläuft. Und das ist auch gut so, denn sonst würden Entwicklungsschritte, die gewisse Anforderungen stellen oder mit Unannehmlichkeiten verbunden sind, gar nicht vollzogen. Betrachten wir nur einmal den Entwicklungsschritt, in dem ein Kind versucht, auf den Füßen zu stehen und seine ersten Schritte zu machen. In den meisten Fällen ist dies für das Kind eine recht schmerzhafte Erfahrung. Auf wackligen Beinen sucht es sich zu halten, die Füße gehorchen dem Willen noch nicht, und immer wieder fällt es hin und tut sich weh. Es wäre durchaus verständlich, wenn ein Kind nach einigen dieser schmerzhaften Erfahrungen zu dem Schluß kommt, daß Gehenlernen eine zu anstrengende und zu schmerzhafte Angelegenheit ist, und beschließt, es bleiben zu lassen. Von nun müßte es sein ganzes Leben im Rollstuhl verbringen, eingeschränkt und in hohem Maße abhängig von anderen Menschen. Zum Glück lassen die Impulse aus dem emotionalen Bereich eine solche Entscheidung nicht zu. Sie bringen das Kind durch einen unbändigen Trieb dazu, trotz aller negativen Erfahrungen nicht aufzugeben, bis die neue Fähigkeit erworben ist und ohne weitere schmerzhafte Erfahrungen angewandt werden kann. So wird ein Entwicklungsschritt nach dem anderen eingeleitet und durchgeführt. Der letzte dieser programmgesteuerten Entwicklungsschritte ist die Einleitung der Pubertät. Danach wird der Computer abgeschaltet, und die weitere Entwicklung des Individuums wird der menschlichen Bewußtheit überlassen. Von nun an wird sich zeigen, ob ein Mensch wirklich Mensch werden oder sich weiterhin nur den unkontrollierten Antrieben des emotionalen Astralbereichs anvertrauen will.

Jede Evolutionsstufe der Natur ist gegenüber den anderen auf irgendeine Weise weiter entwickelt, aber jeder Evolutionsschritt ist auch mit Einbußen auf den unteren Ebenen verknüpft. Das Tier hat gegenüber dem Menschen eine viel besser und effektiver ausgebildete Instinkt-, das heißt Astralebene; dafür fehlt ihm die Mentalebene. Analoges gilt auch für die Pflanzenwelt, die auf der vegetativen Stufe sowohl der Tier- als auch der Menschenwelt evolutionsmäßig überlegen ist, aber weder über die Instinkte der Astralebene noch die Bewußtheit der Mentalebene verfügt. Dieser Umstand ist meines Wissens nach auch in der Esoterik noch wenig erforscht. (Die Bach-Blütentherapie macht praktischen Gebrauch von der evolutionär weiterentwickelten vegetativen Stufe der Pflanzenwelt.)

Innerhalb der sieben Ebenen läßt sich eine Tendenz feststellen, daß die jeweils untere Ebene als Informationsträger für die nächsthöhere dient, diese nächsthöhere aber gleichzeitig unter Kontrolle zu bringen versucht. So dient der Körper als Informationsträger für die Astralebene, denn ohne Körper wären wir nicht zu Gefühlsregungen und Emotionen imstande, die sich uns ja nur über körperliche Symptome zeigen wie Herzklopfen, Tränen, Lachen, Rotwerden und so weiter. Der Körper gibt seine

Bedürfnisse an die Astralebene weiter, wo sie sich dann in entsprechender Form äußern. Braucht der Körper beispielsweise neue Energie, um seine Funktionen erfüllen zu können, dann äußert sich dies im Astralbereich durch Hungergefühl. Menschen wie Tiere werden so veranlaßt, die vom Körper benötigten Stoffe aufzutreiben und sie ihm zuzuführen. Aber gerade an diesem Beispiel zeigt sich deutlich der Unterschied zwischen Mensch und Tier. Beide empfinden das gleiche Hungergefühl, aber während das Tier sich auf die astralen Impulse verlassen kann, die ihm genau signalisieren, was ihm bekommt und was nicht und wann es genug ist, kontrolliert sich der Astralbereich beim Menschen nicht mehr selbst. An Stelle der gesunden Bedürfnisse sind emotionale Regungen getreten, die mehr dem Prinzip der reinen Lust verpflichtet sind. Der Mensch kann selbst dann noch ein Hungergefühl empfinden, wenn die für das gesunde Funktionieren des Körpers erforderliche Nahrungsmenge und Nahrungsart zugeführt wurde. Beim Menschen erfolgt die Ausrichtung auf das gesunde Maß von der Mentalebene her. Es ist also Aufgabe der Mentalebene, durch Einsicht und Bewußtheit diese Regulierungs- und Kontrollfunktion wahrzunehmen. Gleiches gilt auch für die Sexualität. Sie wird im Tierreich durch die Brunstzeit reguliert, die Sexualität nur zu bestimmten Zeiten zuläßt, da das Tier keine Liebe im menschlichen Sinne kennt. Ohne diese Begrenzung liefe das Tier Gefahr, durch die Intensität seiner Triebhaftigkeit Schaden zu nehmen oder gar vernichtet zu werden. Eine solche Begrenzung ist dem Menschen nicht auferlegt, da seine Sexualität nicht nur aus der Emotionalität, sondern mindestens ebensosehr aus dem Herzen, von der Mentalebene her gelebt werden sollte.

Auf die Mentalebene allein kann sich der Mensch aber auch nicht verlassen. Sie befähigt ihn zwar zu Bewußtheit und Entscheidungsfreiheit, kann aber nicht verhindern, daß der Mensch ein falsches Bewußtsein hat und Entscheidungen trifft, die sich als falsch erweisen. Deshalb muß die Mentalebene sich der Regulierung und Kontrolle durch die spirituelle Ebene, genauer gesagt: durch das Höhere Selbst, unterziehen. Nur dadurch ist gewährleistet, daß der Mensch seine Aufgabe und Bestimmung als Mikrokosmos, als Träger des Göttlichen wahrnehmen kann.

Menschlichkeit, wahres Menschsein besteht darin, daß es gelingt, die sieben Ebenen zu koordinieren und einem gemeinsamen Willen zu verpflichten. Von unten her, vom Körper also, wirken die Energieimpulse nach oben zur nächsthöheren Ebene. Aufgabe dieser nächsthöheren Ebene ist es, diese Impulse aufzunehmen, sie in die Ganzheit des Menschlichen zu integrieren, so daß im Idealfall eine durchgehende Verbindung von unten nach oben entsteht. Polar dazu entsteht eine Gegenbewegung von oben nach unten mit dem Ziel, den Einfluß des Höheren Selbst bis auf die Ebene der reinen Körperlichkeit hin wirksam werden zu lassen. Diese Ganzheit in einer kosmisch gemäßen und ausgewogenen Weise herzustellen, ist das Ziel jeglicher esoterischen Praxis und Lebensgestaltung. Es ist Menschlichkeit im wahrsten Sinne des Wortes.

Göttlichkeit

Es ist das Ziel der Menschlichkeit, entsprechend der dem Menschen eigenen Bewußtheit und Entscheidungsfreiheit Ganzheit anzustreben und die Prinzipien des Makrokosmos in der spezifischen Umwelt der menschlichen Existenz zu verwirklichen. Dazu braucht der Mensch nicht nur Anhaltspunkte darüber, was dem Makrokosmos gemäß ist, sondern er erfährt auch das Vorhandensein von Kräften, die sein Streben unterstützen oder es erschweren und womöglich verhindern, Kräfte, die aus der ihn umgebenden Natur auf ihn einwirken und sein Leben weitgehend bestimmen. Um seine Menschlichkeit und ihre Zielsetzungen zu verwirklichen, muß der Mensch lernen, mit diesen Kräften umzugehen. Er muß also mit ihnen in Übereinstimmung kommen und sie in den Dienst seiner Bestrebungen stellen oder ihren schädlichen Einfluß abwehren.

Für den Menschen der Urzeit, der in sehr enger Verbindung mit der Natur lebte und sich als in mannigfaltiger Beziehung von ihr abhängig erlebte, waren diese Kräfte meist oder fast ausschließlich Naturkräfte. Daher läßt sich der Satz aufstellen: Der Mensch als Mikrokosmos erfährt die Energie des Makrokosmos vorwiegend als Äußerungen der Naturkräfte. Um diese Naturkräfte verstehen und sich mit ihnen auseinandersetzen zu können, müssen sie in eine Form gebracht werden, die es dem Menschen erlaubt, sie in seinen eigenen Erlebnis- und Erfahrensbereich zu integrieren. Dies geschieht, indem ihnen eine vom Menschen begreifbare Form gegeben wird. Der Satz »Das Universum drängt zur Form« bedeutet, daß Form und Formgebung Möglichkeiten zur Übereinstimmung mit dem Makrokosmos sind. Daraus läßt sich ein Gesetz ableiten und verstehen, das für die gesamte Esoterik Gültigkeit hat:

Der Kosmos ist reine Energie;
aber der Mensch kann mit reiner Energie
nicht umgehen, es sei denn,
er kleidet sie in die Form eines Bildes.

Das Wort Bild darf hier nicht ausschließlich in dem optischen Sinn verstanden werden, den es im populären Sprachgebrauch hat. Bild im esoterischen Sinn bezeichnet etwas, das sinnlich *faßbar* ist, das also Form hat und dadurch auch einen Sinn ergibt. Ebenfalls sind die Bezeichnungen »Bild« und »bildhaft« nicht nur an rein optisch erfaßbare Manifestationen gebunden, sondern meinen alles, wodurch Schwingung zur Form wird. Ton und Licht sind gleichermaßen für den Menschen sinnlich wahrnehmbare Schwingungsmanifestationen, so daß die »Bilder« im esoterischen Sinne aus diesen beiden Schwingungsmanifestationen gestaltet werden.

Zu Beginn des Johannesevangeliums heißt es: »Im Anfang war das Wort.« Das Wort ist ein bewußt geformter Laut zum Zweck der Kommunikation. Das bedeutet, daß ein Laut vorhanden sein muß, bevor ein Wort geformt werden kann. Logischerweise müßte es demnach heißen: »Im Anfang war der Urlaut.« Ein Laut ist physikalisch betrachtet reine Schwingung, die vom menschlichen Ohr wahrgenommen werden kann. Dies bedeutet, daß auch *vor* dem »Wort« am Anfang des Johannesevangeliums der Laut steht, der die Wortbildung erst ermöglicht. Wir Menschen können jedoch mit diesem Urlaut nichts anfangen, außer ihn rein passiv wahrzunehmen. Erst wenn er sinnerfüllte Form, in diesem Falle Wort geworden ist, wird der Urlaut dem menschlichen Bewußtsein zugänglich. Das Johannesevangelium ist uns in griechischer Sprache überliefert, und was Luther mit »Wort« übersetzte, wird im Urtext mit *Logos* bezeichnet, was soviel bedeutet wie Begriff, Gedanken, Idee. Es ist dem Menschen nicht möglich, in der bewußten Erfassung eines sprachlichen Begriffs weiter zurückzugehen als bis zum Gedanken, zur Idee. Von da an bleibt nur noch die reine Wahrnehmung, die den Menschen in einer absolut passiven Haltung fixiert und der Menschlichkeit, wie die Esoterik sie versteht, in keiner Weise entspricht.

Die Griechen, die unsere abendländische Kultur prägten, waren Spezialisten des abstrakten Denkens. Sie stellten den Begriff *Logos* an den Anfang, weil eine weitere Zurückführung dessen, was damit ausgedrückt werden soll, für sie zugleich die Gefahr der Verschwommenheit enthielt. Wir können also sagen, daß der erste Satz des Johannesevangeliums genauer ausgedrückt folgendes bedeutet: »Im Anfang war der Urlaut, der aber für den Menschen nur in der Form des Wortes zugänglich ist.« Solche Abstraktionen sind nicht gerade sehr ermutigend für jemanden, der sich in der Gegenwart eingehend mit Esoterik befassen möchte.

Andere Kulturen haben denn auch einen anderen Weg beschritten. Die östliche Esoterik kann dem Anfangssatz des Johannesevangeliums durchaus zustimmen. Allerdings würde er folgendermaßen formuliert: »Im Anfang war die Ursilbe AUM.« Damit kommt man schon etwas näher an den Urlaut heran. Eine Silbe ist an sich noch kein Wort, sondern lediglich Bestandteil eines Wortes, der für sich allein noch keine begrifflich faßbare Bedeutung hat. Aber auch eine Silbe besteht aus einer Folge von Buchstaben, und Buchstaben sind nichts anderes als der Versuch, Laute in eine für den Menschen faßbare und vor allem handhabbare Form zu bringen. Man kann die drei Buchstaben etwa mit den drei Elementen *Feuer, Wasser* und *Luft* in Verbindung bringen. Andere *erblicken* darin das dreifache *Feuer* im Universum. Als Einheit zusammengenommen *sehen* manche darin einen *Schwan,* wobei die Buchstaben A und M je eine Flügelspitze *darstellen* und U den *Körper.* Betrachten wir die in den vorangehenden Sätzen kursiv gedruckten Worte, so stellen wir fest, daß sie alle in irgendeiner Weise mit Bild oder Sehen zu tun haben. Auf diese Weise ist es gelungen, den Urlaut, der höchstens akustisch wahrgenommen werden kann, auf eine andere, optisch faßbare Ebene zu bringen, deren Bilder auch dem menschlichen Bewußtsein zugänglich sind.

Wer diese, sicher auf Anhieb nicht gerade leichten Überlegungen nachvollzogen hat, wird nun sicher die volle Bedeutung des Gesetzes begreifen: »Der Kosmos ist reine Energie, aber der Mensch kann mit reiner Energie nicht umgehen, es sei denn, er kleide sie in ein Bild.« Zusammenfassend lautet dieses für jede Esoterik, westliche und östliche, grundlegende Gesetz: »Alles, was ist, ist *Bild* und *Name,* wobei ›Bild‹ für optisch und ›Name‹ für akustisch erfaßbare Form steht.«

Der Leser schließe nun für einen Moment die Augen, spreche für sich das Wort »Zeit« aus und achte darauf, was vor seinem inneren Auge erscheint. Mit großer Wahrscheinlichkeit ist es das Bild einer Uhr, meist das Bild der eigenen Uhr, auf die der Blick mehrmals am Tage fällt, und deren Bild sich dadurch am ehesten im optischen Gedächtnis eingeprägt hat. In einzelnen Fällen ist es auch denkbar, daß sich statt einer Uhr die Buchstabenfolge *ZEIT* vor dem inneren Auge aufbaut. Aber auch dieses Wort ist seiner Erscheinung nach Bild, denn Buchstaben sind nach Auffassung der Ägypter Hieroglyphen, das heißt »heilige Bilder«.

Das jeweilige Bild einer Uhr kann ganz verschieden sein, es kann die eigene Armbanduhr sein, das Bild einer Sanduhr oder Sonnenuhr ist möglich, wie es überhaupt unzählige Möglichkeiten der bildhaften Erscheinung einer Uhr gibt. Diese verschiedenen Bilder können sich, wie etwa bei der Digital- und Sanduhr, stark voneinander unterscheiden, sie alle aber stehen als Bild für den Begriff der Zeit. Das Wort »Uhr« ist der »Name«, den wir dem Gegenstand geben, der uns zur Messung der Zeit und gleichzeitig zur sinnlichen Erfassung dieses Begriffs dient. Ein Franzose wird dem gleichen Bild den Namen *montre* zuordnen, Amerikaner und Engländer das Wort *watch.* Es gibt also nicht nur eine Vielfalt von Bildmöglichkeiten für den einen Begriff Zeit, sondern auch die Namensgebung ist individuell verschieden, je nach ethnischer und kultureller Herkunft des Menschen, der diesen Begriff handhabt. Dieses Beispiel soll verständlich machen, daß es unzählige Möglichkeiten gibt, die menschliche Urerfahrung der Göttlichkeit in voneinander verschiedene Bilder und Namen zu fassen, je nach dem persönlichen Umfeld, in dem diese Göttlichkeit erfahren wird. Bilder und Namen gibt es viele, aber alle drücken das Eine aus. Sie drücken es aus, stehen dafür, und in der Tat würde niemand auf den Gedanken kommen zu behaupten, die Uhr sei die Zeit. Ebenso verhält es sich mit den in der Esoterik gebräuchlichen Bildern und Namen. Sie stehen für etwas, das auf keine andere Weise erfaßt und gehandhabt werden kann, *ohne aber damit identisch zu sein.* Diesen Umstand zu beachten, ist für jeden, der Esoterik ins praktische Leben umsetzen will, von großer Wichtigkeit. Andernfalls würden unweigerlich hinderliche, schädliche Illusionen und Täuschungen entstehen, die sich in Verwirrung und Orientierungslosigkeit äußern.

Wir können das Bild einer Uhr auch zur weiteren differenzierten Erfassung der Göttlichkeit heranziehen. Zur Zeitmessung ist Bewegung in irgendeiner Form nötig. Das *wissen* wir zwar, doch erscheint dieser Umstand nicht augenscheinlich im Bild einer Uhr, das sich vor unserem inneren Auge aufbaut, da die Bewegung der Zeiger zu langsam ist, als daß sie spontan von unserem Auge wahrgenommen werden könnte. Wenn wir die Uhr öffnen, entdecken wir, daß die Ganzheit der Uhr aus einer Vielzahl einzelner Teile besteht. Alle diese Einzelteile bilden zusammen, nicht nur in ihrem Aufbau, sondern auch in ihrem Zusammenwirken, »die Uhr«. Bei einer Analoguhr sind diese Einzelteile in der Hauptsache Zahnräder, unter denen sich zumindest eines finden läßt, die Unruh, dessen Bewegung mit bloßem Auge wahrgenommen werden kann. Dieser Teil kann dann zur bildhaften Darstellung des Bewegungsaspektes der Uhr und im übertragenen Sinne der Zeit an sich herangezogen werden. Die Zeichnung eines Zahnrades in der Form der Unruh wäre dann das *Bild* und das Wort Unruh der *Name* des Bewegungsaspektes der im Bild einer Uhr dargestellten Zeit.

Was für die Unruh gilt, kann auch auf jeden anderen Teil der Uhr übertragen werden, der dann auf seine Weise einen besonderen Teilaspekt der Zeit zum Ausdruck bringt. Alle Mythologien und Göttergeschichten der Menschheit (die des Christentums nicht ausgenommen) sind Bilder und Namen der beschriebenen Art, durch die Energien, die als göttlich definiert werden, für den Menschen faßbar gemacht werden. Wir haben es also mit einem Phänomen zu tun, das der Durchleitung des Sonnenlichtes durch ein Prisma entspricht. Das für unsere Augen vorher einheitliche und nicht differenzierbare Sonnenlicht wird durch das Prisma in seine einzelnen Farbkomponenten zerlegt. Analog dazu wird das eine Göttliche im Intellekt des Menschen in seine einzelnen erfahrbaren Teile zerlegt, die jedoch immer als Fragmente eines größeren Ganzen betrachtet werden müssen, selbst wenn sie, wie dies bei den Farben der Fall ist, durchaus auch für sich selbst stehen können. Zur Präzisierung muß noch gesagt werden, daß im erläuterten Beispiel die Farben Bestandteile des Lichtes sind. Bilder, die das Göttliche darstellen, sind Ausdruck, aber nicht Bestandteil des Göttlichen.

Zum besseren Verständnis des folgenden sei der Leser noch einmal auf die zwei im Kosmos wirkenden Energiekomponenten hingewiesen (siehe Seite 80):

1. das emanierende, ausdehnende und belebende Prinzip, das mit der »bildhaften« Bezeichnung *männlich* versehen ist, und
2. das Prinzip, das die emanierenden, belebenden männlichen Energien begrenzt, dadurch Form gibt und die »bildhafte« Bezeichnung *weiblich* trägt.

Beide Komponenten sind zusammenwirkend notwendig, damit der Kosmos als belebte Form existieren kann. Diese belebte Form ist nötig, um dem Kosmos seinen Sinn als Träger des Lebens zu geben. Das Leben ist das Resultat beider Komponenten, der belebenden und der formgebenden. Sie bilden zusammen das dritte, *Sohn* (oder Kind) genannte Prinzip, dessen Wesen die Sinnhaftigkeit ist, die zur Anwendung des Göttlichen im menschlichen Leben führen soll. Diese drei Prinzipien erfährt der Mensch als ihm übergeordnet, göttlich, und er kleidet sie bildhaft in die göttliche Dreiheit *Vater* (kreativ), *Mutter* (formgebend), *Sohn* (sinngebend). Diese Dreiheit findet sich in den meisten Göttermythologien der Menschheit in irgendeiner Form. An Beispielen aus der ägyptischen Mythologie und ihrer Götterwelt soll dies näher erläutert werden.

Bei den Ägyptern war diese göttliche Dreiheit durch Osiris, Isis und Horus repräsentiert. Möglicherweise wußten die alten Ägypter nichts über die Entstehung des Universums durch den Urknall. Sie fanden die göttliche Trinität in den Kräften der Natur, die ihr Leben bestimmten. Diese Naturkräfte sorgten dafür, daß jährlich um die gleiche Zeit die Fluten des Nils anschwollen, über die Ufer traten und das umgebende Land mit Schlamm bedeckten. Dieser Schlamm bildete die fruchtbare Erde, aus der heraus das Korn reifte. Dieser sich jährlich wiederholende Zyklus war notwendig, um den an den Gestaden des Nils ansässigen Menschen das Leben überhaupt zu ermöglichen. Sie erkannten diese Abhängigkeit und machten daher die jährliche Nilüberschwemmung zum Gegenstand göttlicher Verehrung. Die aus ihrem Bett emanierenden und die anliegenden Ufer bedeckenden Fluten wurden von den Ägyptern mit dem kreativen männlichen Prinzip in Verbindung gebracht, dem sie den Namen Osiris gaben. Das Land Ägypten selbst war Isis, die als Gattin des Osiris von ihrem Mann befruchtet wurde. Die aus der befruchteten Erde hervorkeimende Saat war Horus, der Sohn von Isis und Osiris, der ihrer Vereinigung Sinn gab.

Nicht nur im jährlichen Fruchtbarkeitszyklus des Nils (der übrigens auch als »Ausfluß des Osiris« bezeichnet wurde) erblickten die Ägypter die göttliche Kraft von Osiris und Isis. Die emanierende männliche Energie lag für sie auch im Licht der Sonne, deren Strahlen die Erde erhellten und wärmten. Der tägliche Lauf der Sonne teilt sich in drei Phasen: Aufgang, Höchststand und Untergang. Jede dieser drei Positionen wurde mit einem Seinszustand des Osiris, Werden, Sein und Vergehen, in Verbindung gebracht. Sie bildeten das Thema einer mythischen Erzählung. Nach dieser Geschichte wurde Osiris von seinem Bruder Seth erschlagen, und sein Leichnam wurde in vierzehn Teile zerteilt, die Seth über das ganze Land Ägypten verstreute. Zusammen mit ihrem Neffen Anubis suchte Isis die verstreuten Teile mühsam zusammen. Sie wurden dann von Anubis neu belebt, so daß Osiris wiederauferstehen konnte.

Osiris ist die bildhafte Verkörperung der Sonne in ihren drei Phasen. Als lebender Osiris steht er für den Höchststand der Sonne am Mittag, das reine Sein. Der Sonnenuntergang am Abend ist der Augenblick, in dem Seth seinen Bruder erschlägt. Das Licht der Sonne ist verschwunden, und die Dunkelheit ergreift nun von der Erde, der Heimstatt der Menschen, Besitz. Während die Nacht andauert, sucht Isis zusammen mit Anubis die vierzehn Teile des Osiris zusammen, die von Anubis zu neuem Leben erweckt werden. Im Moment des Sonnenaufgangs erwacht Osiris zu neuem Leben und kann den Menschen wiederum Wärme und Licht, die Grundbedingungen des Lebens, spenden.

Verkörpert Osiris das strahlende, emanierende Licht der Sonne, so begegnen wir in Isis dem weiblichen Prinzip der Formgebung. Dieses Prinzip kann nicht zulassen, daß die dunklen Kräfte des Chaos letztlich die Oberhand gewinnen. Deshalb sucht Isis den zerstückelten Osiris und setzt seinen Körper wieder zusammen, damit Anubis ihn von neuem beleben kann. Anubis ist ein Wächtergott, der die Schwelle zwischen Chaos (Tod) und Leben bewacht. Seine Aufgabe besteht unter anderem darin, dafür zu sorgen, daß die chaotischen Energien des Astralbereichs nicht in den Bereich der Mentalebene, des geordneten Lebens, eindringen und davon Besitz ergreifen. Darum wird er auch als der Neffe der Isis bezeichnet. Das bedeutet, daß er dem formgebenden Prinzip verbunden ist. Er repräsentiert nicht das Prinzip des Lebens an sich. Ein solches existiert in der ägyptischen Mythologie interessanterweise nicht, da das Leben aus den verschiedensten Komponenten zusammengesetzt ist. Anubis sorgt dafür, daß das Leben eine Form findet, die es ihm erlaubt zu überdauern und nicht vom eigenen Chaos vernichtet zu werden.

Seth darf nicht einfach mit dem »Bösen« gleichgesetzt werden, wie das zum Beispiel die christliche Kirche getan hat, indem sie den griechischen Namen des Seth, Typhon, als sprachliche Grundlage für den Teufel nahm. Seth ist der Gott der Wüste. Die Wüste begrenzt das fruchtbare Niltal und bedrängt es. Ununterbrochene Aufmerksamkeit und ständige Arbeit wurde von den Ägyptern gefordert, um zu verhindern, daß die Wüste das fruchtbare Ackerland wieder zurückholte. So verkörpert Seth das Prinzip der Desintegration, das auseinandernimmt, zerstückelt, aber auch beiseite räumt, was seinen Zweck erfüllt hat, und damit Platz schafft für neues Leben. Er nimmt einen wichtigen Platz im Kreislauf des Lebens ein, und seine Energie ist ebenso in das große Ganze des Kosmos integriert wie die Energien von Osiris,

Isis und Horus. Horus zieht zwar aus, um seinen erschlagenen Vater Osiris zu rächen, aber der Kampf mit Seth endet unentschieden. Die beiden einigen sich und teilen die Herrschaft untereinander auf. Horus repräsentiert das schöpferische Lebensprinzip auf der Erde (als Anwendung) anstelle seines als Sonne an den Himmel versetzten Vaters Osiris.

Die berühmte und für das Verständnis der grundlegenden esoterischen Prinzipien überaus wichtige Erzählung vom erschlagenen und wiederauferstandenen Osiris ist hier nur ihrem thematischen Inhalt gemäß wiedergegeben worden. In Wirklichkeit handelt es sich um eine äußerst kunstvoll aufgebaute Geschichte, deren zahlreiche Einzelheiten bedeutsam und aussagekräftig sind. Hier geht es aber vor allem darum, das Grundsätzliche dieser Geschichte verständlich zu machen.

Wenn bei den alten Ägyptern die Geschichte von Isis, Osiris und Seth erzählt wurde, war dies mehr als bloß eine spannende Erzählung. Das ungebildete Volk wurde auf diese Weise mit den göttlichen Prinzipien vertraut gemacht, die sich im Unbewußten verankerten. Man lernte mittels solcher Erzählungen, überall in der Natur, in allem Werden, Sein, Vergehen und Neuwerden die Einwirkung der göttlichen Prinzipien zu erkennen. Osiris, Isis und Horus waren überall zu finden. Statt von den Naturkräften sprach man von den Göttern, und wenn ihre Namen genannt wurden, so war jedermann im Unbewußten klar, was gemeint war. Zu jener Zeit waren Namen vor allem heilige Laute, die das Göttliche auf der akustischen Schwingungsebene darstellten.

Der Name Osiris bedeutet »Sitz des Auges« und bringt das Wesen des Osiris als eines Lichtgottes zum Ausdruck. Um dies auch deutlich sichtbar zu machen, gab man dem Gewand des Osiris die hellste Farbe, Weiß, die zudem noch alle anderen Farben in sich birgt und sie männlich emanierend *abstrahlt*. Osiris verkörperte jedoch, seiner Geschichte entsprechend, mehrere Aspekte. Er war sowohl Sonnenaufgang als auch Sonnenuntergang und auch der höchste Stand der Sonne am Mittag. Am Morgen, wenn sich die Sonne über den Horizont erhebt, wandelt sich das Schwarz der Nacht langsam in das helle Blau des Tages.

Deshalb kleidete man Osiris, wenn der aufgehende Aspekt betont werden sollte, in ein blaues Gewand. Der Höchststand der Sonne am Mittag wurde durch ein goldgelbes Gewand ausgedrückt. Trug er ein rotes, dem Abendrot entsprechendes Gewand, so zeigte er sich in seinem Aspekt als den von Seth erschlagenen Gott. Diese verschiedenen, bildhaft dargestellten Aspekte eines Gottes werden Gottformen genannt. Die ägyptische Mythologie ist besonders reich an Gottformen, aber auch das Christentum kennt sie in der Dreieinigkeit Vater, Sohn, Heiliger Geist.

Isis (ägyptisch Aset, Isis ist ihr griechischer Name) bedeutet »Thron«. Das Bild einer weiblichen Figur mit einem Thron auf dem Kopf wurde sofort als das Bild der Göttin Isis erkannt.

Um verstehen zu können, warum ausgerechnet ein Thron zum Attribut der Isis wurde, müssen wir seine Form näher betrachten. Der Thron ist eine besondere Form des Stuhls oder Sessels. Der Stuhl hat die Aufgabe, dem Körper in der Zeit, in der dieser sitzenderweise auf die Stütze der Füße verzichtet, als Basis und materielle Stütze zu dienen. Diese Funktion kann jede einigermaßen ebene Sitzfläche erfüllen, vom einfachen Küchenschemel bis zum kunsthandwerklich reich und schön gestalteten Stuhl. So ist auch jeder Thron zunächst einmal Stuhl, hat aber zudem noch weitere Funktionen. Zum Thron gehört, daß er nicht die Sitzgelegenheit von jedermann ist, sondern allein dem König und seiner Gemahlin vorbehalten bleibt. Diese Besonderheit wird in der äußeren Gestaltung des Thrones kenntlich gemacht. Der Thron ist erhöht, meist auf einem Podest, um Erhabenheit auszudrücken, und somit muß der Blick der Davorstehenden automatisch nach oben gerichtet werden. Zum Thron gehört auch eine mehr oder weniger hohe Lehne. Durch diese wird der allgemeine Eindruck erweckt, daß der oder die Sitzende mehr im Thron als auf ihm sitzt. So wird der Thron gewissermaßen zum Gefäß, das Form gibt, was dem kosmisch weiblichen Prinzip entspricht. Wird Isis zusammen mit einem Thron abgebildet, ist sofort klar, daß sie als Göttin bildhaft dieses formgebende weibliche Prinzip verkörpert. Überall wo Energie sinnlich erfaßbar als Materie (von lateinisch *mater,* Mutter) in Erscheinung tritt, ist Isis. Wir erkennen also, daß Isis, zusätzlich zum weiblichen auch das nährende, mütterliche Prinzip ausdrückt und zudem stellvertretend für die Natur überhaupt steht. Viele verschiedene Aspekte werden also im *einen* Bild der Isis simultan zum Ausdruck gebracht. Hat Osiris ein weißes Gewand, das alle Farben zusammen emanierend abstrahlt, so ist der Mantel der Isis schwarz, denn Schwarz hat ebenfalls die Eigenschaft, alle Farben in sich zu vereinen, sie aber nicht abzustrahlen, sondern in sich zu bergen. Verschwindet die Sonne (Osiris) hinter dem Horizont, so erscheint es dem Auge, als sinke sie in die Erde hinein. So gesehen fällt es nicht schwer, im täglichen Sonnenuntergang und Sonnenaufgang nicht nur das Sterben und Wiederauferstehen des erschlagenen Osiris zu erblicken, sondern auch die Vereinigung mit seiner Gattin Isis am Abend, aus der am Morgen das neue Leben entsteht. In diesem Fall ist Isis die »Königin der Nacht« mit einem tiefblauen, sternenübersäten Mantel. Auch die Abbildung des auf einem Thron sitzenden Osiris bringt die Vereinigung mit Isis zum Ausdruck.

Osiris hat seine spezifischen Attribute, die weitere Aspekte seiner Göttlichkeit zum Ausdruck bringen. Die bekanntesten sind Krummstab und Dreschflegel. Vergegenwärtigen wir uns die Funktionen dieser beiden Werkzeuge. Mit dem Dreschflegel wird das Korn aus den Ähren herausgelöst, mit anderen Worten, der Dreschflegel sorgt dafür, daß das Korn aus den Ähren *emaniert.* Der Krummstab, der im Bischofsstab verschiedener christlicher Kirchen weiterexistiert, dient dazu, die Herde zusammenzuhalten. Will ein Tier aus der vom Hirten gewollten und vorgegebenen Richtung ausbrechen und eigene Wege gehen, wird es mit dem Krummstab an den Beinen gefaßt und in die *Ordnung* und *Form* der Herde zurückgeholt. Die beiden Attribute sind also Symbole für die beiden das Universum regierenden Grundenergien, die als männlich (emanierend) und weiblich (formgebend) bezeichnet werden. Die beiden Linien des X-Kreuzes sind in diesem Falle Symbol der Vereinigung von männlicher und weiblicher Energie.

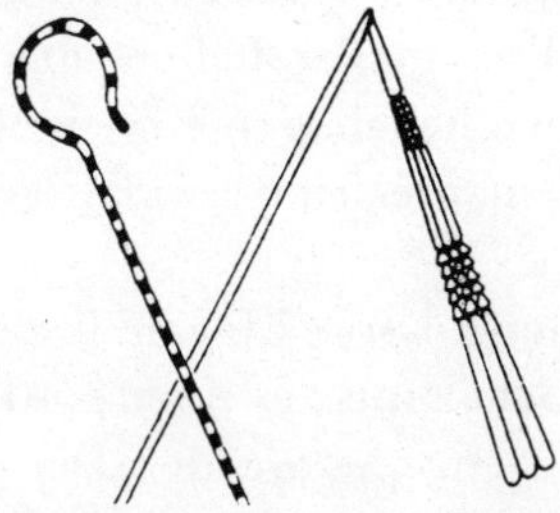

Ein weiteres Attribut, das mit Osiris in Verbindung steht, ist der sogenannte Djed, ein mit einer vierfachen Krone versehener Pfahl. Seine Herkunft und seine ursprüngliche Bedeutung sind nicht restlos geklärt. Es kann die stilisierte Nachbildung eines aus der Erde (Isis) hervorwachsenden Baumes sein, wodurch Stabilität und Dauer verkörpert wird. Es kann aber auch ein Pfahl mit Kerben sein, in die nach der Ernte die Getreideähren oder Garben gebunden werden.

Bilder, die man mit den entsprechenden Namen versieht, bieten reichhaltige Möglichkeiten, diverse Gottformen zum Ausdruck zu bringen. Sie ersetzen weitschweifige theologische Erläuterungen, indem sie die Sinne direkt ansprechen. In einer Zeit, in der der größte Teil des Volkes über keine Bildung verfügte und in der Lesen und Schreiben ein Teil der Mysterieneinweihung war, kam einer in so hohem Maße differenzierten Göttersymbolik große Bedeutung zu. Zwar wußten die ägyptischen Priester um das Geheimnis der Bilder und daß diese nichts als Teilaspekte des einen göttlichen Prinzips darstellten, aber dieses Wissen war, wie wir bereits gesehen haben, den großen Mysterien vorbehalten und wurde dementsprechend sorgfältig als Geheimnis von den Priestern gehütet.

Allerdings gab es eine kurze Epoche in der ägyptischen Geschichte, in der das Geheimnis des einen göttlichen Prinzipes zur exoterischen Lehre gemacht wurde. Der Pharao Echnaton (1372–1355 vor Christus) führte den Monotheismus ein und verordnete dem ägyptischen Volk die Verehrung der Sonne als dem bildhaften Ausdruck dieses einen göttlichen Prinzips. Diese Reform, die Echnaton nur gegen den erbitterten Widerstand der Priesterschaft durchsetzte, konnte sich jedoch über seinen Tod hinaus nicht halten. Sein Nachfolger, der heute vielleicht bekannteste ägyptische Pharao Tut Ench Amun, machte die Reform des Echnaton rückgängig und führte den alten Polytheismus wieder ein. Es bleibt die Frage, warum die ägyptischen Priester, die doch über Weisheit und Wissen verfügten, gegen besseres Wissen eine aus unserer Sicht so fortschrittliche Entwicklung mit allen Kräften verhinderten. Eine mögliche Antwort mag sein, daß sie im Monotheismus eine drohende spirituelle Gefahr erkannten. Wo das Göttliche sich nämlich nur in einem einzigen Bild, und sei es auch dem der alles erhellenden und wärmenden Sonne, zum Ausdruck bringen kann, droht die Gefahr, daß durch das Fehlen entsprechender, ausgleichender, polarer Gegenprinzipien Stabilität und Gleichgewicht gestört werden können. Ein alleinherrschender Gott ist immer ein patriarchalischer und dementsprechend autoritärer Gott mit allen unangenehmen und gefährlichen Nebenwirkungen. Wie weise die ägyptischen Priester möglicherweise handelten, indem sie den Monotheismus zur esoterischen Seite ihrer Religion erklärten, zeigt sich in der Geschichte. Die Kulturen jener Völker, die einen ausgeprägten Monotheismus als exoterische Seite ihrer Religion pflegen (Judentum, Christentum und Islam), neigen zu Überheblichkeit, die sich immer wieder in Gewalttätigkeit anderen Menschen und der Natur gegenüber äußert, eine Gewalttätigkeit, die sich bis zum Holocaust, zum Völkermord, steigern kann.

Die Verehrung einer Gottheit und ihrer verschiedenen Teilaspekte bedeutet immer eine Auseinandersetzung mit den Kräften im Kosmos und der irdischen Natur, die durch die betreffende Gottheit repräsentiert werden. Wer Osiris verehrt, verehrt damit das dem Kosmos und der Natur innewohnende Prinzip des Lebens, das sich durch alles Werden und Vergehen hindurch als beständig und dauernd erweist. Indem er Osiris durch Kult, Ritual oder Gebet verehrt, sucht der Verehrende im Grunde den Kontakt zu den Osiris-Kräften in sich selbst. Ein solcher Mensch erfährt sich selbst als Träger eines Teils dieses Lebensprinzips und sieht sich mit der Frage konfrontiert, wie er diesen seinen persönlichen Teil in das große kosmische Ganze einbringen kann. Damit zeigt sich bereits ein weiterer Aspekt des zerstückelten Osiris auf der eigenen persönlichen Ebene. Das, was in mir Osiris verkörpert, ist nur ein Teil, ein Stück des ganzen göttlichen Prinzips. Will ich mein Leben gemäß kosmischer Gesetze führen, dann suche ich nach Wegen und Möglichkeiten, dieses Teilstück mit Hilfe der Isis-Kräfte, die ebenfalls in mir vorhanden sind, dem großen Ganzen zur Verfügung zu stellen, so daß Osiris auch durch mich und in mir wieder auferstehen kann. In der Sonne, die in der Morgendämmerung am Horizont aufsteigt, begrüße ich Osiris und fühle in mir die Kräfte, die bereit sind, sich in den nun anbrechenden Tag zu ergießen, so wie die Sonne sich anschickt, alles mit ihrem Licht und ihrer Wärme zu erhellen und zu durchdringen. Erblicke ich die Sonne am Mittag in ihrem strahlenden Glanz, fühle ich mich eins mit Osiris als einer das Leben gestaltenden Kraft. So wie Osiris, die Sonne, den Lauf der Natur bestimmt, so will auch ich das, was mein ganz persönliches Leben und meine Umwelt ausmacht, mit seinem Geist erfüllen und darauf einwirken. Wenn dann am Abend Osiris im roten Gewand im Westen hinter dem Horizont versinkt, wenn das Licht sich auflöst, dann will ich Isis sein und Osiris in mir bergen, so wie die Erde scheinbar über den toten Gott wacht und ihn vor den Nachstellungen des Seth beschützt. Auch in der Nacht kann ich Osiris bewahren und zum Leben erwecken, sei es, indem ich ein Licht anzünde zum Zeichen dafür, daß die Kräfte des Lichtes auch in der Dunkelheit weiterbestehen, oder indem ich in liebender Umarmung neues Leben erzeuge. Auf diese Weise fühle ich in mir unbewußt das gleiche, was die Mysterien mit ihren Kulten dem Bewußtsein zu vermitteln versuchten, was das sogenannte ägyptische Totenbuch mit den Worten ausdrückt: »Es ist kein Teil an mir, der nicht von den Göttern ist.«

Eine Gottesverehrung wie die eben beschriebene ist sicher nicht jedermanns Sache, besonders nicht, wenn man seine religiöse Erziehung im Rahmen traditioneller Institutionen und Gruppen wie den Kirchen erhalten hat. In unserer heutigen westlichen, christlich geprägten Kultur ist von Gott weniger als dem Licht als vom autoritären Vater die Rede, als dessen Kind sich der Mensch betrachten soll. Daraus kann eine sehr enge, persönliche Gottesbeziehung entstehen, die für viele Menschen durchaus ein Quell der Spiritualität sein kann, die sich gerade in dieser persönlichen Vater-Kind-Beziehung geborgen fühlen. Wer allerdings den esoterischen Weg ernst nehmen will, wird nicht darum herumkommen, zu irgendeiner Zeit vom persönlichen Gott als einer dem Menschen übergeordneten Autorität Abschied zu nehmen. Die Esoterik will nämlich nicht den gehorsamen Menschen, der sich einer Autorität ohne Hinterfragung unterwirft, sondern den freien, unabhängigen Menschen, der aus Einsicht und freier Entscheidung heraus im göttlichen Sinne zu wirken imstande ist. Das bedeutet, daß man seine Vorstellung von einem persönlichen Gott als Bild erkennt, das für Gott steht, selbst aber nicht Gott ist, so wie die Uhr unserem Vorstellungsvermögen ein Bild der Zeit bietet, ohne selbst die Zeit zu sein. Ein sehr gutes Gottesbild ist auf den vier Assen im Tarot des Golden

Dawn zu finden, das auch von Waite in seinen Tarot übernommen worden ist. Wir sehen eine menschliche Hand, die aus einer Wolke kommt. Die Hand selbst ist faßbar, nicht jedoch die unendliche menschliche Gestalt hinter der Wolke, zu der sie gehört.

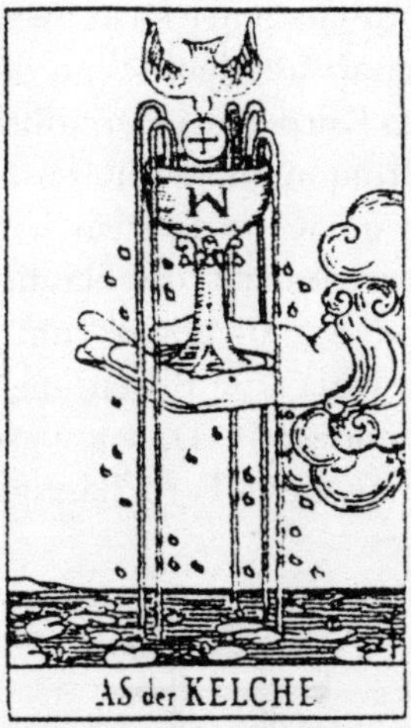

Auf Seite 103 wurde der Begriff Bild recht weit gefaßt, so daß wir für den praktischen Gebrauch nach einer Möglichkeit suchen müssen, um diese Breite wiederum zu konzentrieren und dementsprechend zu begrenzen. Dieses Ziel wird mit Hilfe des *Symbols* erreicht. Das Wort Symbol leitet sich aus dem griechischen *symballein* ab, was zusammenwerfen, zusammenfügen bedeutet. Im Symbol fallen also die wesentlichsten Inhalte und Aspekte eines Bildes zusammen. Dies hat veschiedene Vorteile, zunächst einmal rein materielle. Am Ende des zwanzigsten Jahrhunderts sind wir mit einer gewaltigen Medienvielfalt und Medienflut konfrontiert, die nur möglich geworden ist, weil das Trägermaterial für Informationen (Papier, Magnetband und so weiter) reichlich und billig zur Verfügung steht. Das war nicht zu allen Zeiten so. Es gab Epochen, in denen Informationen in Stein gehauen werden mußten, was nicht nur eine sehr mühsame Sache war, sondern den »Schreiber« auch zu äußerster Sparsamkeit und Wirtschaftlichkeit in bezug auf das Trägermaterial und den zeitlichen Aufwand zwang. Es mußten Wege gefunden werden, um das Wesentliche verkürzt aufzuzeichnen, so daß jemand, der mit den nötigen Kenntnissen ausgerüstet war, das Ganze ohne weiteres wieder zu rekonstruieren vermochte. So genügte es, um auf das Beispiel des Gottes Osiris zurückzukommen, anstelle des Bildes des ganzen Gottes lediglich seine zwei Attribute Krummstab und Dreschflegel abzubilden. Wenn diese dann noch statt an einen menschlichen Körper an einen stilisierten Djed befestigt wurden, war für jedermann ohne weiteres klar, daß es sich hier um eine Darstellung des Gottes Osiris handeln mußte. Auch konnte so der besondere Aspekt, der bei dieser Darstellung des Osiris im Vordergrund stand, besser zum Ausdruck gebracht werden. Der Djed legt von seiner Bedeutung her (siehe Seite 113) den Akzent auf Beständigkeit. Daher wurde die symbolische Darstellung des Osiris in dieser Form häufig bei den ägyptischen Totenkulten verwendet.

Hier sind Krummstab und Dreschflegel noch als ausführliches Bild erkennbar. Diese bildhafte Darstellung kann aber noch vereinfacht werden, indem die beiden Gegenstände in ihrer typischen, diagonal gekreuzten Position als abstrakte Stäbe abgebildet werden. Dieses X-förmige Kreuz, das sogenannte Andreaskreuz, spielte in Kulten, die dem Osiris geweiht waren, eine wichtige Rolle. Zudem erlaubte es, den Gott in der von den Ägyptern bevorzugten Profildarstellung eindeutig erkennbar darzustellen. Selbst wenn nur das X-förmige Kreuz ohne jede menschliche Figur abgebildet wird, weiß jeder, der über das entsprechende Grundwissen verfügt, daß dieses Symbol Osiris darstellt. Wer allerdings das Wissen nicht hat, wird mit dem abstrakten Symbol allein schwerlich etwas anfangen können.

Damit ist das Symbol auch mehr als bloße Konzentration und Verkürzung von Bildinhalten. Es wird zur Kryptoglyphe (griechisch: *kryptein,* verbergen und *glyphe,* eingraviertes Bild), was bedeutet, daß Inhalt und Sinn des Bildes mit Absicht verborgen gehalten werden. Dies war besonders wichtig in der Zeit, als die Geheimhaltung ein wesentliches Element der Mysterien bildete. Die Priester eines Mysterienkultes konnten auf diese Weise ziemlich genau feststellen, ob jemand, der von auswärts kam und behauptete, die Initiation erfahren zu haben, die Wahrheit sprach oder nicht. Man zeigte ihm verschiedene Symbole und prüfte ihn anhand seiner Erklärungen.

Es gibt indessen noch eine dritte Ebene, auf der das Symbol zur magisch wirkenden Hieroglyphe (griechisch: *hieros,* heilig) wird. Es scheint eine Tatsache zu sein, daß die verschiedenen Symbole die Eigenschaft haben, ihrem Sinn entsprechende Energien freizusetzen und zur Auswirkung gelangen zu lassen. Das in unserer westlichen Kultur am meisten gebrauchte Symbol ist das Kreuz, sei es als magisches Schutzbild oder in der Geste des Kreuzschlagens als Abwehr- und Schutzhandlung gegen böse oder vermeintlich böse Kräfte. Symbole wirken zweifellos auf eine solch magische Weise, und die moderne Psychologie ist auch in der Lage, eine annehmbare Erklärung dafür zu geben. Der größte Teil der esoterischen Symbole ist in der Geschichte der Menschheit über eine lange Zeit, meist über Jahrtausende hinweg in Gebrauch. Das hat zur Folge, daß sie allmählich ein Teil des sogenannten kollektiven Unbewußten werden und daher geeignet sind, in jedem Menschen entsprechende Kräfte zu aktivieren. Im Falle des Kreuzes handelt es sich, wie noch näher ausgeführt wird, um Energien, die die Ganzheit und Ausgewogenheit fördern und herbeiführen, indem sie Gegensätze zu einer Synthese zu vereinen trachten.

Indessen spricht auch viel dafür, daß ein Symbol nicht nur Kräfte auszulösen vermag, sondern auch selbst solche Kräfte enthält und abstrahlt. Die Experimente, die John Lilly im Rahmen seiner Gruppenarbeit in Esalen gemacht und in seinem Buch *Im Zentrum des Zyklons* beschrieben hat, sprechen dafür, ferner auch die mit wissenschaftlich-technischen Mitteln nachgewiesene Pyramidenenergie, die offenbar allein von der Form der Pyramide hervorgebracht wird. Wenn körperhafte Formen wie die Pyramide solche Energien zu generieren vermögen, dann ist dies für zweidimensionale Formen zumindest auch vorstellbar, auch wenn sie nicht mit den heute zur Verfügung stehenden technischen Mitteln gemessen werden können. Wie wir jedoch von den in der Homöopathie gebräuchlichen Hochpotenzen wissen, sind selbst physikalisch nicht faßbare Energien imstande, eine deutlich feststellbare Wirkung zu entfalten. Genauso dürfte es sich mit der magischen Wirkung der Symbole verhalten.

Betrachten wir einige der wichtigsten in unserem Kulturkreis gebräuchlichen Symbole. Nehmen wir einmal an, wir wollten nach einem bildhaften Ausdruck für das reine Sein suchen. Das reine Sein hat als solches weder Anfang noch Ende, seine Eigenart besteht darin, daß es einfach *ist*. Dieses in sich selbst Ruhende muß also ein wichtiger Bestandteil des Bildes wie des Symbols sein. Suchen wir zunächst nach Vor-Bildern in der Natur, die in uns Assoziationen zu diesem reinen Sein erwecken. Es muß ein Bild sein, bei dessen Anblick Begriffe wie Dauer, Überdauern, Ewigkeit und so weiter spontan in uns wachgerufen werden, ein Berg etwa oder eine Eiche. Für den Menschen ist ein Berg scheinbar von Anbeginn der Zeit vorhanden und wird, soweit sich vorausdenken läßt, bis in alle Zeit überdauern. Ähnliches läßt sich auch von der Eiche sagen. Zwar hat sie, auch für menschliche Sinne begreifbar, durchaus einen Anfang und ein Ende, aber bezogen auf ein einzelnes menschliches Leben erreicht die Eiche ein sehr hohes Alter. Zudem ist der Anblick eines alten knorrigen Eichbaums, der sich seit Urgroßvaters Zeiten in seinem Aussehen kaum verändert hat, geeignet, den Eindruck von Dauer zu vermitteln. Hinzu kommt noch, daß die Eiche ihre Blätter während eines Jahresablaufs scheinbar nicht verliert. Die alten Blätter werden erst abgestoßen, wenn die neuen bereits heranwachsen. Das verleiht dem Baum eine zusätzliche Aura von Dauerhaftigkeit. Berg wie Eiche vermögen als Bilder etwas zu vermitteln, was wir mit Begriffen wie Ewigkeit, Dauer, reines Sein und auch Göttlichkeit in Verbindung bringen können. Diese Bilder enthalten aber auch Elemente, die in eine andere Richtung weisen. Berg wie Eiche können sehr, sehr alt werden, die Eiche nach Jahrhunderten gemessen, der Berg nach Jahrmillionen. Beides vermag indessen nicht darüber hinwegzutäuschen, daß hier ein Faktor ins Spiel kommt, der mit dem reinen Sein, so wie wir es definiert haben, nichts zu tun hat, nämlich Anfang und Ende, Endlichkeit also. Da alle Natur sterblich ist, gibt es in der Natur nichts, das imstande wäre, den Aspekt der Unendlichkeit auszudrücken. Somit müssen wir für den Ausdruck des reinen Seins auf ein abstraktes Symbol zurückgreifen, das all die geforderten Eigenschaften zum Ausdruck bringen kann. Ein solches Symbol ist der Punkt.

Zur Veranschaulichung sei folgendes Experiment vorgeschlagen. Man nehme ein leeres Blatt Papier und zeichne an irgendeine beliebige Stelle einen Punkt. Dabei ist zu bedenken, daß ein Punkt ein Punkt ist und keine Fläche, also kein Kreis. Man betrachte nun diesen Punkt einige Minuten lang aus einer bequemen Entfernung. Es geht nicht darum, etwas Besonderes zu sehen, sondern lediglich darum, wahrzunehmen, was während dieses absichtslosen Betrachtens in einem selbst vorgeht, welche Gefühle und Empfindungen sich regen, welche Information in ihnen enthalten sind, ohne in irgendeiner Weise zu werten oder zu interpretieren. Die meisten werden bei dieser Gelegenheit wahrscheinlich entdecken, daß dies gar nicht so einfach ist und daß sich ständig Wertungen und Auslegungen der aufsteigenden Gefühle und Empfindungen in den Vordergrund schieben wollen. Dies ist nicht weiter tragisch, und man sollte in diesem Falle die Abweichung vom vorgegebenen Kurs ebenfalls wertfrei, ohne jeden Ärger registrieren und einfach zum Kontakt mit den Empfindungen und Gefühlen zurückkehren. Nach einer Weile, wenn dieser Kontakt gut faßbar hergestellt ist, kann man mittels der bewußten Einsicht formulieren: »Das, was ich jetzt beim Anblick dieses Punktes in mir wahrnehme, fühle und empfinde, ist meine momentane Erfahrung des reinen Seins oder steht damit in Verbindung.« Man kann das gleiche Experiment auch mit dem klaren Sternenhimmel machen und sich dabei auf einen einzelnen, gut abgegrenzt sichtbaren Stern konzentrieren. Wenn man dieses Experiment häufiger wiederholt, wird es zu einer Übung mit dem Ziel, das persönliche Seinsgefühl zu entwickeln, die Bewußtheit des »ich bin«. Irgendwann wird sich die Erkenntnis einstellen, daß zwischen diesem leuchtenden Pünktchen am Firmament und mir selbst ein Zusammenhang besteht: beide *sind.* Je öfter ich dieses Experiment mache und dabei bewußt auf meine inneren Wahrnehmungen achte, desto schneller und deutlicher wird sich die Erkenntnis einstellen. Irgendwann, wenn mein Blick unvermittelt auf einen beliebigen Punkt in meiner Sichtweite fällt, stellen sich die mir bekannten Gefühle und Empfindungen des »ich bin« ganz von selbst ein, ohne daß ich mich bewußt darum zu bemühen brauche. In diesem Moment erfahre ich, daß der Punkt für mich zum Symbol des reinen Seins geworden ist. Alles, was mit diesem Begriff zusammenhängt und nicht ausgesprochen und formuliert werden kann, ohne eine Vielzahl von Wörtern und Sätzen zu gebrauchen, wird durch diesen einfachen Punkt ausgedrückt.

Ein Kritiker, der dem positivistischen Denken verpflichtet ist, könnte gegen die hier vorgetragenen Überlegungen gewisse Einwände vorbringen. Er könnte darauf hinweisen, daß das, was wir als Punkt sehen, in Wahrheit gar kein Punkt ist, sondern eine Anhäufung einzelner stofflicher Partikel. Dies ließe sich unter dem Mikroskop leicht nachweisen, und die einzelnen Partikel könnten noch auf Moleküle und Atome zurückgeführt werden. Zum Punkt als einem stofflichen Ausdruck für das reine Sein werden wir nie kommen. Solche möglichen Einwände stimmen und sind aus der Sicht des positivistischen Denkens nicht zu widerlegen. Daran zeigt sich, wie leicht man bei der Diskussion esoterischer Themen aneinander vorbeireden kann. Man ist verschiedenen Denksystemen verpflichtet, von denen jedes für einen bestimmten Bereich zutrifft, andere Bereiche jedoch nicht erfaßt. Um so wichtiger ist nun, daß wir das »Bild« im esoterischen Sinne nicht als ein Bild im materiellen Sinne behandeln, sondern als Gedankenform, die sich primär auf einer anderen als der stofflichen Ebene manifestiert. Zwar müssen auch in der Esoterik aus praktischen Gründen Bilder in materialisierter Form verwendet werden (zum Beispiel Tarotbilder), doch darf dabei nie vergessen werden, daß ein materielles, mit den äußeren Sinnen faßbares Bild nur die Transponierung einer reinen Gedankenform auf die stoffliche Ebene ist.

Kehren wir zu unserem Papierbogen mit dem aufgezeichneten Punkt zurück und lassen ihn sich bewegen. Reines Sein ist nicht ortsgebunden, ebensowenig wie der Stern am Firmament im Laufe der Zeit immer die gleiche Position einnimmt. Während man den auf dem Papier gezeichneten Punkt betrachtet, stelle man sich vor, daß er gleichzeitig an einer anderen Stelle des Papiers ist. Das hört sich schwieriger an, als es ist, weil das sinnliche Auge den Punkt ja noch immer an der alten Stelle wahrnehmen kann. Der Punkt hat also von seiner Ausgangslage zur vorgestellten Position einen Weg zurückgelegt, er ist gewissermaßen aus sich selbst heraus emaniert.

Das Wort emanieren ist bekannt. Es wurde auf Seite 80 verwendet, um das Wesen der männlichen Energie zum Ausdruck zu bringen. Es fällt also nicht schwer, zu verstehen, daß eine Linie Symbol dieser emanierenden kosmischen Energie sein kann. Um ganz exakt zu sein, müßte diese Linie einen fixen Ausgangspunkt haben, sich aber in ihrer Ausdehnung im Unendlichen, im Chaos, verlieren, und dies wiederum widerspräche dem Prinzip, daß das Universum zur Form drängt. Deshalb ist die Linie als Symbol des Männlichen immer endlich. Die emanierende Linie setzt sich ihre Begrenzung nicht selbst; dies würde ihrem Prinzip widersprechen. Sie wird vielmehr von außen her begrenzt; dies läßt sich am einfachsten mittels einer zweiten Linie darstellen.

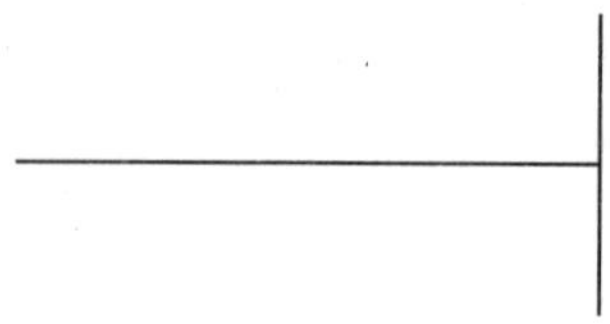

Für eine einfache Symbolik haben wir nun zwei Bausteine zur Verfügung, den Punkt und die Linie. Wir wollen sehen, was sich damit symbolisch darstellen läßt. Es erscheint zunächst schwierig, diese beiden Teile, der eine das reine Sein und der andere die Bewegung als Emanation darstellend, zueinander in Beziehung zu setzen. Dennoch muß eine solche Beziehung bestehen, denn täglich erleben wir ja, daß unsere Existenz sowohl vom reinen Sein als auch von der Bewegung bestimmt wird. Untersuchen wir einmal, wie sich Punkt und Linie, das reine Sein und die Bewegung, bildmäßig miteinander in Beziehung bringen und wie sich möglicherweise neue Symbole daraus entwickeln lassen.

Nirgends ist festgelegt, daß eine Linie immer gerade sein muß, und warum können Anfangs- und Endpunkt der emanierenden Bewegung nicht im selben Punkt vereinigt sein? Setzt man diese Überlegung in eine Zeichnung um, so entsteht ein Kreis. Dieser Kreis drückt eine emanierende Bewegung aus, die immer wieder zu ihrem Ausgangspunkt zurückkehrt, um dann von neuem zu emanieren. Der Kreis wird so zum Symbol einer dauernden Erneuerung. Will man das Symbol noch weiter verdeutlichen, hat man die Möglichkeit, den in eins zusammenfallenden Ausgangs- und Endpunkt zu markieren. So können beispielsweise der erste und letzte Buchstabe des Alphabets an der Kreisbahn übereinandergeschrieben werden, um Anfangs- und Endpunkt des Kreises zu bezeichnen.

Die Buchstaben A und Z sind unserem heute gebräuchlichen Alphabet entnommen. Die Tradition der Esoterik greift indessen auf viel ältere Alphabete zurück, die teilweise eine andere Reihenfolge der Buchstaben kennen. So steht im hebräischen Alpha-

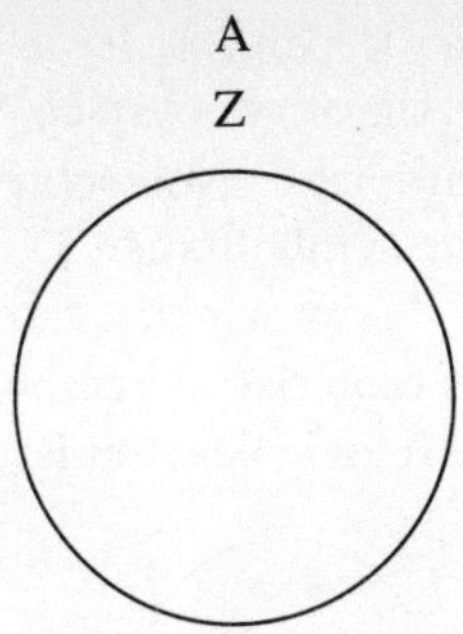

bet der Buchstabe Tau, der unserem T entspricht, an letzter Stelle, während der unserem A entsprechende Buchstabe Aleph ebenfalls an erster Stelle kommt. A (Alpha) ist auch der erste Buchstabe des griechischen Alphabets, während hier der Endbuchstabe O (Omega) ist. Jetzt verstehen wir auch das Christuswort »Ich bin das A und das O« in seiner vollen Bedeutung.

Will man dieses Symbol in eine noch konkretere, bildhaftere Form bringen, läßt sich dies durch das Bild einer Schlange, die sich in den eigenen Schwanz beißt, einprägsam bewerkstelligen. Diese Form des Symbols hat den Namen Oruboros und bedeutet das sich immer wieder erneuernde Universum.

Es ist jedoch nicht unbedingt notwendig, den Blick in die für menschliche Begriffe letztlich unfaßbaren Dimensionen des Universums zu lenken. Im täglich sich wiederholenden Lauf der Sonne vom Aufgang zum Untergang haben wir ein Bild vor Augen, das uns dieses Prinzip der ständigen Erneuerung zur wichtigen Erfahrung werden läßt. Diese Erfahrung führt zu der

Erkenntnis, wie sehr unser Leben vom Licht und von der Wärme der Sonne bestimmt ist. Unser ganzes Sein ist in diesen Zyklus eingeschlossen, und darum ist es einleuchtend, die Verbindung von Punkt und Linie zur symbolhaften Darstellung dieser Erkenntnis heranzuziehen. Wenn wir den Punkt in die Kreislinie zeichnen, ergibt sich das esoterische Symbol für die Sonne, das uns vor allem aus der Astrologie bekannt ist.

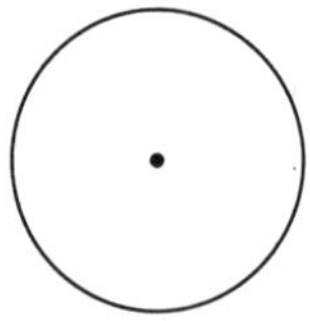

Auch mit geraden Linien allein lassen sich mancherlei Symbole darstellen. Man betrachte noch einmal auf Seite 124 das Bild vom emanierenden Punkt, der zur Linie wird und auf einen Widerstand stößt, der seine Ausdehnung begrenzt und ihm dadurch Form gibt. Das Bild, das dabei entsteht, ist ein liegender Buchstabe T. Dieses Symbol wird im esoterischen Sprachgebrauch auch T-Kreuz oder (nach dem hebräischen Alphabet) Tau-Kreuz genannt. Immer wenn sich zwei Linien überschneiden, entsteht ein Kreuz. Der Punkt, wo die beiden Linien aufeinandertreffen, kann sich an einer beliebigen Stelle des Kreuzes befinden, und dementsprechend wird sich jedesmal eine andere Kreuzform ergeben. Eine spezielle Kreuzform fanden wir bereits als mit dem Gott Osiris in Verbindung stehendes Symbol. Das X-Kreuz deutet seine beiden Attribute Hirtenstab und Dreschflegel an. Jedes Kreuz ist ein Symbol der Verbindung von Gegensätzen, die meistens mit den Grundenergien männlich-weiblich zu tun haben. Aus der jeweiligen Darstellung des Kreuzes wird ersichtlich, in welcher Weise die Verbindung der Gegensätze erfolgt und was die nähere Bedeutung des Symbols ist. Das T-Kreuz beispielsweise kann in zwei Versionen dargestellt werden: mit dem Verbindungspunkt unten oder oben.

Es handelt sich dabei um eine stilisierte Zeichnung des männlichen Phallus in seinen zwei Erscheinungsformen aufrecht erigiert oder hängend, erschlafft. Beide Formen können mit den

Gegensätzen männlich-weiblich in Verbindung gebracht werden, aufrecht, ejakulierend (männlich) und hängend, regenerierend (weiblich). Damit wird das T-Kreuz zum Symbol der sich immer wieder zyklisch erneuernden Lebenskraft in der Natur. Nebenbei erfahren wir auch noch, daß alle in der Natur vorkommenden Dinge sowohl eine männliche als auch eine weibliche Seite haben, selbst eines, das so durch und durch männlich ist wie der Phallus.

Das Kreuz symbolisiert die Vereinigung von Gegensätzen als Zustand, als reines Sein, was sich leicht daran überprüfen läßt, daß sich die beiden Linien in einem *Punkt* kreuzen. Daraus läßt sich eine Modifikation des Sonnensymbols ableiten, indem man den von der kreisförmigen Sonnenbahn umschlossenen Punkt als Kreuzungspunkt zweier Linien darstellt.

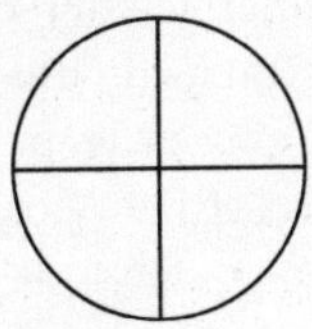

In dieser Form wird der von der Sonnenbahn umschlossene Punkt des Seins zum Symbol für die Erde.

Es folgt nun eine kleine Auswahl von Kreuzen, die die Vereinigung von Gegensätzen unter den verschiedensten Aspekten und mit unterschiedlichen Akzenten zeigen.

Vereinigung als Seinszustand ist aber nicht die einzige Möglichkeit, in der die Vereinigung von Gegensätzen in Erscheinung treten kann. Es gibt Vereinigung auch als Geschehen, als dynamischen Prozeß. Die sexuelle Vereinigung von Mann und Frau ist am besten geeignet, ein Abbild dieses dynamischen Prozesses zu geben. Wir können aus Linien ein Symbol bilden, das diesen Aspekt anschaulich zur Darstellung bringt.

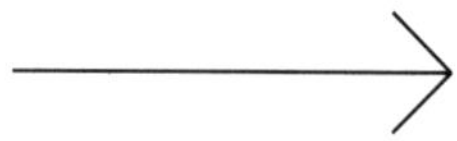

Auch folgende Darstellung ist möglich:

In diesem Fall wird dem Symbol der Vereinigung (Kreuz) der Kreis der Sonnenbahn hinzugefügt, um auszudrücken, daß sich aus dieser Vereinigung heraus das Leben immer wieder erneuert, so wie die Sonne immer wieder neu am Horizont emporsteigt. Dieses Symbol ist auch als das ägyptische Henkelkreuz (Ankh) bekannt, Symbol des ewigen Lebens, des Lebens, das war, ist und das sein wird. Eine Variante davon ist folgendes Symbol:

Dieses Symbol wird meist der Göttin oder dem Planeten Venus zugeschrieben. Die Göttin Venus war ursprünglich eine Gartengöttin. Der Garten dient dem bewußt gestalteten, geordneten Anbau von Pflanzen, die den Menschen ernähren und seine

Sinne erfreuen. Er ist also Kultur, so wie die Liebe eine Aufwertung und Erweiterung der ursprünglichen Triebhaftigkeit ist und dementsprechend kultiviert werden sollte. Das Henkelkreuz sieht man oft auch in einer Variante (vor allem auf ägyptischen Darstellungen), die anders entstanden ist, aber das gleiche zum Ausdruck bringt. In dieser Form ist es eine symbolische Darstellung der vereinigten männlichen und weiblichen Geschlechtsorgane, was aus der folgenden Abbildung leicht ersichtlich wird.

Auch die Vereinigung von Linie und Winkel kann variiert dargestellt werden, indem man den Winkel als gebogene Linie zeichnet, was den Eindruck eines Gefäßes, einer Schale oder eines Kelches erweckt. Die gebogene Linie kann auch als Halbmond gedeutet werden. In diesem Falle verkörpert die gerade Linie den Strahl der Sonne (Sonne = männlich, weil emanierend) und die gebogene Linie den Mond, der das Licht der Sonne empfängt.

Eines der wichtigsten esoterischen Gesetze, das *Gesetz der Dreiheit,* besagt, daß aus der Vereinigung zweier polar entgegengesetzter Kräfte etwas Neues, Drittes und Selbständiges hervorgeht. Am deutlichsten zeigt sich die Gültigkeit dieses Gesetzes in der biologischen Fortpflanzung. Wenn eine männliche Polarität sich mit einer weiblichen vereinigt, entsteht aus dieser Verbindung als neues, drittes und selbständiges Wesen das Kind. Gleichzeitig wird dadurch eine neue Einheit geschaffen. Aus den Einzelwesen Mann, Frau und Kind entsteht als neue Einheit oder Ganzheit die Familie. Auch dieser Prozeß läßt sich aus der Symbolik der Linie ableiten. Aus den beiden für sich stehenden Linien, der geraden (männlichen) und der gewinkelten (weiblichen) entsteht durch die Vereinigung das Dreieck.

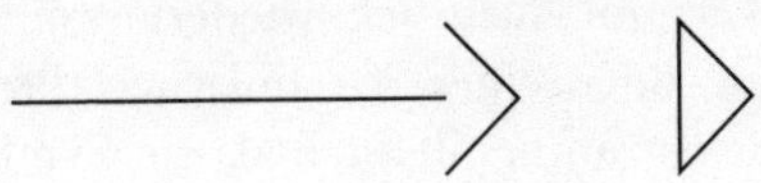

Mathematisch betrachtet entspricht ein Wechsel der Ebene der Einführung einer neuen Dimension. Aus den zwei voneinander getrennten eindimensionalen Linien ist durch Vereinigung die zweidimensionale Fläche entstanden.

Auch die zweidimensionale Fläche hat natürlich ihre Polarität. Symbolisch kann dies ausgedrückt werden durch zwei Dreiecke, die sich deutlich voneinander unterscheiden. Eine solche Unterscheidung kann darin bestehen, daß in Analogie zu den zwei Positionen des T-Kreuzes eines der Dreiecke mit der Spitze nach oben (männlich), das andere mit der Spitze nach unten (weiblich) gezeichnet wird. Der Unterschied kann zusätzlich dadurch verstärkt werden, daß die Fläche des einen (männlichen) Dreiecks weiß, die des anderen schwarz eingefärbt werden. Dadurch kommt eine zusätzliche Komponente ins Spiel, die den Unterschied zwischen männlicher und weiblicher Polarität zum Ausdruck bringt.

Um die Vereinigung der polar entgegengesetzten Energien mit Hilfe der beiden Dreiecke symbolisch darzustellen, bieten sich zwei Möglichkeiten an. Die eine besteht darin, daß sich die beiden Dreiecke an der Spitze berühren, bei der anderen durchdringen sich die beiden Dreiecke gegenseitig und bilden auf diese Weise eines der wichtigsten und bekanntesten magischen Symbole, das unter dem Namen Hexagramm (Sechseck) oder Davidstern bekannt ist.

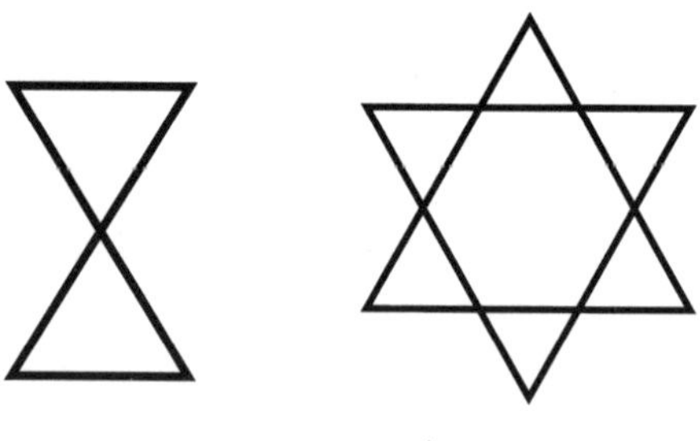

Beide Symbole bringen die Vereinigung der polaren Gegensätze Licht und Dunkel zum Ausdruck, wiederum unter dem Aspekt des reinen Seins oder eines dynamischen Prozesses (Hexagramm). Das Hexagramm gilt auch als ein Symbol des Makrokosmos, weil dadurch die beiden den Kosmos bestimmenden Komponenten Licht und Schatten (Dunkel) bildhaft ausgedrückt werden, wie die folgende Abbildung zeigt.

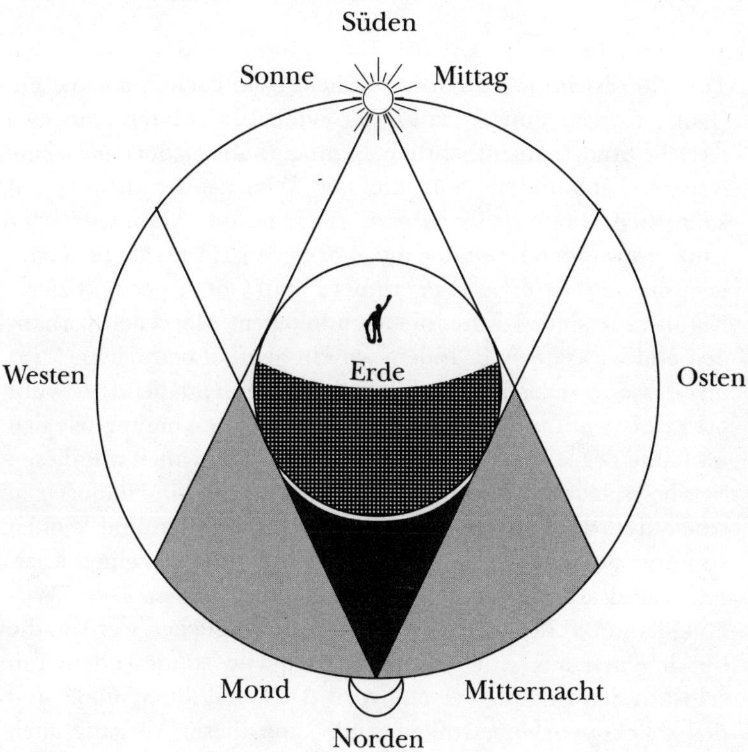

Aus dieser Abbildung wird auch ersichtlich, inwiefern sich der Mensch als Bewohner der Erde im Spannungsfeld dieser beiden gegensätzlichen Kräfte erfährt und sich selbst unter diesem Aspekt mit dem Hexagramm identifizieren kann.

Sowohl die Linie, die in sich selbst mündet (Kreis), als auch das Dreieck, beide zweidimensional, können in eine weitere, diesmal körperhafte Form transportiert werden. Im einen Fall entsteht dadurch die Kugel, im andern die Dreieckspyramide.

Die besprochenen Beispiele haben gezeigt, wie mit ganz einfachen Mitteln komplexe und teilweise auch komplizierte Aussagen gemacht werden können. Der größte Teil der esoterischen Tradition ist in dieser Form überliefert, und schon aus diesem Grunde ist eine gute Kenntnis der Symbolik für intensivere esoterische Studien unentbehrlich. Symbole haben jedoch noch eine weitere Funktion als nur die der Wissensübermittlung auf knappstem Raum. Jedes Symbol ist Träger und Vermittler einer ganz bestimmten Kraft, die nur ihm eigen ist. Um das zu verstehen, müssen wir uns daran erinnern, daß Götter personifizierte Naturkräfte sind, Kräfte, die auch in jedem Menschen vorhanden und wirksam sind. Indem wir ein Symbol betrachten, wird uns dessen ganzer Inhalt simultan (zusammenfallend) bewußt oder unbewußt in Erinnerung gerufen. Dieser Vorgang hat sich im Laufe der langen Zeit, in der sich die Menschheit mit diesen Symbolen befaßte, unzählige Male ereignet. Sie sind dadurch zu einem Teil des kollektiven Unbewußten geworden und können von dort aus ihre magische Wirkung auf jeden einzelnen Menschen und auf die Menschheit insgesamt ausüben. Diese Wirkung kann mit der Resonanz einer Saite verglichen werden, die durch einen aus einer anderen Tonquelle stammenden Ton selbst in Schwingung versetzt wird. Und weil die Symbole Teil des kollektiven Unbewußten sind, kann dieser Vorgang auch dann stattfinden, wenn sich jemand nicht im geringsten dessen bewußt ist, was das betreffende Symbol bedeutet. Auch deshalb ist es für den suchenden Esoteriker so wichtig, sich möglichst klare und bewußte Kenntnis der esoterischen Symbole anzueignen. Man sollte wissen, mit welchen Energien man konfrontiert ist und wie man sie handhabt. Damit haben wir jedoch bereits das Tor zum folgenden Kapitel aufgestoßen.

Magie

Mit diesem Kapitel sind wir an einem entscheidenden Punkt unserer Betrachtungen und Ausführungen angelangt. Richten wir unsere Aufmerksamkeit noch einmal auf das, was im Kapitel »Menschlichkeit« (siehe Seite 75ff) über die vier Schritte esoterischer Erkenntnis gesagt wurde. Der vierte Schritt mit der Endsilbe *-phanie* bezeichnet die Anwendung der gewonnenen Erkenntnis in der Wirklichkeit. Sein Zweck ist es, den Menschen von einem Wissenden, Sehenden, zu einem *bewußt* Handelnden zu machen. Dazu sind zwei Wege möglich, der Weg der *Mystik* und der Weg der *Magie*. Jeder ernsthaft strebende Esoteriker steht irgendwann in seiner Entwicklung vor der Entscheidung, fortan einen dieser beiden Wege zu beschreiten.

Das Wort Mystik hat seine Wurzel im griechischen *myein*, was »die Augen schließen« bedeutet. Die Augen zu schließen bedeutet in diesem Falle, sich von den Eindrücken der sinnlich erfaßbaren Welt abzusondern, sich mittels der Barriere der Augenlider abzugrenzen. Der Mystiker geht von der Voraussetzung aus, daß die materielle und die göttliche Ebene, die fast immer mit geistig im Sinne von immateriell gleichgesetzt wird, unvereinbare Gegensätze bilden, Gegensätze, die nicht polar sind, sondern dual. Das bedeutet, daß sie als zu keiner Beziehung oder Verbindung fähig erachtet werden. Zwischen polaren Gegensätzen hingegen ist sehr wohl eine Verbindung oder Beziehung möglich und auch praktisch herstellbar. Sie äußert sich in einem Energiefluß zwischen den beiden Polen, der zu einem Resultat führt. Um nicht immer wieder das Beispiel von Mann und Frau zu strapazieren, aus deren Verbindung ein Kind hervorgeht, sei auf das Beispiel eines Leuchtkörpers (Glühbirne oder Neonröhre) verwiesen, dessen Licht das Resultat des Stromflusses zwischen zwei entgegengesetzten Polen, einem negativen und einem positiven, ist. Dieser Stromfluß ist nur möglich, wenn eine gewisse Distanz zwischen den entgegengesetzten Polen nicht überschritten wird. Geschieht dies, bricht der Energiefluß zusammen, und aus der fruchtbaren Polarität entsteht die sterile Dualität. Andererseits hat eine Annäherung der beiden entgegengesetzten Pole einen immer intensiveren Energiefluß zur Folge (das Volumen des Energieflusses vermehrt sich proportional zur Verminderung der Distanz, die überwunden werden muß), dessen höchste Intensität erreicht wird, wenn sich die beiden Pole einander soweit angenähert haben, daß sie für unsere Wahrnehmungen in einem zusammenfallen.

So gesehen kann Polarität nicht aufgehoben werden. Es kann lediglich eine höchstmögliche Annäherung erreicht werden, die zwar wie eine Aufhebung der Gegensätze erscheinen mag, es aber in Wirklichkeit nicht ist. Die Endpunkte A und B einer Linie können sich durch die Verkürzung der Linie einander soweit annähern, daß sie für unsere Augen zu einem Punkt werden. Aber es sind immer noch die Punkte A und B. Um diesen Gegensatz aufzuheben, müßte ein Wechsel der Dimension stattfinden, und, mathematisch gesehen, müßte aus der Linie A–B wirklich der zu einer anderen Dimension gehörende Punkt C werden. Praktisch bedeutet dies, daß die Polarität nicht aufgehoben wird, solange wir auf der materiellen Ebene angesiedelt sind. Hier kann nur eine höchstmögliche Annäherung erreicht werden. Dies schließt natürlich nicht aus, daß in dem Moment, wo diese höchstmögliche Annäherung erreicht wird, auch ein Wechsel der Dimension stattfindet, den wir mit dem Ausdruck Entrückung umschreiben können.

Das Streben des Mystikers gilt dem reinen Geist, und alles, was ihn davon abhalten könnte, empfindet er als Störung und Hindernis auf diesem Weg. Deshalb unternimmt der Mystiker alles, um dem Einfluß der materiellen Welt zu entfliehen, übt etwa Askese und lebt in klösterlicher Zurückgezogenheit. Dabei übersieht er gern die Tatsache, daß er nun einmal auf dieser materiellen Ebene angesiedelt ist und sich ihr nicht einfach entziehen oder ihr entfliehen kann. Versucht der Mystiker, sich von seinem Körper abzutrennen, der Ebene, auf der er seine materielle Gebundenheit am stärksten empfindet, so stört er die Ausgewogenheit der kosmischen Ordnung in seinem Mikrokosmos, was entsprechende Folgen hat. Der zurückgewiesene Körper, ohne den der Mystiker ja doch nicht leben kann, beginnt nun, sich wie ein Kind zu betragen, das sich von seiner Mutter übersehen fühlt und absichtlich allerlei Unsinn macht, um die Mutter zur Aufmerksamkeit zu zwingen. Der Körper kann krank werden und durch Leiden auf unangenehme Weise auf sich und seine Abspaltung aufmerksam machen. Der Mystiker erfährt seine Gebundenheit an die Materie, indem er sie erleidet, was er wiederum als Bestätigung seiner These betrachtet, daß alles Materielle zutiefst negativ ist. Er wird also noch größere Anstrengungen unternehmen, den hinderlichen Körper abzutöten oder zum Schweigen zu bringen. Die Geschichte des Christentums und seiner Heiligen ist voll von Geschichten, die diesen Umstand bestätigen. Damit soll nichts gegen die Mystik gesagt werden, aber nur derjenige ist zu wahrer Mystik fähig, der zum Magier geworden ist, bevor er diesen Weg beschreitet.

Der Begriff Magie ist ganz sicher eng mit dem Wort »machen« verwandt. Dieses wiederum leitet sich aus der Wurzel »mag« ab, was »kneten« bedeutet, einer Masse eine bestimmte Form geben. Der Magier ist also der Macher, der Kneter. Beim Vorgang des Knetens wird einer ungeformten Masse eine Form gegeben, oder eine bestehende Form erfährt eine handgreifliche Veränderung. (Wenn ich das Wort Magier gebrauche, ist damit selbstredend auch immer die Magierin gemeint, denn die magische Praxis ist nicht an ein bestimmtes Geschlecht gebunden.) Magie ist also in jedem Fall eine Veränderung, die nicht aus sich selbst heraus geschieht, sondern durch eine Willenseinwirkung von außen her bewirkt wird. Wille kann sich aber nur dann als magischer Wille erweisen, wenn er mit Bewußtsein verbunden ist. Deshalb lautet eine allgemeine akzeptierte Definition: *Magie ist, mittels des bewußten Willens Veränderungen zu bewirken.*

Damit wird auch klar, was den Magier vom Mystiker unterscheidet. Der Mystiker will sich der für ihn zur Fessel und zum Hindernis gewordenen materiellen Ebene entziehen und den

Weg nach oben suchen, um sich dort mit dem Göttlichen zu vereinen. Der Magier geht den umgekehrten Weg. Er sucht nach Mitteln und Wegen, Gott oder das Göttliche zu veranlassen, von seiner unerreichbaren Höhe in die Materie zu kommen. Das Bibelwort »das Licht scheint in der Finsternis« (Johannes 1,5) steht demnach für einen magischen Weg.

Vielen Menschen, gerade auch ernsthaften Esoterikern, bereitet das Wort Magie Unbehagen und ruft möglicherweise auch Furcht hervor vor Dingen und Kräften, die unkontrolliert und mit fatalen Auswirkungen in das Leben eines Menschen einbrechen und es zu seinem Nachteil verändern können. Diese Furcht ist nicht nur verständlich, sondern teilweise auch berechtigt. Wir kennen genügend Überlieferungen, vorwiegend aus dem Mittelalter, von dunklen, geheimnisvollen Ritualen mit und ohne Blut, in denen geheimnisvolle Engel und Dämonen beschworen wurden, die dem Magier zu Willen und zu Diensten stehen sollten. Auch Magier der Neuzeit, wie etwa Aleister Crowley und andere, sind nicht unbedingt dazu geeignet, die Furcht vor der Magie zu beseitigen. Selbst Menschen, die sich nicht mit Esoterik auseinandersetzen, kennen Goethes Ballade vom Zauberlehrling als warnende Moritat vor magischen Gefahren und dem oft damit verbundenen Versagen.

Magie ist *die* logische Konsequenz jeglicher esoterischer Studien, weil in ihr das Wesen der *-phanie* am deutlichsten zutage tritt. Wir müssen uns aber darüber im klaren sein, daß sich die überlieferte Magie des Mittelalters von der Magie unserer Zeit grundlegend unterscheidet – vielleicht nicht so sehr im Wesen und Gehalt als vielmehr in Erscheinungsform und Zielsetzung. Der mittelalterliche Mensch lebte in einer Welt materieller Beschränkung. Dinge, die uns heute selbstverständlich geworden sind, wie Bewegungsfreiheit und Kommunikation über längere Distanz, medizinisch effektive Heilungsmöglichkeiten – die Liste ließe sich beliebig fortsetzen –, stellten für die Menschen der damaligen Zeit unüberwindbare Probleme und Hindernisse dar. Der größte Teil der magischen Praxis in der Antike und im Mittelalter hatte die Überwindung oder zumindest Erweiterung solcher materiell begründeter Einschränkungen zum Ziel.

Vor einiger Zeit besuchte mich eine Frau, die sich nach der Möglichkeit erkundigte, die magische Praxis der sogenannten Astralreise zu erlernen. Damit ist ein Zustand gemeint, der es dem Menschen erlaubt, mit seinem Bewußtsein aus dem Körper auszutreten, die Verbindung zwischen der Körperebene und den anderen sechs Ebenen zu lockern und in diesem Zustand räumliche Entfernungen zurückzulegen, während der Körper zurückbleibt. Diese magische Technik wurde möglicherweise bei bestimmten Initiationsriten angewandt, vielleicht beim druidischen Initiationserlebnis des Schwebens im Weltall. Ich fragte die Frau, zu welchem Zweck sie denn diese Technik erlernen wollte. Die Antwort war: ihr Sohn wohne in Australien, und sie hoffe, ihn mittels dieser Technik besuchen zu können. Ich sagte ihr, daß sie meiner Meinung nach besser ein Flugticket nach Australien kaufen sollte; dies ginge nicht nur schneller, sondern sei auch bei weitem sicherer und vom Aufwand her gesehen wahrscheinlich auch billiger.

Aus dieser Episode läßt sich sehr leicht ersehen, worin sich die Magie der Vergangenheit von der Magie unserer Zeit unterscheidet. Weitaus das meiste, was der mittelalterliche Magier mit Hilfe seiner Rituale und der dadurch beschworenen Engel, Dämonen und Geister bewirken wollte, ist für uns heute eine technische Selbstverständlichkeit geworden, man denke nur an Funk, Fernsehen, Tonband, Video, Flugzeuge, Raketen, Computer und so weiter. Wer nur mit einigen dieser Dinge umgehen kann, verfügt über weit mehr magische Potenz, als sich ein Magier des Mittelalters je zu erträumen wagte. Ein Computer oder eine gut durchdachte und konstruierte Werkzeugmaschine leisten das gleiche oder noch mehr als die Engel und Dämonen, die der Magier mittels seiner Evokation in seine Dienste zu zwingen trachtete. (Evokation bedeutet die Beschwörung von Energien, die sich *außerhalb* des Magiers in einer wahrnehmbaren Form manifestieren sollen. Bei der Invokation soll die beschworene Kraft durch die Persönlichkeit des Magiers selbst, also *in ihm* wirken und sich zum Ausdruck bringen.)

Die Magie hat sich in der heutigen Zeit auf eine andere Ebene verlegt und setzt andere Akzente als die überlieferte Magie des

Mittelalters und der archaischen Zeit. (Bei allen folgenden Ausführungen sollte nicht vergessen werden, daß ich mich an den westlichen Menschen am Ende des 20. Jahrhunderts und zu Beginn des Wassermann-Zeitalters wende. Nicht die Erweiterung oder gar Sprengung von Grenzen, die durch die irdisch-materielle Ebene gesetzt werden, ist das Ziel des Magiers, sondern die Erweiterung und Ausrichtung des Bewußtseins auf die große kosmische Schöpfungsordnung und ihre Durchsetzung auf der dem Einfluß des Magiers unterstehenden Ebene und in seiner Umwelt. (Der Begriff irdisch-materielle Ebene wird als Bezeichnung für die materielle Ebene gebraucht, insofern als sie für den Menschen als Bewohner des Planeten Erde im Sonnensystem erfahrbar ist.)

Der Begriff Magier muß für die Gegenwart neu umschrieben werden. Die technologischen Möglichkeiten unserer Zeit haben eine Akzentverschiebung in der Magie mit sich gebracht. Nicht mehr so sehr die Einwirkungen auf die Materie und ihre Veränderungen stehen im Vordergrund, als vielmehr die Veränderung und Erweiterung des Bewußtseinszustandes. Aus diesem veränderten, neuen Bewußtseinszustand heraus kann dann mittels nicht magischer Mittel (Technik) auf die Materie eingewirkt werden. Vieles, was den Magier vergangener Epochen beschäftigte, ist heute ganz einfach eine Angelegenheit der Technik und von Technikern. Der Magier von heute kann in vielen Fällen dort beginnen, wo der Magier vergangener Epochen zwangsläufig enden mußte, und sich so auf ganz andere Ziele konzentrieren. Dieser Umstand scheint mir ein wesentliches Merkmal des kommenden Wassermann-Zeitalters zu sein. Die Grundlagen und Methoden der Magie bleiben zwar die gleichen wie in früheren Zeiten, nur kommen sie in anderer Bekleidung und weniger mirakulös daher. Eine moderne Form der Invokation ist beispielsweise die Begegnung mit dem Schatten und seiner Integrierung als therapeutische Maßnahme der modernen Psychologie. Überhaupt ist die gesamte Gestaltpsychologie nach Perls durch und durch klassische Magie in modernem Gewand. Auch die Atomenergie kann durchaus unter dem Aspekt von Evokation betrachtet werden.

Betrachten wir einmal das erste Bild aus der Reihe der Großen Arkana des Tarot, das als »Der Magier« bezeichnet wird. Es enthält in der Sprache der Bilder alles, was wir für das Verständnis von Magie und für unser Handeln als Magier wissen müssen.

Hochaufgerichtet steht der Magier da. Seine Haltung drückt Entschlossenheit, Konzentration und Willen aus. Er steht in der Mitte zwischen zwei Ebenen, die er mit seinen diagonal ausgestreckten Armen verbindet. Der Boden, auf dem er steht, ist die irdisch-materielle Ebene, symbolhaft dargestellt durch den Tisch. Oben und Unten, die beiden Ebenen, die der Magier durch seine Gestalt verbindet, sehen extrem unterschiedlich aus. Sieht man oben geordnete Rosengirlanden, so bietet sich dem Auge unten ein chaotisches Durcheinander. Die Rosen am oberen Bildrand stehen für die große kosmische Schöpfungsordnung, und das wirre Durcheinander am unteren Bildrand ist ein Abbild der Welt, der irdisch-materiellen Ebene, deren Einwirkung der Mensch passiv erfährt. Klar ersichtlich ist nun die Aufgabe des Magiers, die beiden Ebenen durch sein magisches Handeln miteinander zu verbinden. Die obere Ebene ist dem Magier bildhaft sichtbar *übergeordnet.* Sie ist Abbild und Vorbild dessen, was er zu tun hat: die ihm zugängliche untere, irdisch-materielle Ebene zu gestalten, zu ordnen und zu formen nach dem Vorbild der übergeordneten kosmischen Schöpfungsordnung. Hier sind wir nun mit einem Aspekt des esoterischen Weltbildes konfrontiert, der innerhalb des Gesamtgebiets Esoterik zu den schwierigsten gehört. Er kann nur dann einigermaßen nachvollzogen werden, wenn wir bereit sind, uns von manchen, uns bisher vertrauten und gültig erscheinenden Ansichten zu trennen. Es ist deshalb notwendig, diese Thematik etwas eingehender zu behandeln.

Das Problem besteht darin, daß die kosmische Schöpfungsordnung und die Struktur der irdisch-materiellen Ebene gegensätzlich sind und dennoch gleichzeitig auch übereinstimmen.

Wenden wir uns nun dem Begriff der kosmischen Schöpfungsordnung zu. Mit diesem Begriff versuche ich zu benennen, was sich mir als einem buchstäblich in die Welt Geworfenen von außen her sinnlich faßbar darbietet: die Erfahrung des Einflusses von Kräften, von denen ich zur Kenntnis nehmen muß, daß sie meine Existenz in höchstem Maße bestimmen. Dazu gehört etwa der Wechsel zwischen Tag und Nacht, der Zyklus der Jahreszeiten, Leben und Tod und so weiter. Ich bin als Individuum herausgefordert, in irgendeiner Weise auf diese Kräfte zu reagieren und mich mit ihnen auseinanderzusetzen, denn davon hängt sowohl mein Überleben als auch mein Leben ab.

Diese Auseinandersetzung verlangt von mir a priori eine Stellungnahme. Entweder sind diese auf mich einwirkenden Kräfte ihrem Ursprung nach sinnlos chaotisch und nichts und niemandem verpflichtet oder sie sind Auswirkungen eines höheren Willens, auch wenn ich mir vielleicht keine konkrete Vorstellung von diesem höheren Willen machen kann. Sind die Kräfte sinnlos chaotisch, nichts und niemandem verpflichtet, dann besteht auch für mich weder Verpflichtung noch Bindung; gleichzeitig gibt es aber auch kein Vertrauen, keine Hoffnung auf einen höhe-

ren Sinn meines Daseins, weil auch ich das zufällige Ergebnis dieses freien Kräftespiels bin und jederzeit wieder von der Bildfläche verschwinden kann, wenn sich andere Energien als stärker erweisen. So kann, ja muß ich mein Leben nur unter dem Aspekt von Sieg oder Niederlage sehen. Meine Existenz, mein Überleben ist nur gewährleistet, solange es mir gelingt, mich als stärker, das heißt als Sieger zu behaupten. Mein Glaubensbekenntnis lautet demnach: Am Anfang und am Ende steht das (sinnlose) Chaos. Dazwischen gibt es nichts als durch ein reines Spiel der Kräfte bewirkte Möglichkeiten.

Die Alternative dazu ist, in diesem Spiel der Kräfte die Manifestation eines höheren, bewußten Willens zu sehen. Dann aber ist alles, was existiert, ich selbst inbegriffen, ein Geschaffenes, dessen Ursache ein Schöpfer oder die Schöpfung ist. Wenn ich das annehme, gibt es nichts Sinnloses, selbst wenn ich den Sinn nicht fassen oder begreifen kann. Das Chaos ist dann in Vergangenheit und Zukunft das *schöpferische* Chaos, das Tohuwabohu, aus dem alles kommt und in das alles wieder mündet, um neu daraus hervorzugehen. Diese Annahme macht Hoffnung, Vertrauen und Gewißheit möglich, denn alles, was ist, ist geschaffen; sein Ursprung ist, wenn auch nicht direkt sichtbar oder erkennbar, ein Schöpfer oder ein schöpferisches Prinzip, nach dessen bewußtem Willen alles – auch ich selbst – so ist, wie es ist, und dadurch seinen Sinn erhält.

Ob ich die Position des Chaos oder die der Schöpfung vertrete, ändert nichts an meiner sinnlichen Wahrnehmung der auf mich einwirkenden Kräfte. Nur meine subjektive Erfahrung, mein Bewußtsein ist anders, je nachdem, was ich annehme. Auch mit Recht oder Unrecht, Gut oder Böse, richtig oder falsch hat dies nicht im geringsten zu tun. Die Position, die ich einnehme, ist wertfrei, nichts als die Voraussetzung eines Handelns. Stützt sich der Magier auf die Vorstellung seiner selbst als zufälliges Produkt des Chaos, dann dient sein magisches Handeln der bloßen Selbstbehauptung. Sieht er sich als Teil einer von einem bewußten Willen geschaffenen Schöpfungsordnung, dann dient sein magisches Handeln dieser kosmischen Schöpfungsordnung und trägt dazu bei, dem dahinterstehenden Prinzip im Einflußbereich des Magiers Geltung zu verschaffen. An Stelle der bloßen Selbstbehauptung tritt die Verantwortung einem größeren, übergeordneten magischen Willen gegenüber. Der Weg des Chaos und der Weg der Schöpfung müssen sich in ihren Auswirkungen nicht grundsätzlich unterscheiden. Zum Beispiel: Wenn ich meine Existenz als von einem höheren Willen geschaffen betrachte, so ordne ich mich diesem höheren Willen unter, indem ich meine Existenz gegen Einflüsse und Kräfte behaupte, die sie aufzulösen oder zu zerstören trachten. In beiden Fällen geht es um Selbstbehauptung, aber die Position, von der aus diese Selbstbehauptung vorgenommen wird, ist jeweils eine andere.

Im Tarot läßt sich die eine oder andere Grundhaltung daran erkennen, mit welchem Bild die Reihe der Großen Arkana eröffnet wird. Der Tarot hat 22 Große Arkana, was der Anzahl der Buchstaben im hebräischen Alphabet entspricht. Setze ich das Bild Null, »Der Narr«, an den Anfang und verbinde es mit dem Buchstaben Aleph, dessen numerische Bedeutung die Zahl 1 ist, so drücke ich damit aus: Am Anfang war das Chaos. Verbinde ich hingegen das Bild des Magiers mit diesem Buchstaben, so drücke ich damit aus: Am Anfang war das Geschaffene (weil ich nur vom Geschaffenen her das schöpferische Prinzip oder den Schöpfer erkennen kann). Kein Esoteriker kommt darum herum, im einen oder anderen Sinne Position zu beziehen. Noch einmal sei betont, daß damit kein Werturteil verbunden ist. Die Wege, die in der Folge dieser Entscheidung beschritten werden, sind jedoch miteinander unvereinbar, obgleich beide zum Ziel führen können. Es ist klar, welche Position ich in diesem Buch einnehme, wenn ich den Begriff der kosmischen Schöpfungsordnung verwende.

Um das Wesen der großen kosmischen Schöpfungsordnung zu begreifen, erinnern wir uns wieder an den Satz: Das Universum drängt zur Form. Der Mensch kann mittels seiner Sinne diese Form in seiner näheren und ferneren Umwelt erfassen und die ihr zugrundeliegenden Prinzipien zu begreifen suchen, makrokosmisch zum Beispiel im Lauf der Gestirne, mikrokosmisch in den Naturgesetzen, die auf der irdisch-materiellen Ebene der Erde ihre Gültigkeit haben. In keinem Fall kommt er um eine

Auseinandersetzung mit diesen Gesetzen und Prinzipien herum. Er kann sie passiv erfahren, indem er sich ihnen, vielleicht sogar leidend, unterwirft, oder er greift aktiv handelnd in dieses formwerdende Geschehen ein, indem er ihm auf der Ebene, die ihm als Mensch zugänglich ist, zur Durchsetzung und Verwirklichung verhilft. Letzteres ist die Haltung des Magiers, wie sie auch auf der ersten Tarotkarte bildhaft zum Ausdruck kommt: der Magier als der Vermittler, das Medium zwischen der oberen, allumfassenden kosmischen Schöpfungsordung und der unteren, irdisch-materiellen Ebene, gemäß dem Gesetz des Hermes Trismegistos:

Alles, was auf einer oberen Ebene geschieht, findet seine Entsprechung auch in den unteren Ebenen. Was auf der oberen Ebene geschieht, wirkt auf die untere Ebene ein; und umgekehrt gesehen ist alles, was auf einer unteren Ebene vorhanden ist, ein Abbild dessen, was auf den oberen Ebenen ist und wirkt. In der Kurzfassung: Wie oben so unten.

Es wäre nun sehr leicht, die Aufgabe des Magiers (Magier ist ja in unserem Sinne jeder esoterisch wollende und nach esoterischen Prinzipien lebende Mensch) darin zu sehen, die kosmische Ordnung, so wie sie sich im Makrokosmos des Universums und der Naturgesetze darbietet, einfach auf den menschlichen Bereich zu übertragen, wie es das Prinzip »wie oben so unten« ausdrückt. Damit kommen wir zu einem Thema, das für viele esoterisch suchende Menschen äußerst schwierig zu verstehen und dementsprechend auch schwer in die jeweilige Alltagsrealität zu übertragen ist, zum Unterschied zwischen kosmischer Schöpfungsordnung und menschlich-ethischer Gerechtigkeit. Auf den ersten Blick mag dies kein besonderes Problem sein, denn wenn die kosmische Schöpfungsordnung für uns Menschen *die* Autorität schlechthin ist, die unsere Ansichten und damit auch unser praktisches Leben bestimmen sollte, dann bestünde die Konsequenz doch darin, die kosmische Schöpfungsordnung, so wie sie dem Menschen bekannt und bewußt wird, zum Grundprinzip ethischen Handelns und damit auch zur Grundlage der für die menschliche Gesellschaft notwendigen Gerechtigkeit zu erklären. Es mag viele erstaunen, daß dies nicht so ist und auch keinesfalls so sein sollte. Wer die folgenden Überlegungen nachvollzogen hat, wird verstehen, warum esoterisches Gedankengut so oft zur Legitimation und zum Ausgangspunkt faschistoider Entwicklungen geworden ist, sowohl in der Politik als auch in manchen esoterischen Gruppierungen.

Gehen wir für die folgenden Überlegungen noch einmal von dem Satz »Das Universum drängt zur Form« aus. Beachten wir dabei aber, daß die Form nicht ohne weiteres mit Ordnung gleichgesetzt werden darf. Ordnung ist eine individuelle, den jeweiligen Verhältnissen angepaßte Erscheinung des übergeordneten Formprinzips. So ist zum Beispiel der Zusammenschluß von einzelnen Menschen zu einem Gruppenverband die Lebens*form* der Menschheit. Diese Lebensform äußert sich in den verschiedensten Gesellschafts*ordnungen*. Das kosmische Formprinzip können wir als Ausdruck eines dahinterstehenden schöpferischen Willens betrachten. Dieses schöpferische Formprinzip erweist sich für uns sinnlich erfaßbar als eine Ordnung, deren Wesen die Ausgewogenheit, die Balance ist. Symbole dieser Ausgewogenheit ist die Lemniskate, deren zwei gleich große Schleifen diese Balance zum Ausdruck bringen.

Die erste und prägende Begegnung mit dieser kosmischen

Schöpfungsordnung machte die Menschheit wahrscheinlich bei der Betrachtung des nächtlichen Sternenhimmels. Mit einer für den archaischen Menschen unbegreiflichen Präzision ziehen, von der Erde aus gesehen, die Gestirne von Tag zu Tag, von Jahr zu Jahr ihre Bahn am Himmel. Durch eingehende Betrachtung lernten die Menschen, daß diese Bewegungen berechenbar sind und daß zwischen diesen berechenbaren Bewegungen und dem menschlichen Leben eine Beziehung hergestellt werden kann. Noch heute, im technischen Zeitalter, wird unser Leben weitgehend, wenn auch sicher nicht mehr im gleichen Umfang wie das Leben früherer Generationen, von dieser Ordnung geprägt, die sich etwa im Wechsel von Tag und Nacht oder im Lauf der Jahreszeiten ausdrückt. Uns stellt sich die Frage, wie diese kosmische Ordnung, die wir als umfassende Ausgewogenheit und Balance erleben, zustande gekommen ist. Auch der Kosmos hat seine Evolution, die sich allerdings in ganz anderen Bahnen bewegt als die menschliche. Sie entstand und entsteht wohl immer noch durch ein freies Spiel der Kräfte, die, und das ist für uns wichtig, ohne erkennbaren Sinn aufeinanderprallen und aufeinander einwirken. Kosmisches Faustrecht ist wohl nicht der schlechteste Ausdruck, den wir dafür verwenden können. Im Klartext heißt das: Wenn zwei Kräfte aufeinanderstoßen, geht aus dieser Kollision als Sieger die Kraft hervor und behauptet das Feld, die sich als die stärkere erweist. So ist es durchaus modellhaft denkbar, daß die Masse der im Weltraum frei schwebenden Materie immer wieder aufeinanderprallt, fast einem kosmischen Billardspiel vergleichbar, bis sich herausstellt, wer in diesem kosmischen Kräftemessen zu den Siegern gehört und wer dabei unterliegt, zerstört wird, das Feld räumt oder sich den stärkeren Kräften unterordnen muß. Auf diese doch recht gewaltsame Art und Weise entsteht irgendwann Balance und Ausgewogenheit, nämlich dann, wenn sich die als stärker erweisenden Gestirnskörper behauptet haben und nichts mehr da ist, das ihre Bahnen stören könnte. Wir müssen diesen »kosmischen Krieg« mit nüchternen Augen betrachten und vor allem wertfrei, ohne voreilig die Begriffe gut oder böse zu verwenden, etwa indem wir die Starken, die sich behaupten, als böse bezeichnen (oder auch als gut von einem anderen Blickwinkel aus gesehen) und die Niedergerungenen als gut (oder böse). Je schneller ein Esoteriker für seinen Sprachgebrauch die Begriffe gut und böse ablegt, desto besser. Er wird sich dann bewußt, daß diese Bezeichnungen Äußerungen einer rein subjektiven Empfindung oder Erfahrung sind und direkt von der Situation oder der Position des Betreffenden abhängen. So ist ein Arzt, der einem an einer schweren Infektion Erkrankten das rettende Antibiotikum verabreicht, für den kranken Menschen ein guter, weil rettender Engel, während die Bakterien im Arzt wohl eher eine Verkörperung des Dämonischen und Bösen schlechthin erblicken dürften. Der Esoteriker hält sich am besten an die Definition von Dion Fortune: »Böse ist eine Energie, die sich am falschen Ort befindet.« Auf unser obiges Beispiel angewandt hieße das: Für den Menschen sind die Bakterien, die eine Infektion verursachen, böse, weil sie sich an einem falschen Ort, im gesunden Körper, befinden und dadurch dessen ausbalancierte Funktion empfindlich stören.

Es wäre nun durchaus denkbar, das wertfreie Kräftespiel im Kosmos, aus dessen Siegern und Besiegten schließlich die kosmische Ordnung als Ausdruck des formenden Schöpfungswillens hervorgeht, zum Vorbild menschlichen Handelns zu erheben. Dies hätte zur Folge, daß, genau wie im Kosmos, nur die stärksten Exemplare überleben würden. Das reine Überlebensprinzip würde damit zur Wesensäußerung der Gattung Mensch überhaupt, und der Mensch unterschiede sich nicht oder kaum vom Tier. Nun hat der Mensch ja bekanntlich zahlreiche Eigenschaften mit den Tieren gemeinsam, und auch das Modell von den sieben Ebenen der Menschlichkeit verschließt sich dieser Tatsache nicht. Es gibt aber doch einen grundlegenden Unterschied. Vom esoterischen Standpunkt aus können wir folgende Definition formulieren: Der Mensch ist ein Wesen, welches das Privileg hat, *aus Einsicht heraus zu handeln.* Anders ausgedrückt bedeutet dies: Der Mensch kann aus Einsicht heraus handeln, weil er im Gegensatz zu Pflanzen oder Tieren über die Mentalebenen verfügt, die ihm bewußte Entscheidungen ermöglichen. Er *kann,* denn ob er auch wirklich von diesem Privileg Gebrauch macht, liegt ganz im Ermessen des einzelnen Menschen. Auf das »kosmische Faustrecht« bezogen kann dies bedeuten, daß die stärkere Kraft aus ihrer Siegerposition heraus frei entscheidet, die unterliegende Kraft zu vernichten oder deren Überleben zu gewährleisten. Die Motivation dazu kann unterschiedlich sein. Es kann sein, daß die siegreiche Kraft auch in der unterlegenen einen Ausdruck des höheren schöpferischen Willens erkennt. Möglich ist aber auch, daß die unterlegene Kraft über Eigenschaften verfügt, die der Sieger nicht hat, die auch für das bloße Überleben des Individuums nicht unbedingt nötig, für die Lebensgestaltung der Gattung Mensch aber dennoch wichtig sind, Eigenschaften, die der Sieger erkennen und nutzen kann, indem er sie in einem größeren Rahmen integriert. An diesem Punkt wird aus dem bloßen Überlebensprinzip, das, wie wir gesehen haben, den Menschen kaum vom Tier unterscheidet, das Leben überhaupt. Magier zu sein bedeutet demnach, von der Warte des Lebens und nicht nur des bloßen Überlebens aus bewußt einsichtig zu handeln und möglicherweise magische Handlungen durchzuführen, die sich vom kosmischen Faustrecht völlig unterscheiden, die aber, und das ist der springende Punkt, letztlich doch das kosmische Prinzip von Ordnung und Balance verwirklichen. Bei den Initiationen wurden die Mysten auf diese Möglichkeit magischen Handelns eindringlich aufmerksam gemacht. Im Initiationsritual des Golden Dawn lautet der entsprechende Passus: »Kind der Erde, bedenke, daß unausgeglichene Kraft böse ist, Gnade ohne Gegengewicht ist nichts als Schwäche und Strenge ohne Gegengewicht nichts als Unterdrückung.« Damit wird der göttliche oder kosmische Schöpfungswille von einer oberen, übergeordneten Ebene herab zum Menschen delegiert. Dieser hat nun die Möglichkeit, aus seiner Einsicht heraus und in freiem Ermessen die Grundprinzipien der kosmischen Schöpfungsordnung, Balance und Ausgewogenheit, im Rahmen seines Einfluß- und Wirkungsbereichs zu gestalten und durchzusetzen, indem er bestehende unbalancierte und aus der kosmischen Ordnung geratene Verhältnisse bewußt verändert und sie auf der irdisch-materiellen Ebene, soweit sie ihm magisch zugänglich ist, in die Balance der kosmischen Ordnung zurückführt. Ferner hat er die Möglichkeit und wohl auch den Auftrag, hierfür andere Methoden und Mittel einzusetzen als die Gewalt des kosmischen Faustrechts. Wer diese Überlegungen einmal auf die Botschaft Jesu im Neuen Testament, namentlich auf die Bergpredigt überträgt, wird sicher bald mit der Frage konfrontiert sein, ob sich da nicht der eigentliche Kern des Evangeliums zeigt. Der Mensch wird hier auf seine ihm von Gott verliehene Fähigkeit aufmerksam gemacht, aus der Einsicht heraus magisch verändert zu handeln. Zudem ist dies noch mit der Weisung verbunden, diese magische Handlung aus einer Haltung der Liebe heraus, das heißt lebensfördernd (nicht nur im Dienste des bloßen Überlebens) wahrzunehmen. Genau darin besteht der Unterschied zwischen kosmischer Schöpfungsordnung und den Möglichkeiten menschlicher Gerechtigkeit. *Licht:* durch Wissen zur Einsicht gelangen; *Liebe:* aus dieser gewonnenen Einsicht heraus bewußt, das heißt *magisch* handeln; *Leben:* mit dieser magischen Handlung dem kosmischen Schöpfungsprinzip, Leben und Lebendigsein, auf der dem Magier zugänglichen Ebene zur Anwendung und Auswirkung verhelfen.

Damit wird dem Menschen die Möglichkeit eingeräumt, aus dem Einflußbereich der von Gewalt, Sieg und Niederlage bis hin zum Untergang geprägten kosmischen Auseinandersetzungen herauszukommen, aber nicht, damit er als Zuschauer abseits des Geschehens einen bequemen Tribünenplatz erhält, sondern mit der Verantwortung, das Ziel der kosmischen Schöpfungsordnung, Balance und Ausgewogenheit, die dem Leben und Lebendigsein dienen, auf eine andere als dem freien Spiel der Kräfte verpflichteten Weise zu verwirklichen. Wenn der Mensch dieses ihm eingeräumte Privileg weder erkennt noch zu nutzen weiß und sich doch lieber auf das freie Kräftespiel verläßt, das allein Stärke als Tugend anerkennt, dann ist er nicht »böse«, sondern ganz einfach dumm. Eine menschliche Gesellschaft, die nur vom Prinzip der Stärke geprägt ist, engt sich mehr und mehr ein und verliert gerade dadurch ihre Überlebensfähigkeit – eine Entwicklung, die gerade heute mehr und mehr sichtbar wird.

Besonders von kirchlich-christlicher Seite wird der Esoterik oft vorgeworfen, sie drücke sich um die sozialethische Verantwortung. Ich glaube nicht, daß dieser Vorwurf aufrechterhalten werden kann, wenn die hier dargestellten Überlegungen einmal begriffen worden sind. Allerdings betrachtet der Esoteriker gesellschaftliche und ethische Probleme nicht von der Warte eines kategorischen Imperativs aus. Er hält sich lieber an die Erzählung von den zwei Bäumen, die Gott nach dem Bericht der Bibel (1. Moses 2,9) im Garten Eden pflanzte, den Baum des Lebens und den Baum der Erkenntnis des Guten und des Bösen, welcher besser als der Baum bezeichnet würde, der sagt, was gut und was böse ist. Beide Bäume stehen symbolisch sowohl für den Weg der

Menschheit als auch für den einzelnen Menschen, und beide Bäume sind mit der Zahl Zehn verbunden. Der Baum des Lebens hat zehn Sephiroth (Sphären) und der Baum der Erkenntnis zehn Gebote. Der Baum des Lebens mit seinen zehn Sephiroth gibt dem Menschen Aufschluß darüber, welches Prinzip hinter und in der kosmischen Schöpfungsordnung waltet und überläßt es der freien Entscheidung jedes Menschen, ob und inwiefern er sich darin integrieren will. Der Baum der Erkenntnis des Guten und des Bösen sagt durch seine Gebote und Verbote nur, was zu tun und zu lassen ist, und fordert vom Menschen kein tieferes Verständnis. So wird klar, daß der Baum des Lebens den esoterischen Weg der Erkenntnis darstellt und der Baum, der sagt, was gut und böse ist, den exoterischen Weg der Ethik und Moral. Man kann nicht behaupten, der eine Baum sei besser als der andere, denn beide Wege können zum Ziel führen. Wer den Weg des Baumes geht, der zwischen Gut und Böse unterscheidet, wird dadurch ein gewisses Maß an Sicherheit und Geborgenheit erfahren, sich aber damit begnügen müssen. Es ist der Weg des Bruders im Gleichnis vom verlorenen Sohn, der nicht verloren gehen kann, weil er das Haus des Vaters nie verläßt. Für den echten Esoteriker und Magier ist der Weg des Baums des Lebens der einzig gemäße. Nur muß er sich darüber klar sein, daß dieser Weg risikoreich ist, weil Fehlentscheidungen nicht nur möglich, sondern auch wahrscheinlich sind, und dafür muß die Verantwortung übernommen werden. Wer die Verantwortung für die möglichen Folgen und Auswirkungen seines Handelns nicht übernehmen will, gehe lieber den sicheren Weg der zehn Gebote. Der Preis für die größere Sicherheit ist allerdings auch klar. Er besteht in einer gewissen Verengung des Blickfeldes und des Horizontes, und daß es nicht förderlich ist, diese Verengung als Tugend von allen zu fordern, ist ebenfalls klar. Der Esoteriker sollte sich jedoch nicht über diejenigen erheben, die sich noch zu schwach und anfechtbar fühlen, um die vom Magier geforderte Verantwortung zu übernehmen.

Was heißt nun aber magisches Handeln? Es ist ein Handeln, das allein im *Willen* des Magiers begründet ist. Der Leser, der erfahren möchte, wie es um seine Fähigkeit zum magischen Handeln steht, sollte sich einige Zeit, mindestens einen Tag lang, genauestens selbst beobachten, wie oft er »ich muß« sagt oder auch nur denkt. Jedesmal, wenn dies der Fall ist, und ich bin sicher, daß es sehr häufig der Fall sein wird, wird auf magisches Handeln verzichtet. Wir delegieren die Verantwortung mitsamt ihren Konsequenzen an eine höhere Autorität, seien dies nun ein Mensch oder ganz einfach Umstände, die wir mit dem Wort zwingend zu versehen pflegen. Ich weiß, daß jetzt sehr rasch Protest erhoben wird mit dem Hinweis darauf, daß die Welt, in der wir leben, nun einmal so strukturiert ist, daß wir gewisse Dinge tun müssen oder uns in der Lage sehen, zu veranlassen, daß andere Menschen sich unserem Willen unterordnen. Gewiß, es gibt Menschen, denen Autorität über andere Menschen eingeräumt ist, und sogenannte zwingende Umstände, die von uns ein ganz bestimmtes, im voraus definiertes Handeln erfordern; aber sie sind bei näherer Betrachtung nicht imstande, unser magisches Handeln in irgendeiner Weise zu beeinträchtigen. Verdeutlichen wir dies an einem ganz banalen Beispiel. Jeder hat sicherlich schon einmal den Satz ausgesprochen: Ich muß zu einer ganz bestimmten Zeit auf dem Bahnhof sein, um rechtzeitig meinen Zug zu erreichen. Dagegen kann kaum etwas eingewendet werden, denn der Zug fährt fahrplanmäßig zu dieser Zeit, und wenn ich ihn benutzen will, *muß* ich mich wohl oder übel an diese Zeit halten. Das gilt auch für Magier, und bisher ist mir kein Beispiel bekannt, daß es einem gut trainierten Magier gelungen wäre, im Dienste seiner Bedürfnisse den Eisenbahnfahrplan zu verändern.

Weshalb *muß* ich mich an den Fahrplan halten, und weshalb *muß* ich mir von den damit verbundenen zwingenden Umständen den chronologischen Ablauf eines Teils meiner Lebenszeit bestimmen lassen? Die Antwort auf diese Frage ist einfach. Ich benutze den zu einer bestimmten Zeit fahrenden Zug, damit ich mein Reiseziel zur festgesetzten Zeit erreiche. Ich habe mich aus freien Stücken entschlossen, zu einem bestimmten Zeitpunkt dort zu sein, und um mein magisches Ziel zu erreichen, tue ich, was richtig ist, zur richtigen Zeit am richtigen Ort. Damit wird eine so banale Angelegenheit wie eine Eisenbahnfahrt zum stilgerechten magischen Ritual, das in der richtigen Weise durchgeführt wird, um ein bestimmtes Ziel, in diesem Fall eine Ortsveränderung, zu erreichen. Der magische Wille ist dort zu suchen, wo der Entschluß zu dieser Reise gefaßt wurde. Ich *will* zu einer bestimmten Zeit an einem bestimmten Ort sein. Dies gilt selbst für den Fall, daß ich diese Reise nicht in meinen eigenen Angelegenheiten unternehme, sondern im Auftrag einer mir übergeordneten Autorität, beispielsweise als Geschäftsreise. Ich muß bei der Suche nach dem Ursprung des magischen Willens lediglich weit genug zurückgehen, vielleicht bis dahin, wo ich mich entschlossen habe, daß ich in dieser Firma arbeiten *will*, in voller Kenntnis des Umstandes, daß damit möglicherweise berufliche Reisen verbunden sind.

Die meisten Menschen sind Sklaven zwingender Umstände, weil sie nicht imstande oder nicht willens sind, die Kausalkette wirklich bis zum Punkt der magischen Willensäußerung zurückzuverfolgen. Nicht der Fahrplan zwingt mich, zu einer bestimmten Zeit auf dem Bahnhof zu sein, sondern ich selbst bin durch meine magische Entschlußfassung die Ursache dafür. Magisches Handeln wird also in erster Linie durch die entsprechende Perspektive als solches definiert. Dies mag auf den ersten Blick äußerst dürftig erscheinen, kann aber in der Praxis eine enorme Auswirkung haben.

Wenn wir das Ganze aus dieser Perspektive betrachten, werden wir nicht mehr sagen »ich muß zu diesem Zeitpunkt auf dem Bahnhof sein«, sondern »ich *bin* dann auf dem Bahnhof«, nicht »ich muß dies oder jenes tun«, sondern »ich *tue es«. Für die meisten von uns ist dies eine äußerst schwierige Sache, und wir werden immer wieder bis zur Verzweiflung in die Falle des Ich muß* stürzen, so lange, bis wir entweder resigniert aufgeben oder allmählich unter Aufbietung unseres ganzen uns zur Verfügung stehenden magischen Willens schrittweise einigen Erfolg verbuchen können.

Zur Stärkung der magischen Konzentration schlage ich die Variante einer bekannten Übung vor, die man mit jedem beliebigen Wort durchführen kann. Aleister Crowley pflegte sie seinen Schülern zu verordnen, mit der Auflage, sich jedesmal, wenn sie dagegen verstießen, mit einer Rasierklinge in den Arm zu schneiden. Dies finde ich übrigens völlig falsch und durch und durch unmagisch, denn jeder Fortschritt, der unter diesen Umständen erzielt wird, ist nicht die Frucht einer erstarkenden magischen Potenz, sondern eine Reaktion auf die Angst vor dem Schmerz. Damit wird die Überwachung und die Verantwortung für unser Handeln wiederum einer höheren Autorität, dem Schmerz und dem Leid, zugeschoben. Wer dieses magische Training durchführen will, tut besser daran, jeden Verstoß einfach bewußt zu registrieren und sich selbst gegenüber erneut zu bekräftigen: Ich sage nicht »ich muß«, sondern »ich tue oder ich bin«. Der echte Magier reagiert nicht, sondern er agiert. Er handelt aus der bewußten Kenntnis der in der kosmischen Schöpfungsordnung verankerten Gesetzmäßigkeiten heraus, die er bei seiner magischen Willensäußerung berücksichtigt und seinem Willen gemäß einsetzt. Dies gilt auch dann, wenn sein Handeln von außen gesehen wie ein Reagieren aussehen mag.

Betrachten wir wieder das Tarotbild »Der Magier«. Des Magiers Blick fällt auf vier Gegenstände, die vor ihm auf dem Tisch ausgelegt sind: Stab, Kelch, Schwert und Münze (manchmal auch als Scheibe oder Pentakel bezeichnet). Die Reihenfolge, vom Betrachter des Bildes aus gesehen, ist nicht zufällig. Jeder dieser vier Gegenstände ist Bildsymbol für einen magischen Schritt, den der Magier sorgfältig in der hier dargestellten Reihenfolge durchzuführen hat, auch wenn die Schritte für einen außenstehenden Beobachter praktisch simultan erfolgen mögen. Jede magische Handlung hat ihren Ursprung in einem Akt des *Willens,* diese Handlung durchzuführen. Der zweite Schritt besteht in der genauen *Kenntnis* um die Bedingungen und Voraussetzungen der gewollten Handlung. Was muß berücksichtigt werden, damit sie gelingen kann? Erst wenn dies geklärt ist, kann die *Ausführung* als der nächstfolgende Schritt in Angriff genommen werden. Und schließlich ist jede magische Handlung erst dann eine magische Handlung, wenn sie zu einem *Resultat* geführt hat, also konkret geworden ist. Auf unser Beispiel vom genauen Zeitpunkt, an dem ich auf dem Bahnhof sein werde, bezogen, bedeutet dies: Zuerst fasse ich den Entschluß, eine Reise zu unternehmen; ich *will* eine Reise machen. Der nächste Schritt ist das Wissen wie. Ich *weiß,* ob mein Reiseziel mit der Bahn erreichbar ist oder nicht, und wann ein Zug fährt, den ich benutzen kann, um den von mir gewollten Ort zu erreichen; und ich weiß, auf welchem Wege ich zum Bahnhof gelange. Weiß ich all dies, so folgt als nächster Schritt das *Handeln.* Ich gehe zu dem von mir gewollten Zeitpunkt auf den Bahnhof, ich besteige den von mir gewollten Zug, der mich zu dem von mir gewollten Ziel bringt. In dieser Abfolge ist meine magische Aktion nirgends von einem »Müssen« bestimmt, sondern einzig und allein von meinem Willen, den ich entsprechend der Bedingungen, die mir bekannt sind, einsetze, um mein magisches *Ziel* zu *erreichen.* Wir können diese vier Grundschritte magischen Handelns in die Worte wollen, wissen, handeln und resultieren fassen. Wer bereits über einige esoterische Grundkenntnisse verfügt, hat längst bemerkt, daß diese vier Worte eine etwas modernisierte Fassung der vier klassischen magischen Maximen *Wollen, Wissen, Wagen* und *Schweigen* darstellen. Ich habe diese Abweichungen gewählt, um möglichst sicher zu gehen, daß der Leser Bedeutung und Inhalt dieser vier Grundmaximen begreift, denn ihre klassische Formulierung ist sehr alt, und auf dem Weg durch die Jahrhunderte haben sich manche Mißverständnisse und Unklarheiten eingeschlichen, die zu korrigieren sind.

Symbol des Wollens ist der *Stab,* und zwar der fruchtbare, mit Blättern und Knospen versehene Stab, nicht der dürre Knüppel. Knospen und Blätter bringen zum Ausdruck, daß der Stab von Lebenskraft *durchdrungen* ist, wie der Magier von einer starken Willenskraft durchdrungen sein muß, wenn sein Handeln zum gewollten und nicht bloß erhofften Resultat führen soll. Wollen allein genügt indessen nicht, um ein Resultat zu erzielen, der Magier braucht dazu auch das Wissen, wie und auf welche Weise das gewollte Resultat erreicht werden kann, denn Magie ist keineswegs eine mirakulöse Angelegenheit, die mit Logik wenig bis nichts zu tun hat, sondern beruht, worauf bereits hingewiesen wurde, auf einer genauen Kenntnis der Gesetzmäßigkeiten, die der kosmischen Schöpfungsordnung zugrunde liegen. So gesehen ist Magie eine besondere Art der Naturwissenschaft. Damit Wissen zugänglich gemacht und angewandt werden kann, muß es geformt oder, spezieller ausgedrückt, formuliert werden. Der *Kelch,* der benötigt wird, um einem jeder stabilen Form so abholden Stoff wie dem Wasser Form zu geben, ist deshalb ein einprägsames Bildsymbol, um magisches Wissen darzustellen. Das *Schwert* ist ein Instrument des Handelns, das zur Veränderung führt. Es ist ein Messer, das Gegenstände teilt, aufteilt und als Waffe ein Werkzeug politischer Ordnung. Die *Münze* oder Scheibe schließlich ist bildhafter Ausdruck von Verfestigung oder Konkretisierung, denn Merkmal eines erzielten Resultates ist, daß es in irgendeiner Weise konkret geworden ist. Erinnern wir uns an den Grundsatz: Alles ist Bild und Name. Solange das Resultat seines magischen Handelns nicht konkret geworden ist, sich noch im Prozeß des Werdens befindet, arbeitet der Magier mit Bildern und Namen. Sobald das Resultat konkret geworden ist, kann der Magier sowohl Bild als auch Namen zurückziehen, weil das Resultat für sich steht. Wo etwas konkret geworden ist und für sich selbst spricht, braucht auch der Magier keine weiteren Worte zu verlieren und kann schweigen. Deshalb steht das Wort Schweigen für das magische Resultat.

Es wurde gesagt, daß Magie eine besondere Art der Naturwissenschaft ist. So betrachtet ist der Magier dem Techniker oder Ingenieur vergleichbar, der über das notwendige Know-how verfügt, um seine Visionen und Ideen in die materielle, stoffliche Realität umzusetzen. Dies ist nur eine Seite der Magie, die allerdings die Grundvoraussetzung für alles weitere bildet. Wer nicht ständig bemüht ist, den Alltag im erwähnten Sinne magisch anzugehen und zu bewältigen, wird mit der Seite der Magie, die im esoterischen Sprachgebrauch als rituelle Magie oder Zeremonialmagie bezeichnet wird, seine Mühe haben. Auch die rituelle Magie basiert auf der naturwissenschaftlichen Grundlage, nur kommt darin ein etwas anderer Aspekt magischen Handelns zum Ausdruck. Bleiben wir, um dies zu verdeutlichen, bei unserem Beispiel des Technikers oder Ingenieurs, der sich etwa die magische Aufgabe gestellt hat, eine Brücke zu bauen. Die zwei ersten Schritte zur Bewältigung dieser Aufgabe sind ohne weiteres klar. Zuerst kommt die magische Willensbildung, dieses Projekt zu realisieren, dem als zweiter Schritt das Wissen, das

Know-how zu folgen hat, in unserem Falle alles, was mit Berechnung, Plänezeichnen, kurz der ganzen Projektierung der Brücke zu tun hat. Diese zwei ersten magischen Schritte bleiben in jedem Fall gleich, ob es sich um einen einfachen Steg über einen Wasserlauf im Garten des Ingenieurs (Magiers) handelt oder um eine gigantische Brücke, die ein ganzes Tal überspannen soll. Dann aber, wenn es um den dritten Schritt, das Handeln und Ausführen geht, ist eine Weggabelung erreicht. Den Steg kann unser Ingenieur, sofern er das Holz und einige Grundwerkzeuge zur Verfügung hat, ohne weiteres an einem Wochenende selbst und ohne fremde Hilfe erstellen. Bei der talüberspannenden Brücke ist dies keinesfalls möglich. Hier wird in erheblichem Maße Hilfe von außen benötigt. Um Entscheidung und Idee zu konkretisieren, werden eine bis mehrere Baufirmen beauftragt, die über die notwendigen Maschinen und Arbeitskräfte verfügen. Diese Baufirmen sind aber nur dann dazu bereit, das bisher nur auf Plänen vorhandene Projekt zu konkretisieren, wenn sie entsprechend motiviert werden. Im heutigen Wirtschaftsleben wird im allgemeinen Geld als Motivation genügen, aber alles ist damit noch nicht getan. Der leitende Ingenieur muß den Prozeß des Brückenbaus bis ins letzte Detail fest im Griff haben. Er muß den Bauführern präzise Angaben machen, die diese an die ihnen unterstellten Arbeiter so weitergeben können, daß jeder Arbeiter an seinem Platz genau das macht, was zur Realisierung des gesamten Projektes nötig ist, so und nicht anders. Voraussetzung dafür ist, daß die Autorität des Ingenieurs (Magiers) von den ausführenden Arbeitern unbestritten anerkannt wird. Ist dies nicht der Fall, wird schludrige Arbeit geleistet, die womöglich das ganze Werk und seine Benutzer gefährden kann. Es kann außerdem zu Mißstimmungen und schlechtem Arbeitsklima kommen, was sich bis zu Streik und allgemeinem Chaos steigern kann. Es mag Ingenieure geben, die am Zeichentisch hervorragende Arbeit leisten, aber in der Projektführung auf dem Bauplatz völlig versagen. Anderen wiederum fehlt das Wissen und die Kreativität zur Vorbereitung eines Projektes, aber sie sind gut geeignet, um den von anderen ausgearbeiteten Plänen am Bauplatz zur Realisierung zu verhelfen. Der echte Magier muß beides können: kreativ gestalten und das Projekt zur Ausführung bringen:

Wie in jedem Grundkurs für Management gelehrt wird, kann eine Motivation der Mitarbeiter nur dann überzeugend erfolgen, wenn sich der Vorgesetzte mit dem, was er von seinen Mitarbeitern verlangt, selbst identifiziert. Erst diese mit der nötigen Überzeugung vertretene Identifikation schafft bei den Mitarbeitern die Voraussetzungen, damit ein Projekt erfolgreich durchgeführt werden kann. Das gleiche Gesetz gilt auch in der Magie. Der Magier muß entsprechend motiviert sein und sich mit seinem magischen Vorhaben auf allen Ebenen identifizieren können. Je mehr es ihm gelingt, sich mit jeder einzelnen ausführenden Kraft zu identifizieren und sich in ihre Lage zu versetzen, desto besser sind seine Voraussetzungen, um erfolgreich zu sein. Dieser Motivation und Identifikation dienen die verschiedenen Techniken der rituellen Magie.

Erinnern wir uns ein weiteres Mal an das esoterische Grundgesetz, daß alles reine Energie ist, daß der Mensch mit dieser Energie aber nur in Form von Bildern umgehen kann. Es wurde auch bereits dargelegt, daß Götter personifizierte, also bildgewordene Verkörperungen von kosmischen oder Naturkräften sind. Die Veränderungen, die der Magier bewußt erzielen will, kann er nur unter Zuhilfenahme dieser Kräfte erzielen. Er sollte also wissen, welche Energien er zur Durchführung seiner magischen Operation benötigt, und ferner, in welche Bildform diese Energien gekleidet werden müssen und mit welchem Namen sie zu benennen sind. Generationen von Menschen haben jahrtausendelang an diesen Problemen gearbeitet und auf diese Weise Bilder und Namen gefunden, die ihre Gültigkeit bis heute behalten haben. Jedes Volk hat für die jeweils gleichen Energien die ihm gemäßen Bilder und Namen gefunden, die uns heute in den verschiedenen Mythologien der Welt überliefert sind. Mythen sind magische Bilder, die miteinander zu geschlossenen Systemen verbunden sind. Die unterschiedlichen Bilder und Namen dieser Mythen entstammen der jeweiligen Kultur der Völker, die sie geschaffen haben. Deshalb sind sie auch nicht ohne weiteres untereinander austauschbar. Der Magier, der praktisch mit diesen Bildformen arbeiten will, tut gut daran, sich seiner eigenen ethnischen und kulturellen Herkunft zu erinnern und sich der Bilder und Namen der eigenen Tradition zu bedienen. Für den westlichen Menschen bedeutet das, daß er am ehesten mit den Bildern der ägyptischen oder griechischen Mythologie, der Bilder- und Symbolwelt der jüdischen Kabbala sowie der keltischen Götterwelt erfolgreich arbeiten kann, während er mit polynesischen oder afrikanischen Bildern kaum Resultate erzielen wird, selbst wenn in diesen Bildern die Energien enthalten sind, mit denen der Magier arbeiten will. Umgekehrt werden Osiris, Dionysos, Adonai oder Lug dem Südseeinsulaner kaum zum erhofften magischen Resultat verhelfen. Es ist eine besonders durch das New Age eingerissene Unsitte, etwa indianische Naturgeister, indische Götter und Jesus Christus samt Buddha wahllos miteinander und durcheinander einzusetzen. Dieser Wirrwarr wird sich letztlich nur unheilvoll auf die psychische Gesundheit solch dilettierender Magier auswirken.

Die Praxis der rituellen Magie besteht darin, daß der Magier sich in den Stromfluß der Kräfte, die den Kosmos und die Natur erfüllen, einschaltet, sich selbst zum Träger dieser Kräfte macht und deren Gottform annimmt, was praktisch bedeutet, daß er selbst zur betreffenden Energie wird. Daß dies möglich ist, leuchtet ohne weiteres ein, wenn wir bedenken, daß jeder Mensch, also auch der Magier, ein Mikrokosmos ist, in dem alle im Makrokosmos vorhandenen Energien ebenfalls enthalten sind. Jetzt geht es nur noch darum, daß der Magier die für sein Werk benötigte Energie in sich soweit stärkt und fokussiert, daß er die gewollte Wirkung erreichen kann. Das effizienteste Mittel dazu ist das Ritual.

Das Wort Ritual wird von Sanskrit *rta* abgeleitet, was »Wahrheit, Recht« bedeutet. Ein Ritual besteht aus einer genau festgelegten Anordnung und Abfolge von Handlungen, Worten und Symbolen. Es dient der Errichtung eines bestimmten Energiefeldes. Rituale gibt es nicht nur in religiösem oder spirituellem Zusammenhang. Wir finden sie vielmehr überall, ohne sie mit Esoterik oder Religion in Verbindung zu bringen. Eine Opernaufführung gehört zu den kompliziertesten Ritualen, denn ihr Gelingen hängt vom bis zur Zehntelsekunde genauen Zusammenspiel der Orchestermusiker, Sänger, Tänzer, Techniker und so weiter ab. Die Arbeit mit einem Computer trägt alle Merkmale eines Rituals, denn nur die richtigen Anweisungen, in der richtigen Abfolge eingegeben, bringen das Programm zum Laufen und bewirken dadurch Resultate. Auch manche Sportveranstaltungen können durchaus unter dem Gesichtspunkt eines Rituals gesehen werden, wie etwa die Olympischen Spiele. Es leuchtet daher ohne weiteres ein, daß Magie sich dieses außerordentlich starken Hilfsmittels bedient, um ihre Resultate zu erzielen. Die in die Durchführung eines Rituals investierten Energien verstärken sich gegenseitig und bewirken so ein Kraftfeld, dessen konzentrierte Energien wie die in einem Brennglas fokussierten Lichtstrahlen zur Erreichung eines Resultates eingesetzt werden können. Die Erfahrung zeigt auch, daß sich das betreffende Energiefeld mit der wiederholten Durchführung eines Rituals verstärkt. Wird ein Ritual häufig und regelmäßig durchgeführt, löst sich das errichtete Kraftfeld nach der Zelebrierung jeweils nicht wieder auf, sondern bleibt über das eigentliche rituelle Geschehen hinaus eine gewisse Zeit erhalten. Rituale können sowohl von einzelnen Personen als auch von Gruppen durchgeführt werden, wobei mehrere Menschen in der Gruppe zusammen ein stärkeres Energiefeld bewirken als ein einzelner Mensch. Das durch ein Gruppenritual erzeugte kollektive Energiefeld wird als Egregore bezeichnet. Wird ein solches Egregore lange genug »genährt«, kann es durchaus die Eigenschaften eines lebendigen Wesens annehmen und in einzelnen Fällen, wenn das nötige Know-how für den sorgfältigen Umgang damit nicht vorhanden ist, auch außer Kontrolle geraten. Solche Phänomene beobachten wir manchmal bei den Anhängern von Popstars oder Fußballclubs, wenn sich die mit vielerlei Mitteln rituell aufgeladene Energie plötzlich gewaltsam entlädt.

Die immer noch vorhandene Kraft der alten Götter, die im Strom der Jahrtausende von vielen Menschen verehrt und rituell beschworen wurden, beruht auf dieser Tatsache. Zwar verliert deren Egregore, wenn es nicht regelmäßig genährt wird, seine unmittelbare Lebendigkeit, aber als Energiepotential ist es durchaus noch vorhanden und kann jederzeit mit den entsprechenden rituellen Handlungen wiedererweckt und zur Auswirkung gebracht werden. Dies ist übrigens ein beliebtes Motiv phantastischer Erzählungen. Deshalb überlege man sich sehr sorgfältig, zu welchem Gott man mittels eines magischen Rituals Kontakt herstellen will und zu welchem Zweck. Man studiere sorgfältig möglichst *alle* Eigenschaften des betreffenden Gottes, auch die zerstörerischen, die in jeder Gottheit angelegt sind, und sei sich darüber im klaren, daß man auch mit diesen Aspekten konfrontiert werden kann. So wurde mir von einem sehr glaubwürdigen Zeugen der Fall einer jungen Frau berichtet, die nachts im Wald ein Ritual zur Anrufung des Gottes Pan durchführte und anschließend auf dem Heimweg vergewaltigt wurde. Auch ich kenne einen Mann, eher schüchtern und sehr feinfühlig, dem niemand zutrauen würde, daß er auch nur einer Fliege etwas zuleide tun könne, der in einem gleichen Fall zu seinem nachträglichen Entsetzen selbst zum Vergewaltiger wurde. Beide wußten vielleicht nicht, daß Vergewaltigung eng mit dem Gott Pan verbunden ist. Solche magischen Pannen und Zwischenfälle geschehen vermutlich häufiger als man denkt, weil sie meist nicht mit dem magischen Handeln oder dem Ritual in Zusammenhang gebracht werden.

Damit stellt sich die Frage, wie Rituale wirken, ob sie Kräfte, die in jedem Menschen als Potential angelegt sind, verstärken und zur Auswirkung bringen, oder ob durch Rituale Energien in Bewegung gesetzt werden, die sich außerhalb des einzelnen Menschen befinden. Wahrscheinlich ist beides möglich. Im ersten Fall werden die Kräfte *invoziert,* also im Menschen selbst hervorgerufen, oder, nach einer anderen Definition, in den Magier hineingerufen. Im zweiten Fall werden sie außerhalb des Magiers beschworen. Unter diesem Gesichtspunkt können wir auch verstehen, warum manche esoterischen Lehrer ihren Schülern dringend zu einer eingehenden Psychotherapie raten, bevor diese beginnen, sich mit esoterischen und magischen Praktiken zu befassen. Es ist notwendig, daß der Magier das in ihm vorhandene und in seinem Unbewußten verborgene psychische Energiepotential, besonders den Schattenbereich, kennenlernt, bevor er sich anschickt, unter Zuhilfenahme seiner psychischen Energien magisch zu arbeiten.

Jede Gottheit repräsentiert ein in der Natur und im Kosmos vorkommendes Energiepotential, das auch im Mikrokosmos des Menschen angelegt ist. »Es ist kein Teil an mir, der nicht von den Göttern ist.« Wenn ich mittels einer magischen Praxis oder eines Rituals den Kontakt zu einem Gott herzustellen suche, so wird dieser Kontakt in mir, in meiner eigenen Psyche erfolgen. Es ist besser, in diesem Zusammenhang von einer Gottform, statt von einem Gott zu sprechen, denn ein Gott kann unter vielen Aspekten in Erscheinung treten. So kennen wir Osiris in seiner Form als erschlagenen Osiris wie in der Form des auferstandenen Osiris. Um mit den entsprechenden Kräften in sich selbst in Kontakt zu kommen, ist es hilfreich, sich mit ihnen zu identifizieren. Ich kann dies tun, indem ich mit äußeren Hilfsmitteln meine Sinne so anspreche, daß sie sich auf das magische Ziel konzentrieren. Wenn ich die Gottform des auferstandenen Osiris annehmen will, kann ich mich in ein blaues Gewand hüllen, die Arme über der Brust kreuzen und am Morgen, wenn die Sonne über den Horizont steigt, etwa folgende Worte sprechen: »Ich bin Osiris, der aufersteht aus der Nacht des Todes; ich war zerstückelt und bin wieder ganz geworden; mein Licht leuchtet der Welt und meine Fruchtbarkeit bringt Heil den Menschen.« Mit diesem oder einem ähnlichen kleinen Ritual, das natürlich noch sehr detailliert angereichert oder ausgebaut werden kann, werden die Energien des auferstandenen Osiris in mir aktiviert, das heißt, meine eigene Lebenskraft, meine Kraft zur Regeneration und Ganzwerdung. Nach der Durchführung eines solchen Rituals einfach ins Büro zu gehen und die von gestern übriggebliebene Routinearbeit zur Erledigung vom Stapel zu nehmen, wäre total verfehlt, denn die Kräfte des auferstandenen Osiris haben nicht im mindesten mit Routine und nachträglicher Erledigung, sondern mit Erneuerung zu tun. Diese Kräfte, die in mir aktiviert wurden, wollen jetzt in ein magisches Resultat verwandelt werden. Also habe ich nach Möglichkeiten Ausschau zu halten, wie dies im Rahmen meiner täglichen Umwelt geschehen kann und wie diese Möglichkeiten bewußt wahrgenommen werden können. Versäume ich dies, so können sich die invozierten Kräfte selbständig verwirklichen, und zwar auf eine Weise, die mir möglicherweise gar nicht behagt. So kann mir am Mittag das schöne Porzellanservice aus der Hand gleiten und am Boden *zerstückeln*, und da am Abend eine Einladung bevorsteht, bleibt mir nichts anderes übrig, als das zerstückelte Geschirr zu *erneuern*, was in jedem Fall eine empfindliche finanzielle Einbuße bedeutet, die in meinem magischen Bemühen eigentlich nicht vorgesehen war. Auch wenn ich diesen Zwischenfall wahrscheinlich gar nicht mit meinem Ritual in Verbindung bringe, haben sich die Kräfte des auferstandenen Osiris ausgewirkt und ein Resultat im Sinne der invozierten Gottform erzeugt. Eine magische Arbeit, die am Morgen erhaben und von tiefem Ernst erfüllt begann, kann sich auf diese Weise am Mittag durchaus im brüllenden Gelächter der Götter auflösen, wenn bestimmte Gesetze nicht beachtet werden. Was sich wie Ironie anhört, beruht auf gemachten Erfahrungen. Eines der wichtigsten esoterischen Gesetze lautet deshalb: *Jede invozierte (oder auch evozierte) Energie muß vom Magier bewußt in ein Resultat überführt werden, ansonsten kann sie sich destruktiv gegen den Magier realisieren.* Es gibt kaum ein Gesetz, gegen das in Kreisen von Esoterikern so oft verstoßen wurde und noch wird, wie dies. Nicht nur einzelne Esoteriker, sondern auch ganze magische Orden, die es eigentlich hätten wissen müssen, haben durch seine Nichtbeachtung Schaden genommen oder sind gar zugrundegegangen.

Eine weitere magische Praxis, die längere Zeit in Vergessenheit geraten war, seit kurzem aber wieder eine Renaissance zu erleben scheint, kann mit dem Wort Pfadarbeit oder Pfadwanderung bezeichnet werden. Dies ist die Übersetzung des englischen Ausdrucks »pathworking«. Dieses Wort kommt aus der kabbalistischen Magie und weist auf die magische Arbeit hin, die aufgrund der Pfade im kabbalistischen Baum des Lebens gestaltet wird. Auch die Pfadarbeit hat ihren Ursprung in dem Gesetz, daß alles Bild und Name ist. Der wesentliche Unterschied zum Annehmen der Gottformen besteht darin, daß hier keine Identifizierung mit den magischen Bildern erfolgt, sondern daß der Magier mehr oder weniger in der Rolle des Betrachters verbleibt und sich der magischen Einwirkung der Bilder öffnet. Äußerlich gesehen hat die Pfadarbeit große Ähnlichkeit mit der Technik des kreativen Visualisierens oder des katathymen Bilderlebens. Der Unterschied besteht allerdings darin, daß der Magier die Bilder im allgemeinen nicht einfach vor seinem inneren Auge entstehen läßt, wie sie gerade kommen, und sie auch nicht, wie beim kreativen Visualisieren, nach seinen persönlichen Wünschen und Ansichten gestaltet, sondern sich beim Aufbau der visualisierten Bilder an die von altersher überlieferten Formen, Symbole, Archetypen und Bilder hält und auf deren von Generationen geschaffene Energieladung vertraut. Will der Magier mit Hilfe einer Pfadarbeit zum Beispiel die Energie der Sephira Tipharet am Baum des Lebens invozieren, so wird er das Bild vor seinem inneren Auge aus den Elementen aufbauen, die dieser Sephira zugeordnet sind: die Sonne, der Erzengel Michael, der Pyramidenstumpf, das Rosenkreuz, die Zahl Sechs und so weiter. Eine Pfadarbeit ist nicht nur an die Symbolik und Bilderwelt des kabbalistischen Lebensbaumes gebunden, ebensogut können die traditionellen Mythen und Sagenkreise dafür herangezogen werden. In England, wo diese Technik unter dem Einfluß des *Golden Dawn* und des von Dion Fortune gegründeten magischen Ordens *Fraternity of The Inner Light* sehr gepflegt wurde und vielleicht noch wird, hat sich der Mythos um König Artus und seine Tafelrunde und die Suche nach dem Gral als sehr geeignet erwiesen. Der Kontinentaleuropäer verwendet zum gleichen Zweck vielleicht antike Göttermythen des Mittelmeergebietes, wie man überhaupt bei jeder magischen Arbeit am vorteilhaftesten die Bilder und Gottformen einsetzt, die mit der eigenen ethnischen und kulturellen Tradition verbunden sind. Man wird damit nicht nur am ehesten die gewollten Resultate erzielen, sie werden auch am wirksamsten sein.

Pfadarbeit und die Annahme von Gottformen sind natürlich längst nicht die einzig möglichen magischen Techniken. Es gibt derer eine ganze Menge. Diese beiden wurden hier vorgestellt, weil sie für jemanden, der praktisch arbeiten will, am ehesten zugänglich sind und weil sie die wenigsten Gefahren in sich bergen. Gefahren sind nämlich mit jeder magischen Technik verbunden.

Bei der Pfadarbeit und der Annahme der Gottformen kann eine solche Gefahr beispielsweise darin liegen, daß zwischen den Gottformen, den Bildern und Symbolen und der eigenen menschlichen Persönlichkeit nicht genügend bewußt unterschieden wird. Daraus können Schwierigkeiten im Umgang mit der Alltagsrealität entstehen. Schamanistische magische Techniken, die besonders in der letzten Zeit unter dem Einfluß des New Age sehr in Mode gekommen sind, halte ich für weniger geeignet. Schamanistische Techniken, und dies wird im allgemeinen viel zu wenig beachtet, setzen eine sehr tiefe Verankerung in einer Stammesgemeinschaft oder Gruppe voraus. Nur aufgrund dieser Verankerung, aufgrund der Geborgenheit, die sie ihm gibt, kann der Schamane seine Reisen in andere Sphären und Welten und den Kontakt mit den sich darin befindlichen Energien überhaupt wagen. Ist diese Gruppenverankerung nicht vorhanden, und das dürfte für uns heutige westliche Menschen die Regel sein, kann ein mit schamanistischen Techniken arbeitender Magier mit ernsthaften psychischen Gefahren konfrontiert werden. Daß dies nicht häufiger geschieht, liegt hauptsächlich daran, daß sich schamanistische Techniken, und dies gilt auch für die klassischen magischen Techniken, eben nicht in einem zwei- bis fünftägigen Seminar bis zur höchsten Effizienz erlernen lassen, wie dies heute vielfach angeboten wird. In diesem Zusammenhang möchte ich noch einmal nachdrücklich darauf hinweisen, daß Magier sein nicht darin besteht, über gewisse Fähigkeiten zu verfügen, sondern vor allem darin, eine ganz bestimmte Lebenshaltung einzunehmen und nach außen hin zu vertreten, deren Erwerb eine längere und ausdauernde Bewußtseinsarbeit erfordert. Wer sich diese Lebenshaltung nicht zu eigen macht, wird auch durch noch so ausdauerndes Bemühen kaum magische Resultate erzielen, während diese sich im andern Fall manchmal ohne besondere Anstrengung als Auswirkung der magischen Grundhaltung ergeben können.

An dieser Stelle möchte ich noch einmal nachdrücklich darauf hinweisen, daß dieses Buch Grundinformationen zur Esoterik vermitteln will und keine praktischen Übungsanleitungen gibt. Es existieren (bis jetzt) nur sehr wenige, genügend detaillierte und auch kompetente Anleitungen zur magischen Praxis, wie sie in diesem Buch verstanden wird. Man trifft diese magische Praxis in den therapeutischen Exerzitien der modernen Psychologie häufig an, sie werden jedoch kaum unter dieser Bezeichnung erwähnt; es wird auch nicht auf ihre esoterisch-magische Herkunft hingewiesen. Dies trifft beispielsweise auf das aus dem Amerikanischen übersetzten Buch *Persönliche Mythologie. Die psychologische Entwicklung des Selbst* von David Feinstein und Stanley Krippner (Sphinx-Verlag, 1987) zu, das ganz für die Praxis geschaffen ist. Was darin vermittelt wird, ist reine Magie, wenngleich das Wort selbst sorgfältig vermieden wird. Klar ist in dieser Beziehung James H. Brennan, dessen aus dem Englischen übersetztes Bändchen *Experimentelle Magie. Einführung und Praxis* (Sphinx Verlag, 1985) als Ergänzung der hier gegebenen Informationen empfohlen werden kann. Der Leser, der der englischen Sprache mächtig ist, hat es schon besser. Ihn kann ich auf Bücher hinweisen, die dem angehenden Praktiker eine gute und auch vertrauenserwekkende Hilfe sein können, so etwa die drei Bücher von Murry Hope *Practical Egyptian Magic. A complete manual of Egyptian magical practices, including safe and simple rituals adapted for presentday use* (Aquarian Press, 1984); *Practical Greek Magic. A complete manual of a unique magical system based on the classical legends of ancient Greece.* (Aquarian Press, 1985); *Practical Celtic Magic. A workung guide to the magical heritage of the Celtic Races* (Aquarian Press, 1987); und als Ergänzung dazu mit manchen praktischen Vorschlägen und Beispielen von Dolores Ashcroft-Nowicki *First Steps in Ritual. Safe, Effective Techniques for Experiencing the Inner Worlds* (Aquarian Press, 1982). Die in diesen Büchern beschriebenen magischen Arbeiten lassen sich ohne größere Aufwendungen und Vorleistungen durchführen. Wer indessen gewillt ist, mehr an Zeit und Aufwand zu investieren, und vielleicht noch die Möglichkeit hat, einen Raum seiner Wohnung ganz zum Tempel zu machen, halte sich an *The Ritual Magic Workbook* von Dolores Ashcroft-Nowicki (deutsch im Herbst 1990 im Verlag Hermann Bauer). Er findet in diesem Buch einen Schritt für Schritt sorgfältig aufgebauten Kurs der Zeremonialmagie über den Zeitraum von zwölf Monaten mit allen dazu nötigen praktischen Informationen. Für Menschen, die eine starke kirchlich-christliche Prägung erfahren haben, mag es nicht immer leicht sein, sich der alten klassischen, »heidnischen« Techniken zu bedienen, weil sie dadurch in Gewissenskonflikte geraten könnten. In solchen Fällen ist dringend davon abzuraten, sich dieser Systeme zu bedienen. Statt dessen empfehle ich das Buch *The Nature and the Use of Ritual for Spiritual Attainment. Based on the Seven Key Christian Documents* von Peter Roche de Coppens, Ph. D. (Llewellyn Publications, 1985). Der Autor verwendet für seine Darlegung magischer Praxis ausschließlich christliche Bilder und Symbole in einer sehr sauberen und wirksamen Weise. So kann sich auch der stark christlich geprägte Esoteriker vertiefte magische Kenntnisse erwerben. Wer sich der Praxis der Pfadarbeit widmen will, findet alle dazu nötigen Informationen bei Dolores Ashcroft-Nowicki, *Highways of the Mind. The Art and History of Pathworking* (Aquarian Press, 1987).

Alle diese Bücher enthalten für den Anfänger geeignete, sorgfältige Anleitungen und bewegen sich, was mir besonders wichtig erscheint, in einem Rahmen, innerhalb dessen bei genauer Beachtung der Anweisungen nach menschlichem Ermessen keine unliebsamen Pannen, Störungen oder Zwischenfälle sowie die erwähnten Gefahren auftreten können. Warnen möchte ich allerdings vor allen Praktiken, die der Evokation dienen. Sie gehören nicht zur Praxis des Anfängers und schon gar nicht in die Hände des magischen Bastlers. Um noch einmal an das gegebene Beispiel zu erinnern: Wer imstande ist, in eigener Regie und Verantwortung einen Brückensteg über den Wasserlauf in seinem Garten zu zimmern, ist deshalb noch lange nicht fähig, den Bau eines Viaduktes mit vielen von außen dazu herbeigezogenen Bauarbeitern und Firmen kompetent zu leiten und seinen Willen entsprechend durchzusetzen. Das sind zwei verschiedene Paar Schuhe. Fortgeschrittenere und solche, die auch ein umfangreicheres, härter forderndes Studium nicht scheuen, werden irgendwann zu dem in den letzten fünfzig Jahren zum Klassiker auf dem Gebiet der Esoterik und Magie gewordenen größeren Werk *Das magische System des Golden Dawn* von Israel Regardie (Verlag Hermann Bauer, 1988) greifen.

Wo von Magie die Rede ist, wird auch die Frage nach der Unterscheidung von sogenannter Weißer und Schwarzer Magie gestellt. Ich möchte dieses Kapitel auch nicht abschließen, ohne einige Überlegungen zu diesem Thema vorgelegt zu haben. Mehr als Überlegungen, die überdies noch rein subjektiver Natur sind, sind nach meiner Auffassung zu dieser Frage nicht möglich, denn jeder wird die entsprechenden Definitionen von seinem persönlichen Standpunkt aus formulieren. Dies gilt auch für meine Ausführungen.

Die nach wie vor populärste Definition des Unterschiedes zwischen weißer und schwarzer Magie meint, daß weiße Magie einem guten und schwarze einem bösen Zweck diene. So läßt sich die Unterscheidung natürlich nicht machen, denn woher nehme ich das absolute Kriterium dafür, was gut und was böse ist. Alle Menschen neigen ja dazu, das als gut zu bezeichnen, was ihnen persönlich angenehm und nützlich ist, und alles Gegenteilige für böse zu erklären. Daß dies zwangsläufig Konflikte und Meinungsverschiedenheiten zur Folge hat, ist nur konsequent und logisch. Helena Blavatskys Definition, schwarze Magie sei Mißbrauch der geistigen Kräfte zu falschen Zwecken, scheitert am gleichen Problem, denn auch die Begriffe richtig und falsch sind rein subjektiv geprägt. Was wir brauchen, ist etwas Übergeordnetes, Festes, so etwas wie den fixen Punkt, den ein Navigator benötigt, um den Kurs zu bestimmen. Dafür müssen wir uns einmal mehr an die große kosmische Schöpfungsordnung halten. Wir hätten damit die Möglichkeit, den Unterschied zwischen weißer und schwarzer Magie in der Beziehung zu sehen, die das jeweilige magische Handeln zur großen kosmischen Schöpfungsordnung hat.

Legen wir unseren Überlegungen wieder den Satz »das Universum drängt zur Form« zugrunde. Das würde bedeuten, daß unser magisches Handeln, wenn wir es in Übereinstimmung mit der kosmischen Schöpfungsordnung bringen wollen, ebenfalls der Form zu dienen hat – unter Berücksichtigung des Gesetzes, »wie oben so unten« –, der gleichen Form, die das Universum anstrebt. Schwarze Magie wäre demzufolge eine Auswirkung des Bestrebens, dieser vom Universum angestrebten Form entgegenzuwirken, sie zu stören oder gar aufzuheben. Mit anderen Worten ausgedrückt, der Magier setzt seinen eigenen Willen, der sich nur dem Ego des Magiers verpflichtet fühlt, zum Maßstab seiner Magie. Dies nach moralischen oder individuell ethischen Gesichtspunkten werten zu wollen, scheint mir überheblich und letztlich auch falsch, denn es ist durch und durch unlogisch, den Menschen vom esoterischen Standpunkt aus als Repräsentanten des Göttlichen zu sehen (»Es ist kein Teil an mir, der nicht von den Göttern ist.«) und ihn dann moralisch als böse oder falsch orientiert zu verurteilen, wenn er dieser Göttlichkeit praktischen Ausdruck geben will. Die Frage ist nicht so sehr, ob er das, moralisch gesehen, darf oder nicht, als vielmehr, ob er es vermag und auf welche Weise es geschieht. Der Magier gleicht hierin einem Wellenreiter, er sich anschickt, die Energie einer aus den Weiten des Ozeans heranrollenden Woge zu handhaben. Der weiße Magier setzt sein ganzes Können ein, um sich im richtigen Moment mit seinem Brett auf den Kamm der Welle zu schwingen und ihre Dynamik zu seiner Fortbewegung zu nutzen. An Bewegung und Richtung der Welle ändert er nichts; ihr Weg und Ziel sind auch die seinen. Der schwarze Magier konzentriert seine Kräfte darauf, sich der Welle entgegenzustellen und ihren Lauf aufzuhalten oder umzukehren. Ich überlasse es der Phantasie des Lesers, sich auszumalen, welches Resultat aus dieser magischen Handlung hervorgeht.

Jeder Mensch beginnt auf ganz natürliche Weise sein Leben als Schwarzmagier. Der Säugling erlebt sich als Mittelpunkt der Welt; der ganze Kosmos ist für ihn allein dazu da, die Wünsche und Bedürfnisse seines Egos zu befriedigen. Dies als falsch oder gar als böse zu bezeichnen, ist absurd. Im Gegenteil, für den Säugling ist eine solche Haltung der Welt gegenüber zum reinen Überleben notwendig. Mit der Zeit wird er aber Schritt für Schritt die Erfahrung machen, daß er Teil eines größeren Ganzen ist. Dieser Lernprozeß wird gewiß nicht schmerzlos und ohne Krisen ablaufen, sein Gelingen wird ihn aber nicht nur zu einem bloßen Überleber, sondern zu einem wirklich lebendigen Menschen machen. Vielleicht braucht der Schwarzmagier einfach etwas länger, bis er begriffen hat, wo seine Möglichkeiten und vor allem seine Grenzen liegen. Es ist eine alte esoterische Wahrheit, daß sowohl der weiße als auch der schwarze Weg letztlich zum Ziel führen. Beide Wege sind vergleichbar mit zwei Routen, die auf den Gipfel eines hohen Berges führen. Eine weiß markierte Route führt über die Bergflanke nach oben. Sie ist so angelegt, daß auch Bergsteiger mit durchschnittlichem Können sie unter Beachtung gewisser Sicherheitsvorkehrungen bewältigen können. Die schwarz markierte Route verläuft durch die steile Wand. Sie ist streckenmäßig die kürzere, aber im Vergleich zur weißen sehr viel gefährlicher und risikoreicher. Wer diese Route wählt, läuft viel eher Gefahr, zu straucheln und abzustürzen. Geschieht der Absturz mehrmals, was fast die Regel ist, braucht man für diese kürzere Strecke im Endeffekt länger als für den gemächlicheren Weg über die Flanke. Die Mehrzahl der Esoteriker und Eingeweihten sind höchstwahrscheinlich Menschen, die mindestens einmal den Versuch durch die Steilwand gewagt haben und dabei gestürzt sind. Und irgendwann haben sie eingesehen, daß jeder Sturz neue Karmabelastungen mit sich bringt, zu deren Bewältigung viel Zeit und Energien eingesetzt werden müssen, wodurch der Weg unnötig verlängert wird. Beide Wege, der schwarze wie der weiße, können auch pervertieren oder korrumpieren. Der schwarze Weg kann zu einer Ego-Inflation führen, die schließlich in einer isolierenden Egozentrik endet. Die Korrumpierung des weißen Weges liegt in der Entwicklung zum bloßen Funktionalismus und der absoluten Unterwerfung unter eine nicht hinterfragte Autorität, zum berüchtigten anonymen Rädchen in einer nicht durchschaubaren Maschinerie. Die bedingungslose, kritiklose Unterwerfung unter seinen Willen, die der schwarzmagische Guru oft von seinen Schülern fordert, leistet der Weißmagier in diesem Falle freiwillig und verzichtet damit auf sein selbständiges Wollen. Mit jeder esoterischen Praxis und vor allem mit der Magie ist immer auch ein Risiko verbunden. Wer dieses Risiko nicht eingehen will, sollte sich besser nicht mit Esoterik einlassen. Nicht umsonst haben die Eingeweihten der Vergangenheit in den vier magischen Devisen den Schritt des Handelns mit dem Wort »wagen« bezeichnet. Der Schwarzmagier kann durch sein ichbetontes Handeln, womit er versucht, seine Umwelt allein dem Willen seines Egos und seiner persönlichen Bedürfnisse zu unterwerfen, manchmal empfindlich stören, Unordnung verursachen und Schaden anrichten, was auch dem Weißmagier zu schaffen machen kann.

Vielleicht sollte man die Ausdrücke schwarz und weiß in diesem Zusammenhang überhaupt nicht mehr verwenden, weil sie zu sehr von allen möglichen nicht immer zutreffenden Vorstellungen besetzt sind. Statt von weißer Magie könnte man von kosmischer oder Form-Magie sprechen, statt von schwarzer von Ego- oder Chaos-Magie. (In diesem Zusammenhang möchte ich darauf hinweisen, daß damit nicht die magische Schule gemeint ist, die sich selbst als Chaos-Magie bezeichnet. Nach den Informationen, die mir zur Verfügung stehen, handelt es sich dabei eher um eine spezielle Art der Form-Magie. Das Wort Chaos wird hier in einem Sinne verwendet, der dem östlichen Begriff des Tao recht nahe kommt und nicht Desintegration und Unordnung bezeichnet.)

Halten wir noch einmal fest: Magie und Magier sein hat nichts mit Zauberei im herkömmlichen Sinne zu tun. Der Magier ist ein Mensch, der von seinem Privileg Gebrauch macht, aus der Einsicht heraus zu handeln. Er *will* sich selbst und seine persönliche Umwelt, die ihm als Aktionsfeld gegeben ist, im Sinne er Autorität verändern, der er sich freiwillig verpflichtet, sei dies die kosmische Schöpfungsordnung oder das eigene Ego. Er *weiß* um die nötigen Voraussetzungen dazu, und er *handelt* entsprechend, bis aus seinem Handeln ein *Resultat* hervorgeht, das für sich selbst steht.

Theorie der Praxis

Zugegeben, der Titel dieses Kapitels ist paradox und bedarf der Erklärung.

Wir leben in einer Zeit, in der allgemeines Interesse an und gesteigertes Bedürfnis nach esoterischem Wissen und den damit verbundenen praktischen Möglichkeiten, die gewonnenen Erkenntnisse im persönlichen Leben anzuwenden, besteht. Wenn der Leser die Informationen der vorhergehenden Kapitel aufgenommen und verarbeitet hat, dann ist es nur natürlich, daß er das Bedürfnis bekommt, die erworbenen Kenntnisse praktisch anzuwenden. Hier stellt sich die Frage, auf welche Weise dies am besten geschehen kann. Und da beginnen die Probleme. Das Angebot an sich esoterisch nennenden Systemen und praktischen Möglichkeiten ist heute so groß, daß es für die meisten unübersichtlich geworden ist. Wir wollen nun nicht in ein allgemeines Lamento einstimmen über den Verfall des hohen Wissens, sondern die Sache nüchtern betrachten. Wir können nicht auf der einen Seite die Verbreitung eines Wissens begrüßen, das für die Zukunft und die Überlebenschancen der Menschheit in höchstem Maße erforderlich ist, und auf der anderen die Auswirkungen dieser Popularisierung beklagen. Eines bedingt das andere. Man kann nichts zugänglich machen, ohne es in einem breiteren Rahmen zu publizieren; man muß in Kauf nehmen, daß neben viel Sinn immer auch viel Unsinn dabei ist. Die Spreu vom Weizen zu trennen, ist eine der wichtigsten Fähigkeiten, die sich ein Esoteriker erwerben muß.

Die Lehrer der alten Zeit hatten es leichter. Sie konnten sich ihre Schüler sorgfältig auswählen und diesen wenigen die Instruktionen und Lehren in einer Form vermitteln, die der hohen Intelligenz und dem fortgeschrittenen Grad ihrer Schüler entsprachen. Der Lehrer von heute muß das gleiche Wissen vermitteln, jedoch nicht an eine zahlenmäßig kleine Elite, sondern an die vielen, die nach Belehrung verlangen. Er sieht sich deshalb mit der Notwendigkeit konfrontiert, die esoterische Lehre in eine Form zu bringen, die nicht nur den höchsten Ansprüchen genügen muß, sondern auch von einer breiteren Schicht verstanden werden soll, die nicht unbedingt die gleichen Voraussetzungen mitbringt. Das ist auch gut so, denn elitäre Arroganz und Lieblosigkeit stellen immer eine Gefahr für esoterische Lehrer dar und waren früher viel verbreiteter als heute. Es geht also nicht so sehr darum, die Flut esoterischer Informationen einzudämmen, als vielmehr darum, die Fähigkeit zu entwickeln, aus dem vielfältigen Angebot das auszuwählen, was für die persönliche Arbeit wichtig und gut ist. Ziel dieses Kapitels ist es, Elementarkenntnisse zu vermitteln, die die Auswahl erleichtern.

In der heutigen esoterischen Publizistik herrscht kein Mangel an Hinweisen, Anregungen und Anleitungen zu praktischen Übungen. Die meisten Autoren haben ein entsprechendes Repertoire an Übungen verschiedener Herkunft auf Lager, das sie ihren Lesern vermitteln. Überblickt man dieses Angebot summarisch, so kann der Eindruck entstehen, daß esoterische Praxis ausschließlich aus Übungen besteht, wobei meist offengelassen oder nur sehr vage angedeutet wird, worin letztlich das Ziel dieser Übungen liegt. In der Tat besteht hier teilweise die Gefahr, daß das Training bereits als das Ziel angesehen wird. Das kann zur Folge haben, daß Esoterik entweder zu einem rein spielerichen L'art pour l'art wird, oder daß sich der Mensch gezwungen sieht, seine Existenz in klösterlicher Abgeschiedenheit zu verbringen, die ihm die für die Entwicklung seiner Spiritualität erforderliche Umgebung bietet.

Für mich war der Besuch eines Kartäuser-Klosters ein Schlüsselerlebnis zu diesem Thema. Es war beeindruckend zu sehen, wie sich das Leben der Mönche, der Patres, wie sie genannt wurden, in der Strenge eines unerschütterlichen Rituals in ständigem Schweigen vollzog, unentwegt der Kontemplation und Meditation zur Erfahrung der Gottesnähe hingegeben. So etwas wie Neid überkam mich; wie schön hatten es doch diese Patres. Geborgen in ihren kleinen Zellenwohnungen mußten sie nicht ständig daran denken, woher das nötige Geld zum Leben kommt. In ihrer Abgeschiedenheit wurden sie nicht von den Bedürfnissen ihrer Mitmenschen genervt; das Essen wurde ihnen gekocht und in die Zelle serviert; sie brauchten keine Steuererklärungen auszufüllen und was dergleichen die Erleuchtung hemmenden, lästigen Anforderungen mehr sind; und sie durften schweigen, ohne ständig Rede und Antwort stehen zu müssen. Und doch hielt mich etwas davon ab, mich ihnen anzuschließen. Ich merkte sehr schnell, daß es auch im strengen, ganz auf Spiritualität ausgerichteten Kloster nicht ohne Steuererklärung und den anderen profanen Alltagskram ging. Nur der wurde den Patres sorgfältig vom Hals gehalten. Den täglichen Krimskrams zu erledigen, war Aufgabe der Fratres, der Laienbrüder. Sie waren es, die den Patres den Weg zur Erleuchtung freischaufelten. Hinter dieses ausgeprägte Zweiklassensystem machte ich ein großes Fragezeichen und überlegte mir, welche karmischen Folgen die Erlangung der Erleuchtung auf Kosten anderer wohl haben könnte. Das ist *meine* Frage, denn diese Art von esoterischem Weg war zu allen Zeiten üblich. Nicht nur die Klostergemeinschaften in Ost und West beschreiten ihn, sondern auch viele östliche Gurus lebten und leben eng mit Schülern zusammen, deren Aufgabe es ist, dem Lehrer die Anforderungen des Alltags fernzuhalten. Man kann einwenden, daß der Guru seinen Schülern ja gewissermaßen als Gegenleistung seine in Abgeschiedenheit und Muße gewonnenen Erkenntnisse vermittelt. Dies mag durchaus sein, doch scheint mir die Frage berechtigt, warum ein solcher Guru nicht gemeinsam mit seinen Schülern den Weg beschreitet – gemäß dem östlichen Sprichtwort: »Wenn du einem Menschen helfen willst, dann gib ihm keinen Fisch, sondern lehre ihn fischen.« Eine Grundforderung für die Esoterik im Wassermannzeitalter scheint mir zu sein, daß sie einen Weg aufzeigt, der keine Weltflucht verlangt, sondern auch für einzelne lebendige Menschen mitten im lebendigen Leben zu beschreiten ist. Das bedeutet auch eine Befreiung von persönlichen und systembedingten Hierarchien. Dieses Kapitel soll einen ersten Schritt in diese Richtung weisen.

Zu Beginn jeglicher esoterischer Praxis müssen grundsätzliche Entscheidungen getroffen werden. Je bewußter dies geschieht, desto bessere und erfahrbarere Resultate werden sich einstellen. Wer in einer unbewußten Art und Weise mehr oder weniger zufällig zur Esoterik findet und sich sanft von einer ziellosen Neugier treiben läßt, kann unter Umständen Jahre seines Lebens in dieser verspielten Weise zubringen, bis er das esoterische Wissensgebiet gefunden hat, das ihm entspricht und ihm als Weg zu seiner geistigen Entwicklung zu dienen vermag. Die meisten strebenden Menschen kommen auf eine solche Weise mit Esoterik in Berührung. Vielleicht ist es das eigene Horoskop, der Anblick einer Tarotkarte oder ein mehr oder weniger »zufälliges« Gespräch, das den Ansporn gibt. Man hält unversehens den Zipfel eines Teppichs in der Hand, dessen genaue Ausmaße man noch nicht im mindesten abzuschätzen vermag. Dies ist kein schlechter Einstieg, nur kann manchmal eine lange Zeit vergehen, bis man findet, was man sucht. Man läuft auch Gefahr, den falschen Zug zu besteigen, der, wenn man den Irrtum bemerkt, unter Umständen längst abgefahren ist und keine Notbremse hat. Auch kann die Faszination so stark werden, daß man sich immer neuen Gebieten zuwendet, bevor man eines tiefer erkundet und erfaßt hat. Man lernt zwar auf diese Weise vieles kennen, kann überall ein bißchen, bleibt aber immer mehr oder weniger im Stadium eines Anfängers stecken. Es ist also besser, sich gleich am Anfang bewußt zu fragen: Was entspricht meiner Neigung, was entspricht meiner Befähigung? Im Garten der Esoterik stehen viele Bäume mit köstlichen Früchten bereit, und jeder kann den finden, dessen Früchte ihm munden und Nahrung spenden. Nicht jeder kann ohne weiteres jedes beliebige esoterische Gebiet bearbeiten. Wer kein Mensch des äußeren Auges ist und zudem noch Schwierigkeiten hat, das analytisch Geschaute in präzise Wortformulierungen zu übertragen, wird sich mit der Astrologie schwertun. Vielleicht ist statt dessen sein inneres Auge geöffnet und fähig, die inneren Bilder der Mythen zu schauen. Dann wird er die kosmische Botschaft vielleicht mit der magischen Technik der Pfadarbeit entschlüsseln. Artus und die Ritter der Tafelrunde können ihm das gleiche sagen, was einem anderen die

Sonne und ihre Planeten. Die kosmische Botschaft und der Weg zu ihrer Initiation sind immer gleich, nur die Bilder dazu sind verschieden. Für das letzte Ziel der Erkenntnis spielt es also keine Rolle, welches Gebiet man gewählt hat, weil jedes nur zu dem einen Ziel führen kann, auch wenn der Ausgangspunkt noch so verschieden sein mag. Dies wird von manchen Esoterikern, selbst von wissenden, viel zu wenig beachtet. So kann es immer wieder vorkommen, daß jemand in Entdeckerfreude nachweist, daß beispielsweise der Mythos vom Gral nichts anderes ist als der mit Bildern des Frühmittelalters verschleierte alchemistische Weg. Das stimmt, und der Betreffende hat das sicher richtig erkannt. Nur ist das Umgekehrte genauso wahr, und es ließe sich mit dem gleichen Recht ein Buch darüber schreiben, daß die Alchemie mit ihren schwer durchschaubaren Symbolen den Weg zum Gral in sich birgt und verbirgt. Welche Bilder es auch sein mögen – was damit ausgedrückt wird, ist immer das gleiche. Für das Ziel, das zu erreichen man sich vorgenommen hat, spielt es also keine Rolle, welches Gebiet gewählt wird. Man lasse sich in der Auswahl von Neigung, Temperament, Veranlagung und vorhandener Befähigung leiten.

Jede Kultur hat die ihr eigenen esoterischen Systeme und Techniken, welche ihrer Geschichte und ihrer ethnischen Persönlichkeit am meisten entsprechen. Weil sie speziell für die betreffende Kultur geschaffen oder entwickelt worden sind, können sie nicht ohne weiteres übertragen und von anderen übernommen werden. Westliche Menschen haben erfahrungsgemäß Schwierigkeiten mit östlichen Yogatechniken, schon aus dem ganz einfachen Grund, weil sie der westlichen Körperbeschaffenheit und Lebensweise nicht entsprechen. Auch die stärkste Anziehungskraft, die östliche Esoterik auf einen westlichen Menschen haben kann, und der größte Fleiß, mit dem er sich ihr hingibt, werden ihm letztlich nicht dazu verhelfen, mehr als ein fleißiger Dilettant zu sein. Umgekehrt dürften Chinesen oder Inder ziemliche Mühe haben, sich im Gralsmythos oder in der Bilderwelt des Tarot zurechtzufinden, obgleich darin letztlich genau das gleiche ausgesagt wird, was auch im Zentrum östlicher Weisheit und Lehre enthalten ist. Man wähle sich also für die Praxis eine Technik, ein System aus der eigenen ethnischen und kulturellen Tradition. Das sollte nun allerdings nicht so verstanden werden, daß man sich überhaupt nicht mehr um andere Richtungen, Schulen und Systeme kümmern sollte. Auch der westliche Mensch kann aus der Weisheit des Ostens tiefe Erkenntnis für sich ziehen, aber wenn es um die Praxis, die Umsetzung geht, ist es vorteilhaft, ein System zu wählen, in dem man selbst verwurzelt ist.

Wer ernsthaft mit esoterischer Praxis beginnen will, sollte ein geschlossenes, bereits gut erprobtes System wählen. Was damit gemeint ist, läßt sich am besten verstehen, wenn man sich vor Augen hält, daß der Mensch ein Mikrokosmos, also ein Abbild des Makrokosmos ist. Das Wesen des Kosmos sind die in ihm waltenden Energien. Jede esoterische Praxis, selbst die einfachste Meditation oder die Betrachtung eines Horoskops, ist also ein Umgang, eine Arbeit mit Energien, die auch die Kräfte des Kosmos sind. Das bedeutet, daß jeder Mensch, der sich praktisch mit Esoterik beschäftigt, die magische Ebene betritt.

Der Kosmos besteht aus einer für den Menschen unübersehbaren Vielzahl von Kräften. Sie alle sind vom einen schöpferischen Prinzip gewollt und geschaffen, was aber nicht heißt, daß alle für den Menschen geeignet sind. Der praktizierende Esoteriker muß sich also darüber klar werden, mit welchen Kräften er arbeiten will und ob die gewählten Kräfte auch harmonisch zueinander passen. Im Grunde stellt sich das gleiche Problem wie bei der Zusammenstellung einer Gästeliste für eine Party. Legt man Wert auf das gute Gelingen des Anlasses, wird man sich genau überlegen, welche Personen man einlädt und wie sie zusammenpassen. Wer einfach auf eine belebte Straße geht und wahllos das erste Dutzend Leute einlädt, das gerade daherkommt, dürfte, von wenigen Ausnahmen abgesehen, unliebsame Erfahrungen machen. Nicht weil die zufällig eingeladenen Leute böse oder schlecht sind – jeder mag für sich allein ein sehr netter und angenehmer Mensch sein –, sondern weil sie nicht zusammenpassen und als Ganzes ein dissonantes Schwingungsfeld erzeugen. Kein Mensch kann sich mit der ganzen Fülle der im Kosmos wirkenden Kräfte befassen; also muß eine Auswahl von Kräften getroffen werden, mit denen Kontakt aufgenommen wird, und diese müssen gegenüber den nicht erwünschten Energien sorgfältig abgegrenzt werden. Dies geschieht durch die Schaffung eines geschlossenen Systems. Am deutlichsten läßt sich dies am Beispiel der Astrologie aufzeigen.

Ein Blick auf den nächtlichen Sternenhimmel genügt, um sich eine vage Vorstellung von der unermeßlichen Anzahl der im Kosmos vorhandenen Gestirne zu machen, die alle auf ihre Weise Ausdruck der kosmischen Kräfte sind. Kein Astrologe kann mit allen arbeiten; das leuchtet ein. Im allgemeinen wird heute mit zehn Gestirnen gearbeitet. Diese Anzahl wurde in jahrtausendelanger Arbeit von vielen Astrologengenerationen zu einem geschlossenen System verbunden. Kein Astrologe wird ernsthaft behaupten wollen, daß es im Kosmos nur die von diesen zehn Gestirnen repräsentierten Energien gibt. Die Erfahrung hat jedoch gezeigt, daß diese Zehnergruppe die menschlichen Belange abdeckt. Am meisten durchgesetzt und bewährt haben sich im Westen das System der jüdischen Kabbala und das der Hermetik. Beide haben sich aus der ägyptischen Magie und ihren vielen Gottformen entwickelt. Beide haben ihre Spuren quer durch die gesamte abendländische Esoterik hinterlassen. Wer sich eines überlieferten geschlossenen Systems bedient, kann sich vertrauensvoll auf die Erfahrungen vieler Generationen verlassen, die alle diesen Pfad begangen und seine Eigentümlichkeiten erforscht haben. Wer im Rahmen eines so geschlossenen Systems verbleibt, braucht keine unliebsamen Überraschungen zu befürchten. Das heißt nicht, daß man in jedem Fall ganz streng vorgehen muß. Besonders die Wende vom Fische- zum Wassermannzeitalter dürfte da manche Veränderung und Anpassung mit sich bringen. Für den persönlichen Gebrauch sollte man allerdings Modifikationen nur dann vornehmen, wenn man aufgrund persönlicher Erfahrung weiß, worauf es ankommt und wie die nötige Balance erhalten werden kann.

Jede esoterische Praxis beginnt beim eigenen, individuellen und darum einmaligen Menschsein. Das heißt, daß es zu erkennen gilt, was es bedeutet, Mensch zu sein. Ferner sollte möglichst auch Klarheit darüber bestehen, wie die gewonnene Erkenntnis als Anthrophanie gelebt werden kann. Wichtig ist dies deshalb, weil jeder Mensch für sich betrachtet ein kosmisches Kraftfeld ist, das unentwegt Energie in seine Umwelt abstrahlt. Die abgestrahlte Energie hat dort ihre Auswirkungen und ruft entsprechende Reaktionen hervor. Es kann deshalb nicht gleichgültig sein, ob diese Auswirkungen und Reaktionen unkontrolliert durch mehr oder weniger zufällige Umstände hervorgerufen werden oder ob sie einem bewußt gestaltenden Willen unterliegen. Bereits da zeigt sich, wie wichtig der magische Aspekt jeder esoterischen Praxis ist und wie früh er ins Spiel kommen kann. Jeder Mensch gestaltet durch seine unentwegt strömenden energetischen Emanationen seine Umwelt selbst. Die Frage ist nur, ob er dies bewußt tun will oder einfach geschehen läßt, was sich gerade aus der augenblicklichen Situation ergibt, ob er bewußt handeln oder von den sich ergebenden Umständen behandelt werden will. Schon deshalb gehört die Arbeit am eigenen Menschsein zu den ersten Schritten esoterischer Praxis.

Voraussetzung dafür bieten die sieben Ebenen, die im Kapitel »Menschlichkeit« beschrieben wurden. Sie können zusammengefaßt werden in der Vierheit Körper, Seele (Astralbereich), Geist (Mentalbereich) und Spiritualität. Auch hier müssen wir uns stets vor Augen halten, daß es sich um ein Modell handelt, mit dem sich gut arbeiten läßt, das aber keine Gewähr dafür bietet, daß ihm die materiellen Fakten in jeder Beziehung entsprechen. Theoretisch ist das Ziel einleuchtend: Die sieben Ebenen sind so miteinander zu koordinieren, daß sie eine Einheit bilden, die in jeder Beziehung in sich geschlossen und ausbalanciert ist. Praktisch ist dieses Ziel indessen recht schwer zu erreichen. Für die Synthese der sieben Ebenen gilt folgendes Gesetz: *Die untere Ebene aktiviert die obere, und die obere Ebene kontrolliert die untere.* Ein Beispiel soll erläutern, was damit gemeint ist. Um leben zu können, braucht der Mensch Energie. Träger dieser physischen Lebensprozesse ist der Körper, dem zu diesem Zweck Energie zugeführt werden muß, beispielsweise in Form von Nahrung. Hat der Körper zuwenig Energie, macht er darauf aufmerksam, indem er die Astralebene aktiviert. Die Astralebene als Bereich der Triebe, Gefühle, Emotionen setzt diese Information in Hungergefühl um. Diese Signale werden notfalls so lange verstärkt, vom Appetit bis zur Gier, bis auf der Mentalebene die Einsicht formuliert wird: Suche und Beschaffung von Nahrung. Wenn die Nahrung eingenommen worden ist, sollten die entsprechenden Impulse auf der Astralebene zurückgenommen werden. Dies ist erfahrungsgemäß beim Menschen häufig nicht der Fall. Gleichzeitig mit den Hungerempfindungen haben sich auf der Astralebene bildhafte Formen von leckeren Speisen mit allem Drum und Dran gebildet, die ihre magische Wirkung ausüben, selbst dann noch, wenn die Energiezufuhr für den Körper abgeschlossen ist. Folgt nun der Körper weiter den magischen Impulsen der Astralebene, wird die Balance empfindlich gestört, was, wie jedermann weiß, ganz handfeste, materielle Auswirkungen hat. Hier hat nun die Mentalebene die Aufgabe, kontrollierend und gegebenenfalls korrigierend einzugreifen. Dies geschieht, indem sie aus der Einsicht heraus die Signale der Astralebene als nicht den Gegebenheiten entsprechend erklärt und den Körper davon abhält, ihnen zu folgen. Das Prinzip ist im Grunde recht einfach, aber wie jedermann aus Erfahrung weiß, in der Praxis oft nicht leicht durchzuführen. So besteht denn auch ein primäres Ziel esoterischer Arbeit am Menschen darin, eine Synthese der sieben Ebenen zu erreichen, darauf hinzuwirken, daß das Gesetz von Aktivierung und Kontrolle in einem ausgewogenen Zusammenwirken zur Geltung kommen kann. Dies geschieht in zwei Phasen. Zuerst muß dafür gesorgt werden, daß die Aktivierung von unten nach oben in einer richtigen und flüssigen Weise erfolgen kann und die Energie nicht irgendwo auf ihrem Weg steckenbleibt oder in falsche Kanäle gerät, wodurch nachteilige Folgen entstehen. Diese erste Phase ist wahrscheinlich gemeint, wenn in der östlichen Esoterik vom Aufsteigen der Kundalinikraft die Rede ist. Ist die aufsteigende Energie ganz oben auf der spirituellen Ebene angelangt, erfolgt die Umkehr. Die Kraft, die, von Ebene zu Ebene aufsteigend, aktiviert wurde, fließt nun im Energiekreislauf wieder nach unten, indem sie auf die jeweils unteren Ebenen einen kontrollierenden Einfluß ausübt. Dadurch wird der Mensch zum magischen Handeln befähigt. Die spirituelle Ebene, sein Höheres Selbst, bestimmt das Geschehen auf der

Mentalebene, die ihrerseits den emotionalen Bereich, die Astralebene, unter Kontrolle hält. Die so fokussierten Energien der Astralebene leiten nun durch ihre Impulse den Körper dazu an, den vom aktivierten Höheren Selbst ausgehenden Energiefluß zum Ausdruck zu bringen, ihm materielle Form zu geben. Da das Höhere Selbst die Verbindungsstelle zum großen schöpferischen Prinzip des Kosmos ist, wird auf diese Weise der Wille dieses schöpferischen Prinzips, das wir Gott oder göttlich zu nennen pflegen, auf unserer persönlichen materiellen Ebene zur Auswirkung gebracht. Genau das ist auf dem ersten Tarotbild »Der Magier« dargestellt.

Viele Esoteriker machen den Fehler, daß sie sich in dieser Beziehung ein zu großes Ziel setzen, daß sie die totale große Erleuchtung anstreben. Stellt sich diese dann trotz aller Übungen und Exerzitien nicht ein, verfallen sie der Resignation und Frustration und geben vorzeitig auf. Die große totale Erleuchtung ist nicht die Regel, sondern dürfte von jeher die seltene Ausnahme gewesen sein, die man nicht zum Maßstab der eigenen Entwicklung machen sollte. Meist wird übersehen, daß esoterische Erkenntnisse und Prinzipien nicht nur im Großen, Allumfassenden ihre Gültigkeit haben, sondern daß ihnen auch die vielen kleinen, bisweilen banalen Umstände unseres täglichen Lebens unterstehen. Der wahre Magier erweist sich dort, nicht in der Zurückgezogenheit und Abspaltung von der Welt in irgendeiner Zelle oder Höhle, wo man allenfalls zum Mystiker werden kann. Wie zeigt sich nun dieses Gesetz der aufsteigenden Aktivierung und der niedersteigenden Kontrolle im Alltag? Wir wollen dies an einem wirklich banalen Beispiel erläutern.

Die Straßenbahn muß unvermittelt ruckartig bremsen; der Mitpassagier, der neben mir steht, kommt aus dem Gleichgewicht und tritt mir mit vollem Gewicht auf den Fuß. Mein Körper empfindet starken Schmerz und aktiviert die Emotionen der Astralebene. Diese signalisiert voll Wut zur Mentalebene: Hau ihm eine runter! Die Mentalebene muß nun eine Entscheidung fällen, ist aber unschlüssig, wendet sich an die spirituelle Ebene und aktiviert sie. Jetzt erfolgt die Umkehr. Die spirituelle Ebene weist die mentale darauf hin, daß die tatsächlich erfolgte Verletzung meiner körperlichen Sphäre nicht mit einer feindlichen Absicht verbunden war, sondern daß der Aggressor selbst ein Opfer der materiellen Umstände ist. Ein Zurückschlagen wäre im Sinne der höheren kosmischen Ordnung deshalb unangebracht. Die Mentalebene signalisiert der Astralebene, daß ihre Reaktion den Umständen zwar durchaus entspricht, daß ihre Anregung aber nicht weiter verfolgt wird. Diese wiederum befiehlt nun dem Körper, für die Energie, die im Schmerz aktiviert wurde, eine andere Verwendung zu suchen, als zurückzuschlagen, vielleicht Zehen bewegen, ein paar Worte wechseln, lächeln, Humor, und so die ursprünglich feindselige Energie nach Möglichkeit sogar in ihr Gegenteil verwandeln, in spontane Sympathie und Zuwendung. Wir erleben täglich unzählige Situationen, die sich auf diese Weise analysieren lassen. Sie vermitteln zwar kein großes Erleuchtungserlebnis, aber jede kann für sich ein Aufsteigen der Kundalinikraft und ihre Umkehr im Kleinen enthalten. Nicht in jedem Fall wird die spirituelle Ebene in der gleichen Weise auf die mentale Ebene einwirken. Wenn jemand wirklich versuchen sollte, mich in feindlicher Absicht zu verletzten oder wenn eine Energie gewaltsam einen Platz erobern möchte, an den sie nicht gehört, wenn sie also im Sinne von Dion Fortunes Definition »böse« ist, dann kann der reagierenden Energie von der spirituellen Ebene aus durchaus eine andere Richtung zur Auswirkung gewiesen werden.

Nehmen wir als ein weiteres Beispiel die Liebe. Der Körper nimmt mit seinen Augen einen starken Eindruck wahr und leitet ihn an die Astralebene weiter. Diese setzt ihn um in Emotion, Triebhaftigkeit, Gefühl und aktiviert dadurch die Mentalebene. Von dort entscheide ich, ob der Mensch, den mir meine Augen als schön erscheinen lassen und den die Astralebene als begehrenswert und attraktiv empfindet, mir auch nach anderen, mehr von der Vernunft geprägten Maßstäben entspricht. Als Entscheidungshilfe wird wiederum die spirituelle Ebene in Erscheinung treten und mir nach dem schöpferischen, göttlichen Prinzip die nötige Antwort geben. Ist sie positiv, wird auch die Mentalebene unter der Kontrolle der spirituellen Ebene ja sagen und der Astralebene freie Bahn zur Entfaltung ihrer Energien geben, die dann unter Einbeziehung aller anderen Ebenen auf der Körperebene materiell umgesetzt und zum Ausdruck gebracht werden können. Diese Liebe, die von der spirituellen bis hinunter zur körperlichen Ebene reicht, die einem einzigen Willen verbunden ist, der seinen Rückhalt im kosmischen, göttlichen Prinzip hat, und die diesen Willen auf allen Ebenen zum Ausdruck bringt, wird in der Esoterik »Liebe unter Willen« genannt. Sie stellt eines der höchsten anzustrebenden Ziele dar. Eine Liebe, die sich so natürlich in den Strom der kosmischen Energien einfügt, wird all das zum Ausdruck bringen können, was Menschen von der Liebe ersehnen, und sie wird zudem von Dauer sein. Die Realität sieht allerdings meist anders aus. So kann es geschehen, daß die Emotionen der Astralebene vom Körper aus aktiviert werden, daß aber der Fluß der Energie dort steckenbleibt und den Kontakt zur Mentalebene nicht findet. Die Umkehr würde dann bereits auf der Astralebene erfolgen, die den materiellen Körper ohne Kontrolle durch die mentale oder spirituelle Ebene anweist, nur in ihrem Sinne, also emotionsgeladen und triebhaft zu handeln. Die Umkehr kann auch schon an der Grenze zur spirituellen Ebene stattfinden. In diesem Fall wäre die Mentalebene die letzte Instanz, die das Handeln bestimmt. Das könnte sich folgendermaßen auswirken: Ich entscheide mich dazu, dich zu lieben, weil du mir nützlich bist. Fällt der Nutzen weg, werden auch die Gefühlsenergien der Astralebene erlöschen.

Wir erkennen daran, wie wichtig es ist, dafür zu sorgen, daß die Durchlässigkeit der verschiedenen Ebenen gewährleistet ist, sowohl nach oben als auch nach unten. Darüber hinaus ist es wichtig, möglichst jederzeit erkennen zu können, bis zu welcher Ebene die Energie aufsteigt und wo gegebenenfalls die Umkehr erfolgt. In der Alltagsrealität wird es kaum möglich sein, jede Energie wirklich bis zur spirituellen Ebene hinaufzubringen. Es ist jedoch wichtig, daß man jederzeit erkennen kann, wann dies nicht der Fall ist und an welcher Grenze die Umkehr erfolgt. Das bedeutet, Bewußtheit zu erlangen.

Jede esoterische Praxis, ganz gleich auf welchem Gebiet, bewegt sich direkt oder indirekt im Rahmen dieser sieben Ebenen. Die Techniken mögen verschieden sein, aber immer haben sie das Ziel, dem Menschen zu dieser Bewußtheit seiner selbst zu verhelfen, die Grundbedingung für magische Souveränität ist. Die grundlegenden Techniken wurden bereits vor Jahrtausenden entwickelt. Sie haben sich bis heute mehr oder weniger gleich erhalten und wurden von einer Generation zur anderen weitergereicht. Das erweist sich nicht immer als Vorteil, denn Zivilisation und Kultur, in der wir heute leben, unterscheiden sich beträchtlich von den Zuständen, wie sie vor vielleicht achttausend Jahren geherrscht haben mögen. Die Menschen von damals verfügten über eine viel ausgeprägtere Vitalität auf der Körper- und Astralebene als die Menschen heute, wo so viele Funktionen dieser Ebenen von technischen Geräten übernommen werden. Die früheren Generationen spürten die Energien also viel stärker auf der Körper- und Astralebene, und dementsprechend richteten sie die Aufmerksamkeit vor allem darauf. Ziel der damaligen esoterischen Praxis mußte also die Stärkung und Entwicklung der Mentalebene sein, um den Kontakt zur spirituellen Ebene zu ermöglichen. Die auf den unteren Ebenen reichlich vorhandene Energie wurde also nach oben weitergeleitet und entwickelt. Bildhaft kann man sich dies so vorstellen: Wenn der Körper als elektrische Batterie gesehen wird und die spirituelle Ebene als Glühlampe, dann geht es darum, zwischen diesen beiden eine Leitung zu legen, durch die der Strom aus der Batterie fließen kann, um die Glühlampe zum Leuchten zu bringen. Leuchtet die Lampe nicht, kann der Grund dafür in der Batterie, in der Leitung oder in der Glühbirne liegen. Für die esoterische Arbeit an den sieben Ebenen mag folgende Richtlinie gelten: Man beginne die Arbeit auf der Ebene, die am stärksten entwickelt ist und die daher auch über die meiste Energie verfügt.

Der moderne Mensch beginnt meist auf der Mentalebene, da diese heute bei den weitaus meisten am stärksten ausgebildet ist. Es kann sogar als ein Merkmal unsere Zeit angesehen werden, daß Körper- und Astralebene teilweise verkümmert sind. Wenn die Batterie aber leer ist, bringt die beste Leitung die Lampe nicht zum Leuchten. Somit wird sich eine esoterische Praxis heute vorzugsweise zunächst der Aktivierung und Ausbalancierung der Astralebene widmen, sowohl was die emotionalen Energien betrifft als auch bezüglich der Fähigkeit, Energien in entsprechende Bildformen umzusetzen oder Bildformen in Energie. Dies kann in zwei Richtungen geschehen, entweder von der Körperebene nach oben mittels körperlicher Übungen, die auf den Gefühlsbereich wirken, oder von der Mentalebene nach unten. Welcher Weg gewählt wird, hängt von der persönlichen Situation ab. Dabei ist das Gesetz zu beachten: Von unten nach oben wird aktiviert, von oben nach unten wird kontrolliert und koordiniert. Ist die Astralebene verkümmert, dann empfehlen sich körperliche Übungen, wie sie etwa in der Bioenergetik und anderen Körpertherapien vielfältig angeboten werden. Sind die astralen Energien stark vorhanden, aber wenig ausdrucksfähig, wendet man sich am besten Techniken wie etwa dem kreativen Visualisieren, der Pfadarbeit und rituellen Arbeit zu. Körperarbeit kann starke emotionale Prozesse in Form von Ekstase, Katharsis, Trance und so weiter auslösen. Techniken, die von der Mentalebene aus wirken, sind dazu geeignet, ein starkes emotionales Energiepotential kontrolliert und in festen Bahnen zur Auswirkung gelangen zu lassen. Astrologie, Tarot und Alchemie sind Beispiele für eosterische Spezialgebiete, die von der Mentalebene aus wirken. Auch die spirituelle Ebene kann natürlich zum Ausgangspunkt esoterischer Entwicklung werden. Alles, was von dort seinen Anfang nimmt, kann dem Bereich der Mystik zugeordnet werden.

Schon aus dieser kurzen Darstellung dürfte klar werden, wie wichtig es ist, nicht einfach blind irgendwelchen Übungsanleitungen zu folgen, auf die man gerade stößt. Die beschriebenen Übungen mögen an sich gut sein und bei gewissenhafter und ausdauernder Durchführung auch zu dem Ziel führen, das sie versprechen. Aber stimmt dieses Ziel auch mit dem überein, was ein Praktizierender in seiner Situation gerade braucht? Deshalb ist es wichtig, sich genau zu überlegen, was man will, was man benötigt und was durch die empfohlene Praxis oder Übung bewirkt wird.

Ziel jeder bewußten Arbeit am eigenen Menschsein, geschehe sie nun mittels Übungen oder durch bewußte Bewältigung und Gestaltung realer Lebenssituationen, ist die Ausbalancierung der sieben Ebenen im Menschen sowie die Förderung ihrer Durchlässigkeit. Wer ernsthaft an sich selbst zu arbeiten beginnt, wird meist die Erfahrung machen, daß als erster Effekt eine gegenteilige Wirkung einsetzt. Wer hofft, durch esoterisches Training mehr Ausgewogenheit in sein Leben zu bringen, sieht sich zunächst einmal mit dem Gegenteil konfrontiert, was teilweise äußerst unangenehm sein kann. Schon mancher esoterische Weg ist bereits auf dieser Stufe wieder enttäuscht abgebrochen worden. Dabei ist folgendes zu bedenken: Im Laufe der Zeit, in der ein Mensch sein Leben mehr oder weniger unbewußt führt, pendelt sich auf die gleiche unbewußte Weise auch irgendeine Balance ein, denn ohne Balance kann der Mensch auf die Dauer nicht existieren. Diese unbewußte Balance wird sich auf dem Weg des geringsten Widerstandes einpendeln und in unserer Zivilisation meist weit entfernt von einer Ausrichtung auf die kosmische Schöpfungsordnung sein. Es scheint deshalb nur logisch, daß diese auf falschen Voraussetzungen errichtete Balance als erstes auseinanderfällt, und das macht sich eben entsprechend unangenehm bemerkbar. Erst wenn diese falsche Balance überwunden und beseitigt worden ist, kann die diesmal richtige und kosmisch ausgerichtete Balance langsam aufgebaut und so weit als möglich stabilisiert werden. Dieser Prozeß muß also durchlaufen werden; und das läßt sich leichter bewerkstelligen, wenn man weiß, worum es sich dabei handelt. Mit der Zeit werden die Phänomene dieser Destabilisierung zurückgehen, und die neugewonnene Balance wird allmählich beginnen, ihre Auswirkungen zu zeigen. Ein Merkmal dieser Phase ist die Erfahrung, daß Dinge, die früher problemlos waren, plötzlich nicht mehr problemlos sind. Das kann sich in Alltagsbanalitäten zeigen. Wem ein saftiges Steak höchster Genuß war, mag vielleicht plötzlich kein Fleisch mehr. Man entdeckt plötzlich, wie abstumpfend und vergröbernd Alkohol wirkt. Eine einzige Zigarette kann einem plötzlich die Sinne total vernebeln, als wäre sie eine hochwirksame Droge, und das, obwohl der Betreffende früher vielleicht täglich ein ganzes Päckchen geraucht hat. Die meisten Erfahrungen, die sich, vor allem auf der Körperebene, fest eingefahren haben, müssen revidiert werden. Hält man am Althergebrachten und an seinen Gewohnheiten fest, empfindet man dies wiederum als vielleicht lästige Einschränkung. Öffnet man sich dieser neuen Entwicklung, ist der Weg frei für neue, bewußtseinserweiternde Erfahrungen.

In manchen Fällen können sich auch im Laufe der Entwicklung Fähigkeiten und Phänomene zeigen, die man bisher nicht gekannt hat. So kann ein Mensch plötzlich entdecken, daß er über die Fähigkeit des Heilens mittels geistiger Kräfte verfügt, bei einem anderen kann sich ebenso überraschend Hellsichtigkeit einstellen, andere wiederum sehen plötzlich die Aura, hören seltsame Töne, wie etwa Glockenklingen und was dergleichen Phänomene mehr sind. Hier tut sich eine Falle esoterischer Arbeit auf, vor der schon Helena Blavatsky in ihrer berühmten Schrift *Die Stimme der Stille* gewarnt hat. Sie bezeichnet diese Phänomene darin als *Siddhis,* was wörtlich übersetzt Zauberkräfte bedeutet. Den Tatsachen mehr entsprechend ist allerdings die Bezeichnung psychische Fähigkeiten. Daß solche *Siddhis* auftreten können, ist eigentlich durchaus logisch, denn jedes Training ist ja unter anderem auch dazu da, bestehende Leistungsgrenzen aufzuheben und zu erweitern. Wenn ein Leistungssportler nach ausgiebigem Training einen Rekord bricht, so schreiben wir das auch nicht irgendeiner geheimnisvollen Zauberkraft zu, sondern erblicken darin das verdiente Resultat seiner ausgiebigen Bemühungen, die dazu geführt haben, daß vorhandene, angelegte Fähigkeiten mobilisiert und in Leistung umgesetzt werden können. Da aber der Esoteriker nicht nur seine körperliche Leistungsfähigkeit trainiert, sondern auch die astralen, mentalen und spirituellen Ebenen einbezieht, zeigen sich die Resultate eben auch auf diesen Ebenen. Alle diese *Siddhis* sind im Menschen als verborgenes Potential angelegt und werden durch die Arbeit an sich selbst geweckt. Die Gefahr liegt denn auch nicht darin, daß sie sich zeigen, sondern daß sie eine Richtungsänderung auf dem eingeschlagenen Wege veranlassen können. Ein Sportler, der einen Weltrekord verbessert, wird höchstwahrscheinlich seine Begabung nutzen, um als professioneller Sportler möglichst viel Geld mit seinen Fähigkeiten zu verdienen. Das erfordert, daß er seine ganze Lebensenergie fast ausschließlich in den Sport investiert, um diese Fähigkeiten möglichst lange zu erhalten. Das gleiche gilt auch für den, der sich einem magisch-esoterischen Training hingibt. Wer Heilfähigkeiten bei sich entdeckt, kann der Versuchung erliegen, sich künftig nur noch auf diese zu konzentrieren und sie zu verstärken. Der Hellsichtige kann sein ganzes Leben der Beratung anderer widmen; aber in all diesen Fällen wird der esoterische Weg der Weiterentwicklung zum ganzheitlichen Menschen unterbrochen und meist sogar abgebrochen. Um diese *Siddhis* zu erhalten und auszubauen, ist man gezwungen, sich von jetzt an ganz auf sie zu konzentrieren. Da aber Entwicklung auf dem esoterischen Weg den ganzen Menschen umfaßt, kommt diese auf solche Weise zum Stillstand. Erst später, wenn der Weg ganz abgeschritten und die höchste spirituelle Ebene erreicht ist, ist auch der Zeitpunkt da, wo sich diese Kräfte neu manifestieren können, diesmal aber ganzheitlich und vom Höheren Selbst koordiniert und kontrolliert, wie es in den Erzählungen von Heiligen und Erleuchteten oft beschrieben wird. Treten solche *Siddhis* auf, dann muß man eine Entscheidung treffen: sich ihnen zu widmen um den Preis, den Weg auf dieser Stufe zu beenden, oder sie zwar wahrzunehmen, aber ihnen keine weitere Aufmerksamkeit zu schenken. Entschließt man sich, den einmal begonnenen Weg konsequent in Richtung des ursprünglichen Zieles fortzusetzen, dann darf man sich über die *Siddhis* freuen als Symptome dafür, daß die Anstrengungen Früchte zu tragen beginnen. Die kulturelle und zivilisatorische Situation des Menschen bringt es mit sich, daß jede Arbeit am Menschen zunächst einmal in irgendeiner Weise, sei es von oben oder von unten, die astralen Bereiche umfaßt. Deshalb treten die *Siddhis* auch vorwiegend auf dieser Ebene auf.

Arbeit an und auf der Astralebene ist nicht einfach, aber niemand, der esoterisch ernsthaft vorankommen will, kommt darum herum. Auf der Astralebene ist nämlich all das angesiedelt, was den Menschen zum lebendigen Menschen macht. Die Astralebene ist nicht das Leben, aber die Lebendigkeit. Esoteriker nähern sich der Astralebene meist entweder mit übergroßer Ängstlichkeit, indem sie auf die großen Gefahren hinweisen, die dort lauern, oder dann ganz im Gegenteil sehr forsch und zupakkend, ohne irgendwie an Gefahren oder Fallen zu denken, die dort vorhanden sein könnten. Ängstlichkeit ist auch ein Erbstück der Theosophie des vorigen Jahrhunderts, die, nachdem die Romantik einmal vorbei war, positivistisch und viktorianisch geprägt war. Sowohl Positivismus als auch viktorianische Lebenshaltung konnten von der Astralebene nur als Störungsfaktor Notiz nehmen. Die Positivisten sahen sich gestört, weil die Astralebene auf etwas hinwies, was nicht materiell greifbar war. Für die Viktorianer war die Astralebene Spiegel der eigenen verdrängten, unbewältigten Seelenenergien. Sie merkten nicht (wie konnten sie auch; Freud kam erst später), daß sie den Horror und die Furcht der viktorianischen Epoche vor jeglicher Emotion und Sexualität dorthin projizierten. (Man lese zu diesem Thema die Erzählung *Der große Gott Pan* des englischen esoterischen Schriftstellers Arthur Machen.)

Nirgendwo gilt das Gesetz, daß alle Energie letztlich nur in Form von Bilder gehandhabt werden kann, so wie auf der Astralebene. Es kommt darauf an, ob die dort in Erscheinung tretenden Bilder vom Menschen bewußt magisch geformt sind oder ob sich die Energien selbst außerhalb jeder magischen Kontrolle zum Ausdruck bringen. Im ersten Fall kann die Astralebene zu einer Quelle großer geistiger und künstlerischer Inspiration und Kreativität werden, im zweiten zur Ursache von Ängsten, panischen Zuständen und psychischer Destabilisierung. Die auf der Astralebene in Erscheinung tretenden Bilder sind Energien, die sich ausdrücken wollen. Es handelt sich dabei nicht nur um unangenehme, »böse« Energien, sondern auch um heilende und den Menschen fördernde. So ist zum Beispiel auch der Gral auf der Astralebene angesiedelt. An jedem Menschen ist es nun, diese Ausdrucksmöglichkeiten entweder unter die Kontrolle seiner Mentalebene zu bringen oder ihnen einfach zu jeder Willkür freie Bahn einzuräumen. Letzteres muß nicht immer Ausdruck von Schwäche sein, sondern entspringt weit häufiger der reinen Neugier. Daraus können sich dann unter Umständen Alpträume entwickeln, die die wildesten Geschichten von H. P. Lovecraft in den Schatten stellen. Deshalb verwende man zu Beginn jeder Arbeit auf der astralen Ebene Bilder und Symbole, die von der

Menschheit in vielen Generationen geformt und erprobt worden sind. Dazu gehören die Göttermythen (für uns die abendländischen), die Bilderwelt der kabbalistischen Symbolik und der Tarot. Hilfreich ist auch eine bewußte Beschäftigung mit den eigenen Träumen, um auf diese Weise zu erfahren, zu welchen Bildern die individuellen seelischen Energien geformt werden.

Wer sein esoterisches Training zielbewußt durchführt, wird feststellen, daß er zu irgendeinem Zeitpunkt auf andere, bisher unbekannte Kräfte stößt, die in den meisten Fällen als andersgeartet, ungewohnt und deshalb zunächst subjektiv kontrovers und feindlich erfahren werden. Der unermeßliche Kosmos verfügt auch über eine unermeßliche Anzahl verschiedenster Kräfte. Wer sein Leben in einem üblichen Rahmen verbringt, wird davon kaum etwas spüren. Die irdisch-materielle Ebene seiner persönlichen Lebensführung ist für ihn wie ein Haus, in dessen Mauern er Schutz und Geborgenheit findet. Der Esoteriker, der sich auf den Weg macht, verläßt diesen schützenden Rahmen und findet sich bald in Gefilden, die anders beschaffen sind und wo teilweise auch andere Regeln gelten. Es ist wie bei einer Wanderung, wenn der Weg an einem einsamen Bauerngehöft vorbeiführt, und plötzlich springt uns der Wachhund bellend entgegen. Auf der emotionalen Ebene können wir mit Schreck und Furcht reagieren, und die Angst, die emotional von uns Besitz ergriffen hat, kann uns womöglich dazu bringen, den Weg nicht mehr weiter zu verfolgen und umzukehren. Dabei ist dieser Hund nicht »böse«. Er verhält sich nur so, wie es für einen Wachhund eben typisch ist. Der Wachhund bemerkt die Annäherung eines ihm nicht bekannten Wesens und reagiert entsprechend; er tut das ihm Gemäße. Hätten wir unser Haus zur Wanderung nicht verlassen, gäbe es auch keine Begegnung mit dem Hund. Meist werden wir dem Hund signalisieren, daß wir uns dem Haus in keiner bösen Absicht nähern, sondern einfach daran vorbeigehen wollen. Gelingt dies, wird uns der Hund passieren lassen, und wir können unseren Weg unbeschadet fortsetzen. Gelingt es nicht oder reagieren wir falsch, weil die Angstenergien der Astralebene von der Mentalebene nicht unter Kontrolle gehalten werden können, verstärkt sich natürlich die Möglichkeit, daß wir den

Kampf mit dem Hund aufnehmen oder die Flucht ergreifen müssen. Als dritte Lösung besteht auch noch die Möglichkeit, daß wir dem Hund zu verstehen geben, daß wir in einem Kampf die Stärkeren sein werden und er sich besser nicht darauf einlassen sollte. Nicht anders ist mit fremden Energien umzugehen, wenn wir ihnen begegnen. Wir müssen sie als vom kosmischen Prinzip gewollt und geschaffen respektieren, auch wenn sie ganz anders in Erscheinung treten als es unserem Menschsein entspricht. Wir dürfen ihre Erscheinung nicht a priori als feindlich einstufen, sondern müssen untersuchen, ob sie sich nicht einfach in der ihnen gemäßen Form zeigen. Dann muß lediglich die gegenseitige Grenzlinie deutlich und klar gezogen werden. Wer sich auf ein Spiel einläßt, ohne dessen Regeln zu kennen, steht bald mit leeren Taschen da. Je besser man seinen eigenen Weg und das Ziel kennt, desto weniger offene Kanäle bietet man dar, durch welche fremde, uns nicht gemäße Energien eindringen könnten. Eine bewußt gepflegte Psychohygiene im Alltag ist der beste Schutz für jemanden, der sich einem intensiven esoterischen Training unterzieht. Wer aber beispielsweise jeden Tag, gewissermaßen zur Erholung und Entspannung, mit Behagen ein Horror-Video konsumiert, darf sich nicht wundern, wenn sich eines Tages die in diesen Bildern eingebundenen Energien magisch auszuwirken beginnen.

Damit sind wir von einer anderen Seite her wiederum bei der Frage angelangt, wo denn die Schwelle von der Weißen zur Schwarzen Magie überschritten wird und woran man schwarzmagische Praktiken erkennen kann. Auf der Grundlage dessen, was darüber gesagt wurde (siehe Seite 166ff.), kann eine logisch nachvollziehbare Antwort versucht werden. Der weiße oder Form-Magier sucht die Verbindung mit dem übergeordneten schöpferischen Prinzip und erfährt dieses in seinem eigenen Höheren Selbst. Was für den Magier in Übereinstimmung mit diesem Höheren Selbst steht, kann er akzeptieren, alles andere nicht. Schon daraus geht hervor, daß der schwarze oder Ego-Magier die Existenz eines Höheren Selbst abstreiten muß, da die Omnipotenz des Egos für ihn an höchster Stelle steht. Wer den Weg des schwarzen Magiers beschreiten will, muß deshalb als erstes die Verbindung zu seinem Höheren Selbst unterbrechen. Das wirksamste Mittel dazu ist das Brechen eines Tabus. Tabu ist die Bezeichnung für Unberührbares, besonders in der religiösen (rückgebundenen) Vorstellung. Nach C. G. Jung ist das Tabu ein psychisches Schutzinstrument, das die Bewußtseinsentwicklung und den erreichten Stand des Ichbewußtseins der einzelnen Individuen absichert. Mit anderen Worten: Tabus dienen dazu, den Menschen psychisch vor dem Einbruch des Chaotischen zu bewahren. Dabei ist es absolut nebensächlich, was und welches Verhalten zum Tabu erklärt wird. Wichtig ist nur, daß der Mensch durch solche Grenzen, die nicht überschritten werden dürfen, ständig unbewußt an das Prinzip der übergeordneten Form erinnert wird. In der Praxis zeigt sich, daß vor allem solche Verhaltensweisen zum Tabu erklärt werden, die für den Bestand der Gemeinschaft als schädlich angesehen werden. Deshalb ist auch die Sexualität mit besonders vielen Tabus belegt, wie Inzest oder, in früheren Zeiten mit hoher Kindersterblichkeit, Praktiken, die nicht unmittelbar der Fortpflanzung dienen. Der Inhalt der Tabus kann sich laufend ändern, wichtig ist, daß das Prinzip als solches bleibt. Gerade weil Tabus vor dem Einbruch des Chaotischen schützen, ist es für den Schwarzmagier wichtig, sie zu brechen. Denn er will ja gerade, daß das Chaos an die Stelle des schöpferischen Prinzips tritt, weil das Chaos für ihn einen anderen, in seinen Augen positiven Stellenwert einnimmt. Tabus haben sich nicht nur im Laufe der Zeit verändert und sind von Volk zu Volk verschieden, sondern auch jeder Mensch verfügt über seine eigenen individuellen Tabus, die sich durchaus von denen anderer Menschen unterscheiden können. So kann der Besuch eines FKK-Strandes für den einen eine tägliche Selbstverständlichkeit sein, für jemand anderen eine befreiende Erfahrung der Grenzerweiterung, für einen dritten jedoch ein Tabu, das nicht ohne nachteilige Folgen für seine Psyche durchbrochen werden kann. Das macht die Sache etwas schwierig, weil oft nicht leicht herauszufinden ist, was ein Tabu und was lediglich einengende oder neurotische Beschränkung ist. Das Verharren in den eigenen, nie hinterfragten Grenzen kann für einen Menschen, besonders wenn er nach Bewußtseinserweiterung strebt, ebenfalls nachteilige Folgen haben. Und jemand, der seine eigenen engen Grenzen als für die anderen verbindlich und damit zum Tabu erklärt, erweist sich unversehens als schwarzer Magier, selbst wenn er das nie beabsichtigt hat, einfach indem er sein eigenes beschränktes Ego als verbindlich für alle anderen erklärt. Wahrscheinlich kann kein Mensch ohne Tabu leben, selbst wenn er es von sich behauptet. Deshalb ist es so wichtig herauszufinden, was für mich Grenzerweiterung ist und wo mein Tabu beginnt, denn die gebrochenen Tabus sind die Einfallstore für die dunklen Mächte des zersetzenden Chaos. Der weiße Guru wird bei seinem Schüler diesen Unterschied sorgfältig beachten, ihn zur hilfreichen Grenzerweiterung ermuntern, ihn aber nie dazu veranlassen, die Grenze seines Tabus zu durchbrechen. Der schwarze Guru versucht im Gegenteil, dafür zu sorgen, daß sein Schüler diesen Schritt so schnell wie möglich vollzieht. Ist die Verbindung zum Höheren Selbst unterbrochen, kann der Guru an dessen Stelle treten, und es entsteht Abhängigkeit. Viele religiöse Sekten arbeiten erfolgreich mit dieser Methode, und dadurch erklärt sich, warum ihre Mitglieder so oft in eine totale Abhängigkeit geraten. Allgemein gültige Richtlinien für den Bruch eines Tabus können schwer gegeben werden. Als Anhaltspunkt im Bereich der Esoterik kann gesagt werden, daß in allen Fällen, wo Blut oder Sperma beziehungsweise Vaginalsekret rituell Verwendung finden, die Grenze zur Ego-Magie überschritten ist, die sich dem Chaos verpflichtet. Beide Substanzen werden auf diese Weise in ausbeuterischer Weise zweckentfremdet, und dadurch wird das Prinzip der kosmischen Schöpfungsordnung verletzt.

Die Folgen einer fehlgeleiteten Magie treten selten in dramatischer Form auf, wie Blitz und Donnerwetter und was dergleichen spektakuläre Erscheinungen mehr sind. Schwarzmagische Einflüsse und fehlgeleitete magische Kräfte äußern sich meist darin, daß sie einen subtilen Mechanismus der Selbstzerstörung in Gang setzen, der oft lange Zeit nicht erkannt wird und zudem kaum mit magischen Kräften in Verbindung gebracht wird. Sie können sich etwa in Drogensucht oder anhaltendem gesundheitsschädigendem Verhalten des betreffenden Menschen äußern, wie etwa Raubbau an seinen Energien oder ähnlichen Erscheinungen. Das heißt nun auf keinen Fall, daß jede Drogensucht auf magische Einflüsse zurückgeführt werden darf. Das ist mit Sicherheit in weit über neunzig Prozent der Fälle nicht so. Wenn aber jemand, der bisher gegen den Geruch von Tabakrauch allergisch war, plötzlich, fast von einem Tag auf den anderen, mehrere Zigaretten am Tage zu rauchen beginnt, ein Abstinenzler ebenso plötzlich einen ausgeprägten Geschmack an erlesenen Weinen bekommt oder jemand, der peinlichst genau auf seine Gesundheit und Ernährung achtete, plötzlich aufgedunsen und unförmig wird, dann ist der Verdacht auf magische Einflüsse nicht von der Hand zu weisen. In solchen Fällen ist es angezeigt, jede magische und okkulte Praxis auf der Stelle abzubrechen und sich der peinlichst genauen Hygiene sowohl seelisch als auch körperlich zu befleißigen.

Handeln aufgrund eines der Esoterik verpflichteten Bewußtseins ist immer magisches Handeln, und magisches Handeln ist immer mit Wagnis und Risiko verbunden. Das Problem des Magiers ist nicht, ob seine Magie wirkt oder nicht, denn sie wirkt meist schneller und durchschlagender als er glaubt. Magische Resultate werden allgemein immer in Verbindung mit Wundern und dem Übernatürlichen gebracht. Das mag, selten genug, ab und zu vorkommen und bildet die Ausnahme, die die Regel bestätigt. Die Regel ist, daß sich magische Ergebnisse im Rahmen der Naturgesetze und der vorhandenen Umstände realisieren. Wenn jemand eine magische Operation ausführt zur Erlangung eines Tausendmarkscheins, und zwar auf der Stelle, so ist ein positives Ergebnis kaum zu erwarten, es sei denn, der Magier verfüge über sehr überdurchschnittliche Fähigkeiten. Es ist besser, die magische Operation auf die Beschaffung des Tausendmarkscheins ganz allgemein auszurichten. In diesem Fall kann sich dem Magier nämlich unverhofft eine Gelegenheit bieten, sich diesen Tausender zu verdienen. Nur der Magier selbst vermag in diesem Fall den Zusammenhang zwischen Geld und Magie zu erkennen. Vorsicht ist indessen am Platz. Das schwierigste und auch riskanteste an der Magie ist, den Überblick über die natürlichen Umstände zu erhalten, in denen sich Magie realisieren kann, und diese zu kontrollieren. Es könnte nämlich durchaus auch sein, daß ich als Folge meines magischen Bemühens den Tausendmarkschein dadurch erhalte, daß meine Tante stirbt und mir in ihrem Testament soviel Geld vermacht hat. So war es natürlich nicht gemeint. Zwar verfüge ich jetzt über das Geld, aber um den Preis, womöglich den Tod meiner geliebten Tante verursacht zu haben. Die karmische Belastung, die dadurch entsteht, dürfte in keinem Verhältnis zum erstrebten magischen Ziel stehen. Wer magisch handelt, überlege vorher gut, in welchem natürlichen Rahmen sich das erstrebte magische Resultat verwirklichen könnte und welche karmischen Folgen möglicherweise daraus entstehen könnten.

Magisches Handeln bedeutet wagen; deshalb sind solche Hinweise nicht dazu gedacht, den Leser von jeder esoterischen Praxis und dem damit verbundenen Handeln abzuhalten. Wichtig ist immer, daß du etwas *willst,* aber *wisse,* was du willst – mit allen Konsequenzen, dann *tue,* was du willst, und schließlich *schweige* und ziehe dich zurück, damit das magische Resultat für sich allein sprechen kann.

Reinkarnation

Reinkarnation bedeutet Wiederfleischwerdung, Neumaterialisierung. Ein Grundgedanke der Esoterik ist, daß es keine tote Materie gibt. Der ganze Kosmos ist lebendig. Der Mensch als Mikrokosmos enthält in sich alles, was auch im großen Kosmos enthalten ist. Die Ewigkeit des Kosmos äußert sich zyklisch. Zahllose Universen kommen und gehen wie Ebbe und Flut, wie der Wechsel von Tag und Nacht, von Wachen und Schlafen. In dieses zyklische Geschehen ist der Mensch als Mikrokosmos eingeschlossen und bringt auf seiner Ebene im Wechsel von Leben und Tod die Analogie dieses großen kosmischen Geschehens zum Ausdruck. Daß Esoterik nichts mit Schwärmerei, Weltflucht und verschwommenen Ideen zu tun hat, zeigt sich nirgends so deutlich wie in der Lehre von der Reinkarnation und der damit eng verknüpften Lehre vom Karma.

Der Begriff Karma entstammt dem Sanskrit. Er ist abgeleitet aus der Wurzel *kri,* die »tun« oder »handeln« bedeutet. (Diese Wurzel finden wir auch in unseren Wörtern »Kreativität« oder »kreativ«, die ihrerseits vom lateinischen *creare,* »hervorbringen«, abgeleitet sind.) Demnach bedeutet das Wort Karma zunächst einmal »Handlung«, »Tat«, »Werk«. In der esoterischen Literatur wird Karma meist mit »Wirkung« oder »Auswirkung« übersetzt. Damit ist eines der wichtigsten esoterischen Grundgesetze ausgedrückt, nämlich daß jede Wirkung ihre Ursache hat oder umgekehrt, daß alles, was geschieht, seine Auswirkung zeigt. Ein Axiom der Esoterik sagt, daß Leben und Lebendigsein das Wesen des Kosmos ist. Dieses Leben zeigt sich in den Veränderungen, die sich ständig im Kosmos (Makrokosmos und Mikrokosmos) vollziehen. Jede dieser Veränderungen hat ihre Ursache und wird ihrerseits zur Ursache von Auswirkungen. Der griechische Philosoph Heraklit faßt dieses Prinzip in seinem berühmten Satz *panta rhei,* alles fließt, zusammen. Diese ständigen Veränderungen und die Ursachen und Auswirkungen, die sich daraus ergeben, sind das einzige, was im Kosmos als konstant und dauernd bezeichnet werden kann. Konstanz und Dauer sind für den Menschen Merkmale des Göttlichen. Deshalb ist auch die große kosmische Schöpfungsordnung, aus der Perspektive des Menschen betrachtet und erfahren, identisch mit dem Göttlichen oder mit Gott. Wie der Mensch die Auswirkungen dieser immerwährenden Veränderungen erfährt, so erfährt er Gott. *Somit zeigt sich durch das Karma der intelligente göttliche Wille in der Natur.*

Wenn sich das Göttliche in der Konstanz der Veränderung zeigt, in einer unablässigen Kette von Ursachen und den daraus hervorgehenden Auswirkungen, die ihrerseits wieder zu Ursachen von Auswirkungen werden, dann stellt sich die Frage, was dies für den einzelnen Menschen bedeutet. Es gibt zwei Möglichkeiten: Entweder erfährt der Mensch die aus Ursachen hervorgehenden Veränderungen passiv ohne sein weiteres Zutun, oder er gestaltet sie bewußt aktiv handelnd als Ursache. Die passive Veränderung, die erfahren und oft erlitten wird, pflegen die Menschen als Schicksal zu bezeichnen. Ein »Magier« gestaltet die Veränderungen aktiv und wird so zum »Verursacher« seines eigenen Lebens. Diese beiden Möglichkeiten sind einander jedoch nur scheinbar entgegengesetzt. Das Gesetz des Karma, das besagt, daß alles seine Ursache hat, läßt kein blindes Schicksal gelten, sei es nun groß oder klein, sondern weist darauf hin, daß auch das vordergründig Schicksalsmäßige in diese Kette von Ursachen und Auswirkungen eingebunden ist. Zum »Schicksal«, das uns aus scheinbar unerfindlichen Gründen zustößt, wird nur eine Auswirkung, deren Ursache wir nicht bewußt erkennen und vor allem nicht mit uns selbst in Zusammenhang bringen. Denn auch das ist Bestandteil des karmischen Gesetzes: Es stößt uns nichts zu, weder Angenehmes noch Unangenehmes, das nicht Auswirkung einer Ursache ist, die wir selbst in die Welt gesetzt haben. Der Mensch hat nur die Wahl, zu leben oder gelebt zu werden. Doch auch die Entscheidung für das Gelebtwerden entbindet nicht von der Verantwortung für die Ursachen und die Auswirkungen, die aus diesem Entschluß entstehen.

An dieser Stelle ist es wichtig, definitiv von den Begriffen »gut« und »böse« und den eng damit verbundenen Begriffen »Schuld« und »Strafe« oder »Belohnung« Abschied zu nehmen. Diese Begriffe, auch wenn sie im theosophischen Wortschatz teilweise noch auftauchen, entstammen einer Denkweise, auf die im Kapitel »Esoterik und Christentum« noch näher eingegangen wird. Halten wir uns lieber an die bereits erwähnte Definition von Dion Fortune: »Böse« ist eine Energie, die sich am falschen Ort befindet. Was ist zu tun, wenn sich etwas am falschen Ort befindet? Ganz einfach, dafür sorgen, daß es an den richtigen Ort gelangt. Im täglichen Sprachgebrauch wird diese Aktion als »aufräumen« bezeichnet. Deshalb ist die Bewältigung von Karma mit »in Ordnung bringen« verbunden und nicht mit irgendeiner »Strafe« oder noch schlimmer »Vergeltung«. Wer das Gesetz des Karma in seiner ganzen Tiefe und Tragweite erfassen will, muß sich von diesen aus der jüdischen, christlichen und islamischen Tradition kommenden Begriffen gänzlich lösen. Das Gesetz von Ursache und Wirkung ist auch nicht identisch mit dem Gesetz von Aktion und Reaktion, wie gerade Esoteriker häufig meinen. Um das Gesetz von Ursache und Wirkung zu verstehen, ist Bewußtheit erforderlich. Aktion und Reaktion laufen weitgehend im unbewußten, vegetativen Bereich ab.

Das Gesetz des Karma kann auch auf folgende Weise formuliert werden: Alles im Kosmos ist Energie. Nach den Gesetzen der Physik kann Energie nicht vernichtet, sondern nur transformiert werden (zum Beispiel elektrischer Strom in Wärme oder Bewegung und so weiter). Alles, was der Mensch denkt, spricht oder tut, ist eine Form von Energie und bleibt deshalb in irgendeiner Form bestehen, hat seine Auswirkungen auf den ganzen Kosmos und auch auf den betreffenden Menschen selbst. Solange der Mensch nicht imstande ist, diese Zusammenhänge zu erkennen, wird er sich immer als Opfer des scheinbar blinden und unberechenbaren Schicksals wähnen. Wenn er aber in harter Arbeit an sich selbst durch Bewußtseinserweiterung dazu gelangt, das Gesetz von Ursache und Wirkung besser und besser zu erkennen, dann wird er auch mehr und mehr fähig werden, entsprechend zu handeln. Er wird Gedanken, Worte und Taten vermeiden, deren Auswirkungen dem großen kosmischen Ganzen entgegengesetzt sind und daher die Entwicklung des Kosmos und letztlich auch des betreffenden Menschen selbst stören und behindern. Diese Störungen und Behinderungen werden vom Menschen als unangenehm und schmerzhaft empfunden. Sie sind allerdings nicht als Strafe oder Vergeltung zu betrachten, sondern lediglich als Anzeichen dafür, daß der Mensch aus der kosmischen Balance herausgefallen ist und den Weg dahin zurückfinden muß.

Wie äußert sich nun das Gesetz von Ursache und Auswirkung im täglichen Leben? Anhaltspunkt ist auch hier wieder der Satz »das Universum drängt zur Form«. Für jeden einzelnen Menschen bedeutet das, daß er innerhalb des Makrokosmos die Form finden muß, die ihm vom kosmischen Schöpfungsprinzip zugedacht wurde, daß er seinen Platz innerhalb dieses großen Ganzen einnehmen und so das Seinige zum Leben und Sein des Universums beitragen soll. Es ist demnach Aufgabe eines jeden einzelnen Menschen, sich selbst zu finden und sich selbst zu werden. Das sieht auf den ersten Blick allerdings nach dem rücksichtslosen Kräftespiel aus, das auf der Astralebene um des reinen Überlebens willen geführt wird. Aber das Privileg des Menschen ist ja, daß er aus der Einsicht heraus handeln kann. Diese Einsicht macht ihm bewußt, oder sollte es wenigstens, daß alles, was für ihn gilt, auch Gültigkeit für seine Umwelt hat, für die Menschen, mit denen er zusammenlebt, und nicht zuletzt auch für die Natur, die materielle Ebene, auf der sich menschliches Leben vollzieht. Werden und werden lassen heißt der Auftrag, den der Mensch im Namen des kosmischen Schöpfungsprinzips auszuführen hat. Jeder Mensch, jedes Tier, jede Pflanze, jeder Stein, alle Dinge sind dazu da, den für sie vorgesehenen Platz im großen Kosmos einzunehmen, und zwar in einer Balance, die den Kosmos lebendig erhält. Kennzeichen des ausbalancierten, lebendigen Kosmos ist, daß sich alles, was in ihm vorhanden ist, zur richtigen Zeit an dem ihm gemäßen Ort befindet. »Gott sah alles, was er gemacht hatte, und siehe, es war sehr gut.« (1. Mose 1;31) So steht jeder einzelne Mensch vor der Entscheidung, die anderen Menschen, seine Nächsten und die Natur entweder bei der Erfüllung dieses Auftrages zu fördern oder sie daran zu hindern oder gar davon abzuhalten. Diese Aufgabe übersteigt alles, was innerhalb eines menschlichen Lebens von wenigen Jahrzehnten überhaupt möglich ist, und jeder Mensch wäre zwangsläufig dazu verdammt, daran zu scheitern, wenn sein individuelles Leben wirklich nur auf diese paar Jahrzehnte beschränkt bliebe. Darum ist das Gesetz des Karma untrennbar verbunden mit der Lehre von der Reinkarnation.

Alles im Kosmos, jedenfalls soweit wir es überblicken können, läuft rhythmisch und zyklisch ab, vom Urknall zum neuen Weltei, Tag und Nacht, Ebbe und Flut. Der Mensch als Mikrokosmos spiegelt dieses Rhythmische, Zyklische in all seinen Lebensbereichen und Funktionen wider, unter anderem deutlich erkennbar im Herzschlag, im Einatmen und Ausatmen. Warum sollte ausgerechnet eine so zentrale Erfahrung wie der Tod davon ausgeschlossen sein und sich gegen alle kosmische Gesetzlichkeit stellen? Im Lichte dieser kosmischen Rhythmen und Zyklen gesehen, ist die Lehre von der Reinkarnation natürlich, während die Meinung, der Mensch verschwinde nach ein paar Erdenjahren auf Nimmerwiedersehen in die ewige Unendlichkeit, allen im Kosmos geltenden Gesetzen widerspricht, vor allem dem der Balance. Nimmt man das an, dann bekommen die paar Erdenjahre ein ungeheures Gewicht. Jeder Fehler, jedes Stolpern wird an dieser Ewigkeit gemessen, und im Bewußtsein dessen wird Leben und Lebendigsein fast unmöglich.

Die Lehre von der Reinkarnation ist die in der Welt am meisten verbreitete Modellvorstellung davon, was nach dem körperlichen Tod geschieht. Daß sie bis zum Jahre 553 auch im Christentum zumindest geduldet wurde, wissen heute nicht einmal mehr alle Theologen. Manche Reden und Gleichnisse, die von Jesus überliefert sind, werden erst dann ohne alle komplizierten theologischen, exegetischen Gedankenumwege und Begriffsbestimmungen einfach und aus sich heraus verständlich, wenn man von der Voraussetzung ausgeht, daß Jesus das Gesetz des

Karma und damit verbunden die Lehre von der Reinkarnation kannte und verbreitete. Zwar weist die kirchliche Theologie immer wieder darauf hin, daß in der Bibel von der Auferstehung des Fleisches die Rede ist, aber meines Wissens hat sich noch niemand, der in der kirchlichen Theologie Rang und Namen hat, damit auseinandergesetzt, daß »Auferstehung des Fleisches« die wörtliche Übersetzung des Begriffs Reinkarnation ist.

Alles im Kosmos ist reine Energie, also auch der Mensch in der Form, in der sich seine Existenz äußert, in seinem Sein. Die moderne Physik lehrt, daß Energie nicht vernichtet, sondern nur transformiert werden kann. Somit kann auch das Sein des Menschen nicht vernichtet, sondern nur in eine andere Form überführt werden; fragt sich nur, in welche Form. Alle überlieferten Lehren, die etwas über das aussagen, was nach dem Tod geschieht, sind keine exakten Beschreibungen von etwas, *das so ist*, sondern Annahmen und Hypothesen, die im besten Fall Modellcharakter haben. Modelle jedoch sind nicht die Sache selbst, sondern höchstens ein mehr oder weniger vereinfachtes Abbild davon. Auf der anderen Seite sind sie handhabbar und ermöglichen zumindest Vorstellungen von der Realität.

Der Mensch darf nicht a priori als unsterblich betrachtet werden. Er verfügt lediglich über die Möglichkeit, unsterblich zu werden. Es ist jedem einzelnen Menschen selbst überlassen, ob er von dieser Möglichkeit Gebrauch machen will oder nicht. Nur wenn der Mensch (Astral- und Mentalebene) die Verbindung zu seinem Höheren Selbst herzustellen und, was ebenso wichtig ist, auf Dauer auch zu halten vermag, kann er einen Zustand erreichen, der mit dem Wort »unsterblich« umschrieben werden kann. Näheres darüber wurde bereits im Kapitel »Initiation« gesagt. Als Modell läßt sich dies vielleicht so betrachten: Man stelle sich einen Raum vor, der von einer riesigen Menge einzelner Atome erfüllt ist, die ohne erkennbare Ordnung scheinbar chaotisch durcheinandertanzen und -wirbeln. Gelegentlich verbinden sich zwei oder mehr solcher Partikelchen, einem zufälligen Kräftespiel gehorchend, für eine Weile miteinander, bis sie durch noch stärkere Energieeinwirkung wieder auseinandergerissen werden und jedes für sich wieder eigene Wege geht. Irgendwann kann es in diesem chaotischen Tanz dazu kommen, daß sich zwei oder mehr Partikelchen finden, die sich nicht mehr voneinander trennen *wollen*. Ist dieser *Wille* stärker als alle auf sie einwirkenden desintegrierenden Kräfte, bleiben sie zusammen. Sie bilden dann einen Stoff, der durch keine chemische Einwirkung noch weiter zerlegt werden kann. Der Wille, der diese miteinander verbundenen Partikelchen als ein Ganzes und Gemeinsames zusammenhält, ist auf dieser Ebene die Analogie und der Ausdruck des großen göttlichen Willens, der als kosmisches Schöpfungsprinzip das Universum durchdringt. Es ist der göttliche Funke in jedem Menschen, sein Höheres Selbst. So steht die magische Vierheit »Wollen, Wissen, Wagen, Schweigen« auch am Anfang der menschlichen Existenz als eines unsterblichen Seins. Aus dem reinen Willen heraus muß das Wissen darum wachsen, was zu tun ist, um den Zusammenhalt gegen die Kräfte des Chaos zu wahren. Es muß getan, gewagt und durch das nunmehr für sich selbst sprechende Sein behauptet werden. Ein so gewordener Mensch ist der Initiierte, der am Anfang stehende Mensch, der von sich selbst über jede Transformation hinaus sagen kann: Ich bin. Damit wird auch klar, was Tod aus der Sicht der Esoterik bedeutet: die Transformation, die Verwandlung einer Form in eine andere, ohne daß die Substanz des »Ich bin« angetastet wird.

Nichts im Kosmos ist der Willkür unterstellt, und wer für sich willentlich die Möglichkeit der Unsterblichkeit, der Initiation wahrgenommen und die Verbindung zu seinem Höheren Selbst geknüpft hat, bleibt fortan dem kosmischen Schöpfungsprinzip verpflichtet. Jeder Gedanke, jedes Wort und alle seine Handlungen werden fortan daran gemessen, ob sie diesem Prinzip entsprechen oder nicht. Wenn ein einzelner Mensch zur Ursache einer Auswirkung wird, die die Ausgewogenheit des Kosmos stört und den Zustand des »Gott sah, daß es gut war« beeinträchtigt oder gar aufhebt, dann wird dieser Mensch solange, selbst über viele Todestransformationen hinweg, mit dieser Störung konfrontiert, bis er sie *aus Einsicht* heraus bereinigt und in Ordnung gebracht hat. Dies ist die praktische Auswirkung des Gesetzes vom Karma, der Preis für die Menschwerdung.

Das Handeln aus Einsicht heraus ist auch der Grund, warum das bewußte Wissen um frühere Inkarnationen beim Eintritt in eine neue Inkarnation vergessen wird. Bliebe dem Menschen die Erinnerung an frühere Inkarnationen im Bewußtsein erhalten, wäre die Wahrscheinlichkeit sehr groß, daß karmische Aufgaben nicht im Sinne des Gesetzes vom Karma, sondern im Sinne des Gesetzes von Aktion und Reaktion angegangen würden. Das läßt sich mit der Situation eines Wanderers vergleichen, der auf dem Weg zu einem bestimmten Ziel plötzlich an eine Weggabelung kommt. Nur einer der beiden Wege kann der richtige sein und zum gewählten Ziel führen. Der Wanderer kann nun sein ganzes Wissen und all seine Erfahrungen benutzen und sich nach genauer Beobachtung des Geländes für einen der beiden möglichen Wege entscheiden. Wenn es der falsche Weg ist, wird er dies früher oder später merken und umkehren müssen, um den richtigen zu gehen. Kommt er bei der Wiederholung der Wanderung zur selben Weggabelung und erinnert er sich an seine frühere, falsche Entscheidung, ist es ihm ein leichtes zu sagen: »Beim letzten Mal wählte ich den Weg, der nach links abzweigt; er erwies sich als falsch, somit wird wohl der andere der richtige sein.« In einem solchen Fall ist es unnötig zu überlegen, warum der nunmehr gewählte Weg der richtige ist und der andere falsch. Ist aber die Erinnerung an die frühere Wanderung ausgelöscht und hat der Wanderer in der Zwischenzeit gelernt, Erfahrungen gesammelt und das Wissen um sein Ziel und dessen geographische Lage erweitert, dann wird er mit großer Wahrscheinlichkeit ebenfalls in der Lage sein, den richtigen Weg als solchen zu erkennen, diesmal aus der Einsicht heraus.

Meiner Ansicht nach liegt eine Gefahr in der sogenannten Reinkarnationstherapie, wenn sie versucht, vergangene Inkarnationen bewußt werden zu lassen, um so das zu bewältigende Karma erkennbar zu machen. Ein verantwortungsbewußter Therapeut wird seine Klienten dazu anhalten, den Unterschied zwischen der echten Bewältigung von Karma und der bloßen Reaktion zu beachten. Karmische Belastungen sind Energien, die nicht verlorengehen. Das bedeutet, daß sie lediglich für eine gewisse Zeit unserem Bewußtsein entzogen sind. Vieles spricht dafür, daß sie in einem persönlichen Sub-Unbewußten (nicht zu verwechseln mit dem Kollektiven Unbewußten nach C. G. Jung) wie in einem Tresor unter Verschluß gehalten werden, bis der betreffende Mensch den Reifegrad erreicht hat, um sich mit dem Inhalt des Tresors zu konfrontieren. Diese Konfrontation wird in der Sprache der Esoterik die Begegnung mit dem *Hüter der Schwelle* genannt. Fälschlicherweise wird dieser Begriff manchmal auch für das verwendet, was in der Psychologie als die Konfrontation mit dem Schatten bezeichnet wird. Die Begegnung mit dem Hüter der Schwelle ist jedoch viel gewaltiger und umfassender. Was Schatten genannt wird, ist nur ein Teil oder ein Teilchen des Tresorinhalts, das in der gegenwärtigen Inkarnation eine besondere Bedeutung hat. Die Begegnung mit dem Hüter der Schwelle erfolgt dann, wenn in Sekundenschnelle der *gesamte* Inhalt des Tresors, von der Urzelle bis zur gegenwärtigen Inkarnation, sichtbar und überschaubar wird. Diese Erfahrung wird kaum von jemandem verkraftet, der nicht entsprechend darauf vorbereitet ist. Mit Hilfe bestimmter Techniken kann dieser Tresor manchmal vorzeitig geöffnet werden, und Teile seines Inhaltes können in das Bewußtsein emporsteigen. Dies geschieht immer in Form von Bildern, wie es dem Gesetz von Energie und Bild entspricht (siehe Seite 103). Es ist allerdings außerordentlich schwer, zuverlässig festzustellen, ob diese Bilder wirklich Ereignisse vergangener Inkarnationen enthalten oder ob die Energien in Bilder gegossen sind, die der betreffende Mensch dem Wissen seiner gegenwärtigen Inkarnation entnimmt. Nach meiner Beobachtung und Erfahrung ist es nicht notwendig, den Schlüssel für die Bewältigung des Karma in vergangenen Inkarnationen zu suchen, denn alles, was dazu nötig ist, findet jeder Mensch in seiner jeweiligen Inkarnation.

Ich habe auch schon mehrmals beobachtet, daß Menschen, die ihre vergangenen Inkarnationen in der guten Absicht erforschten, das von ihnen zu bewältigende Karma zu erkennen, sich der Möglichkeit beraubten, dieses bewußtgemachte Karma zu bearbeiten. Sie mußten es offenbar erst wieder vergessen, um unvoreingenommen erneut damit konfrontiert zu werden.

Der Mensch hat das höchste Ziel seiner Entwicklung auf dieser Ebene dann erreicht, wenn er nicht nur alle von ihm verursachten Unausgewogenheiten und Störungen wieder in Ordnung gebracht hat, sondern es auch durch seine Kenntnis und Beherrschung der Gesetze von vornherein vermeidet, neue Unordnung auf der materiellen Ebene zu schaffen. So gesehen ist die Konfrontation mit dem Gesetz des Karma keine Strafe, sondern eine Chance, nicht nur zur Ganzwerdung, sondern auch zur Mehrung, Differenzierung und Bereicherung der eigenen Menschlichkeit. Auch hier ist es wichtig, Karma nicht mit Gerechtigkeit im menschlichen Sinne zu verwechseln. Im Kapitel »Magie« wurde der Unterschied zwischen menschlicher Gerechtigkeit und großer kosmischer Schöpfungsordnung erläutert (siehe Seite 144). Der Mensch besitzt durch sein Privileg, aus Einsicht heraus zu handeln, einen Freiraum, der es ihm ermöglicht, den Zielzustand der Balance und Ausgewogenheit mit anderen Mitteln und auf andern Wegen zu erreichen, als durch das blinde Faustrecht des freien kosmischen Kräftespiels. Wir Menschen neigen dazu, diesen Freiraum einseitig zu nutzen, mit strukturellen Einengungen, Strafmaßnahmen, mehr den Buchstaben des Gesetzes beachtend als den lebendigen Menschen. So wird dieser Freiraum häufig zur Quelle neuer Unausgewogenheit und Störung. Einmal mehr war es Jesus von Nazareth, der auf diesen Umstand aufmerksam machte, der zeigte und vorlebte, daß in diesem Freiraum auch Liebe und Vergebung ihren Platz haben, die auch den Schwachen und Gestrauchelten ihren Wert innerhalb des großen Ganzen lassen. So kann zum Beispiel ein kranker Mörder von der menschlichen Gerechtigkeit schuldunfähig gesprochen und der Strafe enthoben werden. Dem Gesetz des Karma kann dieser Mensch jedoch nicht entkommen. So krank und unzurechnungsfähig er auch sein mag, er ist durch sein Handeln die *Ursache,* die ihrerseits wiederum die Auswirkung einer noch früheren Ursache dafür ist, daß ein anderer Mensch seine Inkarnation vor der Zeit abbrechen mußte und dadurch Unordnung und Unausgewogenheit in die Welt kam, die irgendwann auf eine Weise, die nicht vorauszusehen ist, von dem Menschen, der sie bewirkt hat, beseitigt und in Ordnung gebracht werden muß. Gerade für einen Esoteriker ist es wichtig, diesen privilegierten Freiraum des Menschen in seiner ganzen Bedeutung zu erkennen und ihn mit tätiger Liebe und Vergebung auszufüllen.

Das traditionelle esoterische Modell lehrt, daß der Mensch aus einer unsterblichen Individualität und einer, sich von Inkarnation zu Inkarnation verändernden, sterblichen Persönlichkeit besteht. Mit Individualität wird der vom Willen zum Sein durchdrungene Teil des Menschen bezeichnet. Nun ist ja Sein nicht allein dem Menschen zu eigen; jeder Stein, jede Pflanze, jedes Tier, ja selbst jedes Atom ist. Daher ist es nur logisch, wenn die theosophisch-esoterische Lehre sagt, daß die Existenz des Menschen, jedes einzelnen Menschen, im Mineralreich beginnt, um sich dann im Laufe von Jahrmillionen schrittweise über das Pflanzen- und Tierreich zum Menschenreich hin zu entwickeln. Bei der Individualität kommt es darauf an, daß der alles durchdringende Wille den ständig gefährdeten und brüchigen Faden, der die Verbindung zum göttlichen, schöpferischen Prinzip hält, nicht abreißen läßt. Schon aus diesem Grund sollte der Mensch die Natur nicht einfach als Objekt sehen, das ihm, ohne daß er darüber Rechenschaft abzulegen hätte, generös zur Ausbeutung überlassen ist. Steine, Pflanzen und Tiere sind unsere Brüder und Schwestern der Zukunft, die sich auf einem Weg befinden, den wir alle zu einer viel früheren Zeit auch gegangen sind. Es ist an uns, sie auf diesem Weg zu fördern und ihnen zu helfen, das zu werden, was sie nach dem Willen des kosmischen Schöpfungsprinzips werden sollen.

Jede neue Inkarnation bringt die Individualität auch in eine neue Situation. Diese besteht aus der Umgebung, in die wir hineingeboren werden, aus dem genetischen Erbe einer langen Kette von Vorfahren und vielen Einzelheiten, die damit zusammenhängen. Damit muß die Individualität umgehen lernen, und aus diesem Umgang erfolgt Erfahrung. Erfahrung gibt aber nur dann einen Sinn, wenn sie von Bewußtheit begleitet wird, von einer Bewußtheit, die mit Erkenntnis verbunden ist und so entsprechendes Handeln ermöglicht, wenn der Mensch mit neuen Situationen konfrontiert ist. Jede neue Erfahrung, die die Individualität bewußt macht, stärkt und differenziert sie. Die Individualität mit der jeweiligen sterblichen Persönlichkeit zu verbinden, ist Aufgabe jeder neuen Inkarnation. Deshalb wird das Gesetz von Karma und Wiedergeburt oft mit einer Schule verglichen, deren nächsthöhere Klasse man erst dann absolvieren kann, wenn der Stoff der unteren genügend erfaßt und bewältigt ist. Ein anderes Beispiel kann zur Illustrierung herangezogen werden. Ein bekanntes Spielzeug besteht aus einzelnen Klötzchen, die zu einem Gebilde zusammengesteckt werden können. Ein Kind kann aus der Anzahl Klötzchen, die ihm zur Verfügung stehen, Häuser, Puppen, Maschinen, Autos und manches anderes bauen. Je mehr Klötzchen zur Verfügung stehen, desto differenziertere und kunstvollere Dinge können damit gebaut werden. Die Gesamtheit der einzelnen Klötzchen entspricht in etwa der Individualität, die sich zu jeweils anderen Gebilden, das heißt Persönlichkeiten zusammensetzt. Jedes Klötzchen entspricht einer Erfahrung, die bewußt als Erkenntnis integriert wird. Von Inkarnation zu Inkarnation können Erfahrungen und Erkenntnisse vermehrt werden. Je mehr Klötzchen zur Verfügung stehen, desto schönere, reichhaltigere und edlere Gebilde sind möglich. Durch den Tod wird das Gebilde zerstückelt und auseinandergenommen. Übrig bleibt wieder die nach Möglichkeit vermehrte Anzahl von Klötzchen (Individualität), die nun zur Bildung einer neuen Form (Persönlichkeit) zur Verfügung steht. Jesus von Nazareth hat diesen Umstand in seinem Gleichnis von den anvertrauten Talenten auf andere Weise bildhaft illustriert (Matthäus 25; 14–30).

Die Frage, was nach dem Tode kommt, hat die Menschheit von jeher am meisten beschäftigt. Die Überzeugung, daß das Sein des Menschen nicht mit dem Tod endet, gehört zum ältesten Urwissen, das uns überliefert ist. Dem einzelnen Menschen diese Gewißheit durch Erfahrung zu vermitteln, war das zentrale Anliegen der Mysterienkulte. Im Laufe der Zeiten wurden viele Modelle entwickelt, um den nachtodlichen Zustand bildhaft erfaßbar zu machen. Sie reichen von einfachen Visionen bis hin zu den beinahe kartographischen Beschreibungen der Jenseitswelt, die von der Theosophie des neunzehnten und frühen zwanzigsten Jahrhunderts (zum Beispiel Leadbeater, Annie Besant) entwickelt wurden. Viele große Werke der esoterischen Literatur in

West und Ost widmen sich ausschließlich diesem Thema, so das *Ägyptische Totenbuch,* das nach einer anderen gültigen Lesart auch das Buch der Initiation genannt werden kann. Am tiefsten in diesem Bereich eingedrungen ist sicher das sogenannte *Tibetanische Totenbuch,* das von W. Y. Evans-Wentz im Westen bekannt gemacht und von C. G. Jung kommentiert worden ist. Die *Divina Commedia* des italienischen Dichters Dante Alighieri kann in gewisser Weise auch als das Totenbuch des Westens bezeichnet werden, abgesehen davon, daß sie von hohem literarischem Wert ist. So verschieden Sprache, Kultur, Zeit und Ort der Entstehung dieser Bücher auch sind, so enthalten sie doch alle eine gemeinsame Vision, die auch durch die Forschungen und Erfahrungen der modernen Medizin in ihren Grundzügen bestätigt werden. Es würde den Rahmen dieses Buches sprengen, wollte ich auf diese Thematik noch besonders eingehen. Wer speziell an diesen Fragen interessiert ist, halte sich an die obengenannten Schriften. Es gibt heute viele esoterische Bücher, die den Anspruch erheben, so weit wie möglich über dieses Thema Auskunft zu geben. Dies darf aber nicht darüber hinwegtäuschen, daß alles, was von dieser Ebene aus dazu gesagt werden kann, letztlich Spekulation und bildhaftes Modell ist. Für den echten Esoteriker ist nicht so wichtig zu wissen, was nach dem Tod sein wird, sondern vielmehr, auf welche Weise er sich am besten auf dieses einschneidende Erlebnis, das eine Inkarnation beendet, vorbereiten kann. Der Esoteriker weiß, daß sein Körper ein Werkzeug ist, das es ihm ermöglicht, auf dieser irdisch-materiellen Ebene zu wirken. Einmal kommt die Zeit, da dieses Werkzeug seinen Dienst erfüllt hat und gegen ein neues eingetauscht wird, das den neuen Aufgaben und Zielsetzungen entspricht. Er weiß, daß er diesen Weg schon unzählige Male gegangen ist, und wenn es soweit ist, wird er sich daran erinnern. Die Erkenntnisse, die er während dieses Erdenlebens gewonnen hat, werden ihn begleiten, und die Symbole, die heiligen Namen, über deren Sinn er eingehend meditiert hat, werden ihm zuverlässige Wegweiser und Paßworte auf dem Weg sein. Die Zeit des Wirkens ist vorerst vorbei; was jetzt kommt, ist eine Zeit der Betrachtung dessen, was war. Erfahrungen werden betrachtet und in Erkenntnis verwandelt. Die Zeit außerhalb der materiellen Ebene ist eine Zeit des Lernens durch Bewußtwerdung, mit Meditation vergleichbar. Umsetzung und Anwendung der Erkenntnisse sind nur auf der materiellen Ebene, in einer neuen Inkarnation möglich. Es besteht die Möglichkeit, die richtigen Schlüsse aus den Geschehnissen der vergangenen Inkarnation zu ziehen, um sie in der folgenden oder einer noch weit in der Zukunft liegenden Wiedermaterialisierung anzuwenden. Der Rose des Seins wird ein neues Blütenblatt hinzugefügt, bis sie dereinst in voller Blüte erstrahlen wird, um zu leuchten und zu duften in einer neuen Dimension des Kosmos, die auf die irdisch-materielle folgt.

Rosenkreuz

Esoterik ist das nach innen gerichtete Wissen, das das Eigentliche, das, worauf es ankommt, enthält und nur von wenigen in seiner ganzen Bedeutung erkannt werden kann. Soweit wir zurückblicken können, galt dies nie und in so hohem Maße und in einem so buchstäblichen Sinne wie in dem nunmehr sich dem Ende zuneigenden Fischezeitalter. Nahezu zweitausend Jahre lang glich dieses Urwissen einem unterirdischen Strom, der von der Oberfläche der Erde verschwand und sich seinen Weg in der Tiefe weiterbahnte. Im Laufe der Geschichte des christlichen Abendlandes drängte dieser unterirdische Strom jedoch mehrere Male nach oben, gleichsam als wolle er erkunden, ob die Zeit nun reif sei, um mit seinem Wasser des Lebens die Erde des Menschen zu bewässern, damit Nahrung und reiche Blütenpracht daraus entsprieße. Aber jedesmal wurden die Ausläufer dieses Flusses wieder in den Untergrund abgedrängt und die Quellöffnung, aus der er sich nach oben ergoß, wieder zugeschüttet, wenn nötig mit brutaler Gewalt. An der Wende von einem Jahrtausend zum anderen oder wenn große geschichtliche Ereignisse das Abendland zutiefst erschütterten, traten Teile dieses unterirdischen Stroms wieder zutage.

Der erste historisch faßbare Versuch, den Strom auftauchen zu lassen, scheint der Orden der Tempelritter im 12. Jahrhundert in Frankreich gewesen zu sein, der zweite das Auftreten der Rosenkreuzer durch ihre berühmten Manifeste im 17. Jahrhundert. Der dritte Versuch war das Wirken von Helena Blavatsky und die Gründung der Theosophischen Gesellschaft im Jahre 1875 und der dreizehn Jahre später in England entstandene Orden *The Golden Dawn* (Orden der goldenen Dämmerung). Auch das sich sprunghaft entwickelnde allgemeine Interesse für Esoterik im letzten Viertel des 20. Jahrhunderts darf aus dieser Perspektive betrachtet werden.

Allen Versuchen der Vergangenheit ist gemeinsam, daß sie scheiterten und die ihnen zugedachte Aufgabe nicht zu erfüllen vermochten. Die Templer wurden unter Einsatz brutalster Mittel vom französischen König und vom Papst vernichtet. Der Einfluß der Rosenkreuzer auf die Öffentlichkeit blieb nach der anfänglich großen Aufmerksamkeit, die ihre Schriften zu erregen vermochten, gering. Die Theosophische Gesellschaft wurde unter den Nachfolgern von Helena Blavatsky mehr und mehr zu einem von östlichen Religionssystemen durchtränkten Kreis mit ausgeprägten pietistischen Merkmalen; und der Golden Dawn zerbrach schon nach zehn Jahren an seinen internen Rivalitäten und den daraus entstehenden Intrigen. Aber dennoch haben besonders die Theosophie und der Golden Dawn mit ihren Lehren die heute anbrechende Renaissance der Esoterik maßgeblich beeinflußt und ihr die Basis gegeben. Templer, Theosophie und Golden Dawn können in ihren äußeren Erscheinungen historisch erfaßt und beschrieben werden. Die Rosenkreuzer sind bis heute weitgehend im dunkeln geblieben, und abgesehen von den drei sogenannten Rosenkreuzerschriften sind uns kaum direkte Zeugnisse überliefert. Zwar gibt es heute mancherlei esoterische Gruppierungen, die sich auf die Rosenkreuzer berufen und ihren Namen tragen (zum Beispiel Heindel), aber diese Organisationen sind ausnahmslos Gründungen des zwanzigsten Jahrhunderts und haben außer dem Namen nichts mit den alten echten Rosenkreuzern gemeinsam. Das heißt aber nicht, daß die von diesen Gruppen herausgegebenen Schriften und Kurse schlecht seien. Manche vermitteln durchaus echte und gute esoterische Lehren, die für Einsteiger in die Materie bis zu einem gewissen Grad hilfreich und geeignet sind. Aber sie entstammen anderen als den alten Rosenkreuzerquellen.

Die Öffentlichkeit erfuhr zum ersten Mal im Jahre 1614 von der Bruderschaft der Rosenkreuzer. Damals erschien *Fama Fraternitates Oder des hochlöblichen Ordens des R. C. An die Häupter, Stände und Gelehrten Europae.* Ein Jahr später folgte *Confessio Fraternitatis Oder Bekanntnuß der löblichen bruderschaft deß hochgeehrten Rosen Creut-*

zes an die Gelehrte Europae geschrieben. Im Jahre 1616 erschien dann noch *Chymische Hochzeit: Christiani Rosencreutz: Anno 1459.* Die beiden ersten Schriften hatten die Generalreformation der Welt zum Grundthema.

Die *Fama Fraternitatis* beschreibt die Reise des C. R. in den Orient, wo er die geheimen hermetischen Wissenschaften kennenlernt.

Die *Confessio Fraternitatis* will als Kommentar und Interpretation der *Fama Fraternitatis* verstanden sein.

Während die beiden ersten Schriften ganz offensichtlich miteinander in Zusammenhang stehen, ist die *Chymische Hochzeit* eigentlich nur durch die namentliche Nennung von Christianus Rosencreutz mit den beiden anderen verbunden. Aus heutiger Sicht kann man sie als eine von alchemistischer Symbolik und Allegorien durchzogene Fantasy-Geschichte betrachten.

Diese Rosenkreuzerschriften, wie sie allgemein genannt werden, erregten im damaligen Europa großes Aufsehen. Das Anliegen einer allgemeinen Weltreformation wurde überall offenen Herzens angenommen, und viele machten sich auf, um die geheime Bruderschaft zu finden, die sich in diesen Schriften zu erkennen gegeben hatte; aber ohne Erfolg. Als sichtbare Organisation blieben die Rosenkreuzer unauffindbar, und es ist fraglich, ob es eine solche Bruderschaft in Form einer Gemeinschaft oder eines Ordens überhaupt jemals gegeben hat. Viele gründliche und mit gelehrter Akribie durchgeführte Forschungen führten zu Resultaten, die im Vergleich mit dem Aufwand eher kümmerlich zu nennen sind. Aufgrund der Tatsache, daß der schwäbische Theologe und Pastor Johannes Valentinus Andreae sich als Verfasser der *Chymischen Hochzeit* bezeichnete, wird allgemein angenommen, daß er auch Autor der beiden anderen Schriften sei, oder daß diese zumindest in seinem engsten Freundeskreis geschrieben worden sind. Diese Schlußfolgerung kann nicht als völlig gesichert bezeichnet werden, und selbst wenn sie zutrifft, sind mehrere wichtige Umstände nicht in die Betrachtung einbezogen worden. Selbst ein so gründlicher Forscher wie Hans Schick, dem Quellen zur Verfügung standen, die andere vor ihm nicht benutzen konnten, kommt in seinem Standardwerk von

1942 *Das ältere Rosenkreuzertum* (Neudruck 1980 unter dem Titel *Die geheime Geschichte der Rosenkreuzer,* Ansata Verlag, 1980) zu dem eher vagen Schluß, daß vieles für und nichts gegen die Verfasserschaft Andreaes spreche. Die Forschungen münden in zwei Ansichten: Die einen sehen im Rosenkreuzertum den Keim einer nicht zum Erblühen gelangten christlichen, auf kirchlich-protestantischem Boden gewachsenen Erweckungsbewegung, während die anderen die Rosenkreuzer für eine Variante der Freimaurerei halten. Obwohl für beide Ansichten gute Gründe ins Feld zu führen sind und im Rosenkreuzertum Elemente von beidem vorhanden sind, werden sie dem Kern der Sache wohl kaum gerecht.

Die großen esoterischen Schriften können in ihrem wahren Gehalt und in ihrer Bedeutung nicht mit den herkömmlichen Methoden der Literaturwissenschaft erfaßt werden. Viele Werke, die für die Esoterik wichtig und bestimmend sind, wie etwa die Schriften Helena Blavatskys oder die verschiedenen Erzählungen vom Gral und manche andere mehr, haben die Eigenschaft, daß sie zwar von Menschen geschrieben, aber auf einer anderen Ebene verfaßt wurden. Dies trifft meiner Meinung nach auch für die *Fama Fraternitatis* und die *Confessio* zu. Es mag durchaus sein, daß diese Schriften in einem durch gemeinsame religiöse Ideen und spirituelle Interessen verbundenen Kreis von Tübinger Studenten entstanden sind und daß J. V. Andreae, ein Mitglied dieses Kreises, in der Folge auf spielerische, fast parodistische Weise seine Fantasy-Erzählung von den Abenteuern des Christianus Rosencreutz verfaßte. Aber die Gedanken und Ideen, die sich hinter den niedergeschriebenen Worten offenbaren, übersteigen mit Sicherheit die Kenntnisse und das Format von protestantischen Theologiestudenten des 17. Jahrhunderts. Andreae selbst ist an dieser Spannung menschlich zerbrochen. Vielleicht war er ein Berufener, der die Auserwählung zurückwies. Wenn man in seiner Jugend die Fackel der erhellenden Erkenntnis entzünden hilft und dann, statt sich von ihrem Licht erleuchten zu lassen, Superintendent und Hofprediger in Stuttgart wird, muß man zwangsläufig in Unglück und Verbitterung enden. Zum Glück waren offenbar andere da, die die brennende Fackel ergriffen und weitertrugen.

Geht man unter diesen Voraussetzungen, die aus den erwähnten Gründen nicht mehr als unbewiesene Thesen sein können, an das Studium von *Fama* und *Confessio* heran, dann zeigt sich ein völlig anderes Bild. Dann wird deutlich, daß sich hinter der blumigen barocken Sprache tiefstes esoterisches Wissen verbirgt, das zur damaligen Zeit wirklich noch im ursprünglichen Sinne geheim war und nur von Lesern erkannt werden konnte, die bereits über eine beträchtliche esoterische Vorbildung verfügen mußten. Nur solche Wissende konnten die im Text der beiden Rosenkreuzerschriften verborgenen Perlen überhaupt entdekken, verstehen und die entsprechenden Schlußfolgerungen daraus ziehen. An ein paar Beispielen aus der *Confessio* soll gezeigt werden, was damit gemeint ist. Die folgenden drei Abschnitte stehen auch im Originaltext hintereinander. Sie werden hier einzeln in der originalen Sprache und Orthographie zitiert und dann kommentiert.

»Wehre es nicht ein köstlich Ding, daß du köndtest alle Stunde also leben, als wenn du von Anfang der Welt bißher gelebet hettest, und noch ferner biß ans Ende derselben leben soltest?«

Wer mit esoterischer Tradition nur einigermaßen vertraut ist, wird hier kaum den Hinweis auf das Gesetz von Karma und Reinkarnation übersehen. Der Nicht-Esoteriker wird aus der gleichen Passage ein Versprechen auf ewiges irdisches Leben herauslesen. In einem Gespräch über diese Stelle wird sich sofort herausstellen, ob jemand ihren geheimen Sinn verstanden hat oder nicht.

»Wehre es nicht ein köstlich Ding, daß du an einem Ort also wohnen köndtest, daß weder die Völcker so über dem Fluß Ganges in India wohnen, ihre Sachen für dir verbergen, noch die, so in Peru leben, ihre Rathschlege dir verhalten köndten?«

In »Völcker so über dem Fluß Ganges in India wohnen« Tibet und das Himalajagebiet zu erkennen, ist heute ein leichtes. Wer aber wußte damals in Europa schon, daß es diese Völker und ihre spirituelle Kultur überhaupt gab? Und wenn jemand darüber Bescheid wußte, wußte er auch, daß diese östliche Esoterik dem zweiten Emigrationsstrahl aus Atlantis entstammt und daß die Erwähnung von Peru ein Hinweis auf den ersten Strahl ist? Der Text sagt also deutlich: Der zweite Strahl wird von den Völkern des Himalaja gehütet. Die Bewohner von Peru verfügen über den ersten Strahl. Wenn die Bewohner von Europa, das ungefähr in der Mitte zwischen diesen beiden Völkern liegt, diese zwei Strahlen miteinander verbinden, dann sind sie imstande, den dritten Strahl der Liebe zu bilden, an dessen Vollendung das kirchliche Christentum im Zeitalter der Fische gescheitert ist.

»Wehre es nicht ein köstlich Ding, daß du also lesen kündtest in einem Buch, daß du zugleich alles, was in allen Büchern, die jemals gewesen, noch seyn oder kommen und außgehen werden, zu finden gewesen, noch gefunden wird und jemals mag gefunden werden, lesen, verstehen und behalten möchtest?«

Dieses Buch, das den geschilderten Bedingungen in allen Belangen entspricht, ist das »Buch des Thot«, heute besser und fast allgemein bekannt unter dem Namen Tarot.

Wer heute über die in diesem Buch vermittelten Grundkenntnisse verfügt, wird ohne große Mühe und ohne fremde Hilfe imstande sein, den versteckten Sinn dieser aus der *Confessio* zitierten Textstellen zu entziffern und zu verstehen, was gemeint ist. Damals aber, im Jahre 1615, befand man sich in einer Zeit, in der die kirchliche Inquisition am brutalsten wütete. Wer verfügte damals schon über die erforderlichen Kenntnisse, um den verborgenen Gehalt der *Fama* und der *Confessio* zu entschlüsseln – ein Wissen, das zu erwerben äußerst schwierig und zudem lebensgefährlich war?

An einer anderen Stelle wird gesagt, daß die *Fama* »in fünff Sprachen außgangen« sei. Ganze Generationen von Forschern haben viele Bibliotheken durchkämmt, um diese anderssprachigen Ausgaben der *Fama* zu finden. Wer auch nur einigermaßen mit den Grundzügen der Kabbala vertraut ist, denkt sofort daran, daß hier die vier Elemente Feuer, Wasser, Luft, Erde und als fünftes der Äther oder die Quintaessentia gemeint sein könnten. Diese Fünfheit bildet in der kabbalistischen Symbolik den hebräischen Namen von Jesus »Jehoschuah« (siehe Seite 257).

Auch eine andere Interpretation ist möglich, die später noch erwähnt werden wird. In der *Fama* wird behauptet, die Autoren seien im Besitz des Wissens von Jesus Christus. Für die damalige protestantische Orthodoxie, deren Umfeld die Rosenkreuzerschriften ja entstammen sollen, war dies eine kühne Behauptung, lautete doch die offizielle kirchliche Lehrmeinung, daß alles Wissen um Jesus Christus ausschließlich in der Bibel enthalten sei. Die Autoren der *Fama* wollten andeuten, daß neben diesem offiziellen Wissen von Jesus noch ein esoterisches Wissen existiert, dessen Quellen nicht ausschließlich in der Bibel zu finden sind.

Besonders bemerkenswert ist noch folgender Abschnitt aus der *Confessio:* »Es hat zwar Gott der Herr schon etliche Botschaften vorhergesandt, die von seinem Willen bezeugeten, nemblich etliche newe Sterne, so am Himmel in Serpentario und Cygno entstanden, welche denn als hoher wichtiger Sachen kräfftige Signaculae menniglich bezeugen und zu erkennen, wie allen Dingen, so von Menschen erfunden, die heimliche verborgene Schrifften und Characteres dazu dienlich seyen, daß obwol das große Buch der Natur allen Menschen offen stehet, dennoch sehr wenige verhanden, die dasselbe lesen und verstehen können.«

Im Jahre 1604 wurde in den Sternbildern Schlangenträger (Serpentarius) und Schwan (Cygnus) die Erscheinung neuer Sterne beobachtet. Als Schlangenträger wird der Gott Hermes bezeichnet – nach seinem Attribut, dem Hermesstab mit den zwei Schlangen, manchmal auch Stab des Äskulap genannt. Hermes ist der Bote der Götter. In seiner Form als dreifach großer Hermes, Hermes Trismegistos, ist er der Begründer der Hermetik, der Esoterik. Der Schwan ist, wie bereits an anderer Stelle erwähnt (siehe Seite 163), das Symbol der Eingeweihten und der göttlichen Kraft, aus der das Universum hervorgeht. In der *Confessio* wird das Geburtsjahr von Vater C. R. mit 1378 angegeben. Analysiert man diese Zahl mittels bestimmter kabbalistischer Methoden, erhält man als Resultat hebräische Wörter mit der

Bedeutung »Einheit«, »Liebe« oder auch »Stein«, welcher als der von den Bauleuten verworfene Eckstein (ein Christussymbol) oder als der alchimistische »Stein der Weisen« gesehen werden kann. Das Alter von C. R. wird mit 106 Jahren angegeben. Er starb also im Jahre 1484 und wurde begraben. Nach 120 Jahren wurde sein Grab wieder aufgefunden und geöffnet. Addiert man diese Zahlen zusammen (1378 + 106 + 120), erhält man die Zahl 1604. Der Sinn dieser Zahlenkombinationen kann in Worten vielleicht so übersetzt werden: »Das Licht kam in die Finsternis (1378), aber die Zeit war noch nicht reif, es zu erkennen (aber die Finsternis hat es nicht ergriffen), so daß es im Verborgenen leuchten mußte (1484); aber jetzt (1604) ist die Zeit gekommen.« Das Grab von C. R. wird von den Eingeweihten des Hermes und des Schwans geöffnet, und das Licht kann sich offenbaren und leuchten. Ein analoger Sinn ergibt sich auch, wenn man diese Jahreszahlen mit Hilfe des Tarot untersucht. Die Quersumme von 1378 ist XIX »Die Sonne«, diejenige von 1484 ist XVII »Der Stern«, und die Quersumme von 1604 ist XI »Kraft«. Nimmt man dazu noch die Quersumme des Jahres 1615, das Erscheinungsjahr der *Confessio,* so ergibt sich XIII »Tod«, der im Tarot Transformation oder, anders ausgedrückt, »Generalreformation« bedeutet.

Diese wenigen Beispiele vermögen eine Ahnung davon zu geben, welch ein Reichtum an esoterischen Lehren in den wenigen Seiten von *Fama* und *Confessio* verborgen ist und darauf wartet, erkannt und zur praktischen Anwendung gebracht zu werden.

Die *Fama Fraternitatis* erzählt die Geschichte von Vater C. R., der in einem Kloster aufwuchs und im Alter von sechzehn Jahren in den Nahen Osten reiste, wo er das Heilige Land, die Türkei und Arabien besuchte und die geheimen hermetischen Wissenschaften kennenlernte. Das Gelernte schrieb er in lateinischer Sprache in das Buch »M« (*Liber Mundi,* Buch der Welt). Dem Rat seiner arabischen Lehrer folgend, ging er dann in die Stadt Fez in Marokko, die damals ein Zentrum arabischer Gelehrsamkeit und Kultur war. Dort wurden ihm unter dem Siegel der Verschwiegenheit die geheimsten und höchsten Lehren offenbart.

Kernstück dieser Lehren war die Übereinstimmung und Harmonie zwischen Mensch und Kosmos. Alles, was der Mensch tut und spricht, sowie sein körperlicher und seelischer Zustand, müssen im Einklang mit dem großen Kosmos sein. Mit diesem esoterischen Wissen und dieser Erkenntnis ausgestattet, ging Christianus Rosencreutz zurück nach Europa, um das, was er im Osten gelernt hatte, auch dem Westen zugänglich zu machen in der Hoffnung auf Veränderung und Verbesserung der Zustände.

Er mußte jedoch bald erkennen, daß die Zeit dafür noch nicht reif war. So kehrte C. R. nach Deutschland zurück, wo er sich in sein Haus zurückzog, um sich nur noch seinen Studien zu widmen. Er soll den Stein der Weisen besessen haben, das heißt die Fähigkeit, unedles Metall in Gold zu verwandeln, wovon er allerdings keinen Gebrauch machte, da er keine materiellen Schätze nötig hatte. Er fand drei Schüler und lehrte sie alles, was er im Osten gelernt hatte. Er gab ihnen den Auftrag, diese Lehren, wenn die Zeit reif dafür sein würde, an die Mitglieder einer dann zu gründenden geheimen Bruderschaft weiterzugeben.

Später erweiterte sich die Zahl der Schüler auf acht, die sich gemeinsam folgende Ordensregeln gaben: Die Mitglieder sollten von ihren Fähigkeiten Gebrauch machen, indem sie ohne Entgelt Kranke heilten. In jedem Land, in dem sie sich niederließen, sollten sie die Kleidung des Landes tragen sowie seine Gesetze und Gebräuche achten, das heißt, sie sollten durch nichts besonders auffallen. Einmal im Jahr sollten sich die Mitglieder der Bruderschaft treffen. Jedes Mitglied war verpflichtet, für sich selbst einen Nachfolger auszuwählen. Die Brüder sollten sich untereinander mit dem Zeichen »R. C.« zu erkennen geben. Hundert Jahre sollte die Bruderschaft im Geheimen arbeiten und erst dann wieder an die Öffentlichkeit treten.

Die Brüder reisten dann durch viele Länder und zeichneten sich überall durch gute Werke aus. 1484 starb Christianus Rosencreutz im Alter von 106 Jahren und wurde an einem geheimen Ort beigesetzt. Hundertzwanzig Jahre lang wirkte die Bruderschaft der Rosenkreuzer im verborgenen, dann wurde die geheime Grabstätte von Rosencreutz durch einen Zufall wiederentdeckt. In der Grabkammer fanden die Brüder Symbole und Figuren sowie die Schriften von C. R.. Der Leichnam selbst war unversehrt erhalten. Die Brüder entnahmen dem Grabgewölbe die Schriften, veröffentlichten sie, versiegelten das Grab erneut und setzten ihre bisherige Tätigkeit fort. Das Büchlein schließt mit der Aufforderung an die Leser, den Inhalt genau zu prüfen und ihre Meinung kundzutun.

Wer die *Fama* liest, erhält den Eindruck einer schönen, erbaulichen Legende, aber sie ist weit mehr als das. Wie bei der *Confessio* sind in das wenige Seiten umfassende Büchlein esoterische Informationen verpackt, die, wollte man sie ausführlich darstellen, eine riesige Bibliothek füllen würden. Die Reise des C. R. in den Orient ist die genaue Darstellung einer menschlichen spirituellen Entwicklung, wie sie gerade auch in östlichen, dem Himalajagebiet entstammenden Schriften immer wieder behandelt wird. Möglicherweise enthält diese Reisebeschreibung sogar die einzelnen Stationen, die bis zur Erweckung der Kundalinikraft durchlaufen werden müssen. (Als Beispiel: Rosencreutz erreicht ein Alter von 106 Jahren. Diese Zahl setzt sich zusammen aus der Zahl 10, der Zahl der Sephira Malkuth am kabbalistischen Baum des Lebens, und der Zahl 6, die Tipharet zugeordnet ist. Der Weg von 10 nach 6 entspricht dem Entwicklungsweg, den ein Mensch aus eigener Kraft durchlaufen kann.) Es sei an die Behauptung erinnert, daß die *Fama* in fünf Sprachen veröffentlicht wurde. Die fünf Sprachen können auch mit den fünf Wurzelrassen der Menschheit in Verbindung gebracht werden, und zwar in dem Sinne, daß in der *Fama* ein uralter esoterischer Weg des Menschen dargestellt ist, der bereits den Angehörigen der vergangenen vier Menschheitsgattungen, jeweils in der ihnen gemäßen Form (Sprache) übermittelt wurde.

Gleiches gilt natürlich auch für den Abschnitt, der auffallend detailliert die Auffindung und Öffnung des Grabes von C. R. beschreibt. Zusammenfassend kann gesagt werden, daß in der *Fama* alles Material enthalten ist, das man zur Errichtung eines rituell arbeitenden Ordens braucht, nämlich der geistige Schulungsweg sowie die Symbole, aus denen die Rituale entwickelt werden können. Es gab denn auch verschiedene Versuche in dieser Richtung. Der bedeutendste davon ist wohl die Gründung des Golden Dawn. Aber keiner dieser Orden vermochte den ganzen Gehalt der *Fama* in seiner vollen Tiefe zu erfassen und entsprechend umzusetzen. Wie dem Schlußabschnitt entnommen werden kann, war es wohl Absicht der Verfasser, mittels dieser kunstvoll verschlüsselten Schriften herauszufinden, ob es Menschen gab, die den verborgenen Inhalt erschließen konnten und damit zu beweisen imstande waren, daß sie über umfangreiche Kenntnisse der Esoterik, namentlich in der Kabbala und Alchimie verfügten. Diese Esoteriker des 17. Jahrhunderts wären dann wahrscheinlich als potentielle Mitglieder der Bruderschaft vom Rosenkreuz in Frage gekommen, um mit ihrer Hilfe die »Generalreformation« durchzuführen. Manches deutet darauf hin, daß das den gestellten Anforderungen entsprechende Feedback damals und bis heute ausblieb, was nicht unbedingt verwunderlich ist, denn zu kühn waren die in *Fama* und *Confessio* anvisierten Ziele – wenigstens für das 17. Jahrhundert.

Eine Eigenart insbesondere der *Confessio* ist, daß sie einerseits Jesus Christus außergewöhnlich stark ins Zentrum rückt, andererseits aber auch kritische Äußerungen, namentlich über das Papsttum, enthält. Dies hat wesentlich dazu beigetragen, daß die akademische Forschung die beiden Schriften als Emanation eines kämpferischen Protestantismus einordnete. Betrachtet man diese Stellen etwas genauer, dann erkennt man, daß es den Verfassern offensichtlich darum ging, auf den Unterschied zwischen Christentum und Kirche, gleich welcher Konfession, aufmerksam zu machen. Selbst hochrangige Wissenschaftler sprechen immer davon, daß die *Fama* die Legende von *Christianus Rosencreutz* zum Inhalt habe. Dabei wird dieser Name weder in der *Fama* noch in der *Confessio* genannt. (Lediglich die Bruderschaft des »Rosen-Creutzes« wird erwähnt.) In beiden Schriften ist immer von C. R. die Rede. Nur in der dritten Rosenkreuzerschrift, der *Chymischen Hochzeit*, wird Christianus Rosencreutz mit vollem Namen angeführt. Diese Übertragung von C. R. in Christian Rosencreutz ist verständlich, wenn man von der Annahme ausgeht, daß J. V. Andreae der Verfasser (oder Niederschreiber) aller drei Rosenkreuzerschriften ist, und nicht nur der *Chymischen Hochzeit*, als deren Autor er sich bekannt hat. In diesem Fall liegt es nahe, in C. R. die Initialen für Christianus Rosencreutz zu sehen. Es ist überhaupt eine Eigenart der beiden ersten Rosenkreuzerschriften, daß sie keine ausgeschriebenen Namen, sondern nur Initialen enthalten. Das ist mehr als bloße Geheimniskrämerei. Es wird damit vielmehr der eigentliche Schlüssel zur Dechiffrierung geliefert. Einzelne Buchstaben mit Zahlenwerten und Bildern zu versehen und daraus einen eigentlichen, verborgenen Sinn zu entnehmen, ist eine Eigenart der Kabbala. Wer so an die Rosenkreuzerschriften herangeht und sich dabei nicht nur der hebräischen, sondern auch der griechischen, lateinischen und deutschen Sprache bedient, hat die Möglichkeit, ihren eigentlichen Sinn zu entschlüsseln.

Dies gilt auch für die Buchstaben C. R. Da beim Leser die umfangreichen und detaillierten kabbalistischen Kenntnisse, die zur Dechiffrierung der Initialen C. R. notwendig sind, nicht ohne weiteres vorausgesetzt werden können, sei hier gesagt, daß diese beiden Buchstaben das Christusprinzip zum Ausdruck bringen. Das Christusprinzip (nicht zu verwechseln mit der Person Jesus Christus) ist kurz zusammengefaßt: Ganzwerdung als Ausdruck des göttlichen Willens und deren Verkörperung in der Materie. Nähere Erläuterungen zum Christusprinzip werden im Kapitel »Esoterik und Christentum« gegeben. Von welcher Seite und mit welchen Methoden man die Initialen C. R. auch angeht, immer ergibt sich eine Darstellung des Christusprinzips. In Abwandlung des Sprichwortes läßt sich sagen »alle Wege führen zu C. R.«. Natürlich ist es auch durchaus legitim, die Buchstaben C. R. mit den lateinischen Worten Crux Rosae (Kreuz der Rose) in Verbindung zu bringen. Aber auch dann wird der Weg zum Christusprinzip führen.

Das Kreuz ist ein altes vorchristliches Symbol, das die Verbindung der Gegensätze zum Ausdruck bringt. Die Rose hat eine vielfältige symbolische Bedeutung. Als Blüte drückt sie sowohl Ganzheit als auch die dadurch bewirkte Verwandlung aus. Nach dem Gesetz der Dreiheit entsteht durch die Verbindung zweier polarer Gegensätze etwas Drittes, das zusammen mit den beiden zur Vereinigung gelangten Gegensätzen eine neue Einheit bildet.

In der christlichen Terminologie des Abendlandes vereinigt sich das Göttliche (Gottvater) mit dem Menschlichen (Maria), und aus dieser Verbindung entsteht als drittes Jesus (Sohn). Die so entstehende neue Einheit Christus kann durch die Formel »Jesus Christ wahr Mensch und Gott« ausgedrückt werden. Die Kirche projiziert die Energie des Christusprinzips in das Bild des gekreuzigten Jesus von Nazareth. Auch darauf wird im Kapitel »Esoterik und Christentum« noch näher eingegangen. Aber auch andere Bilder sind möglich, um die Energie des Christusprinzips zum Ausdruck zu bringen. Mit dem rosenbekränzten Dionysos, dem Gott des bewußtseinsverändernden Weins, drückte die vorchristliche Antike das Christusprinzip aus. Die Kombination des Kreuzes mit der Rose, das Rosenkreuz, ist eine weitere Möglichkeit. Indem das Bild des gekreuzigten Jesus durch eine Rose ersetzt wird, erhält das Bildsymbol eine neue Perspektive. Der Akzent wird in Kombination mit dem Kreuz nicht auf Leiden und Opfer, sondern auf Verwandlung, alchimistisch Transmutation, gesetzt, eine Verwandlung im Sinne von Bewußtseinsveränderung und Bewußtseinserweiterung. Nur am Rande sei noch erwähnt, daß ein Anagramm von Rose das griechische Wort *eros,* Liebe, ergibt. Der Sinn ist klar. Indem der Mensch das Christusprinzip verwirklicht und zur Anwendung bringt, wird er verwandelt, transmutiert und erhält Zugang zu einer neuen Ebene, zu einer neuen Bewußtseinsstufe. Das wird verdeutlicht durch die Blättervielfalt der Rosenblüte, die in dieser Beziehung der östlichen Lotosblüte gleichzusetzen ist. Die Rosenblüte war Vorbild für die Rosette, das gewaltige Symbol der mittelalterlichen Kathedralen, die eine kreisförmige Aneinanderreihung einzelner Lemniskaten ist. (Lemniskate: Symbol des Neubeginns, der ganzheitlichen Harmonie und der Unendlichkeit. Siehe Tarotbild »Der Magier« Seite 139.) In den zwei Schleifen der Lemniskate ist auch das Rhythmus- und Zyklusgesetz des Kosmos zum Ausdruck gebracht. Zieht man dies in Betracht, so ergibt sich als Bedeutung der Rosette, wie auch der Rose und der Lotosblüte, die Aneinanderreihung der einzelnen Inkarnationen einer menschlichen Individualität. Somit wäre es Aufgabe des Menschen, im Laufe all seiner Inkarnationen auf dieser irdisch-materiellen Ebene zu einer übergeordneten Ganzheit zu gelangen, wie sie dem Christusprinzip entspricht. Darauf will das Bild des Rosenkreuzes hinweisen. Rainer Maria Rilke mag das Geheimnis geahnt haben, als er folgenden Spruch auf seinen Grabstein setzen ließ: »Rose, oh reiner Widerspruch, Lust, niemandes Schlaf zu sein unter so viel Lidern.«

Die starke Ausrichtung der Rosenkreuzerschriften auf Christus bei gleichzeitig kritischer Haltung gegenüber der Kirche könnte ein Hauptaspekt der beabsichtigten Generalreformation gewesen sein, besonders wenn man dazu noch beachtet, daß die Rosenkreuzer für sich in Anspruch nahmen, das wahre Wissen um Jesus Christus zu besitzen. Das Bild, in das die Kirche das Christusprinzip gefaßt hat, sollte durch ein anderes, neue Perspektiven aufzeigendes ersetzt werden, weil diesem kirchlichen Bild schwere Mängel anhaften. Wenn dem so war, mußte es gewichtige Gründe dafür geben, die im Kapitel »Esoterik und Christentum« näher betrachtet werden. Dann wird auch klar, in welchem Maße die Menschen des 17. Jahrhunderts, in dem die

Kirche noch einen ganz anderen Stellenwert hatte als heutzutage, mit dem Verständnis der wahren Bedeutung der Rosenkreuzerschriften überfordert waren.

Die großen esoterischen Wahrheiten werden nachfolgenden Generationen immer in Form von Mythen und Parabeln weitergegeben. Die Bilder, in die sie gekleidet sind, wechseln, aber ihr Sinn ist beständig und immer gültig. So drängt sich auch ein Vergleich mit den verschiedenen Versionen des Gralsmythos auf. Die Erzählungen vom Gral und die Rosenkreuzerschriften entstammen jeweils anderen Epochen, enthalten aber, in jeweils andere Bilder gekleidet, die gleichen Lehren und weisen auf das gleiche Ziel hin. Beim Gralsmythos wurde sorgfältig darauf geachtet, daß der esoterische Lehrgehalt in Bilder gefaßt wurde, die der kirchlichen Lehre und Frömmigkeit nicht widersprachen, damit die Inquisition keine Handhabe dagegen hatte. Die *Confessio* läßt keinen Zweifel daran, daß es nun an der Zeit ist, diesen Lehrgehalt aus der kirchlichen Struktur zu befreien und mit anderen Bildern auszudrücken, wie sie in der *Fama* enthalten sind. In den mehr als drei Jahrhunderten, die seit dem Erscheinen der Rosenkreuzerschriften vergangen sind, wurden manche Versuche unternommen, ihre Botschaft, so wie sie eben verstanden wurde, in die Tat umzusetzen. Es ist nicht bekannt, daß einer davon gelungen wäre. Und allzu viele, die den individuellen Weg versuchten, sind wohl den Versuchungen der falschen Alchimie erlegen, vor der die *Confessio* so eindrücklich warnt. Wenige mögen es bisher gewesen sein, die über das notwendige Wissen verfügten, um überhaupt zu verstehen, was eigentlich gemeint ist. Die offizielle Forschung hat, wie bereits erwähnt, im Rosenkreuz entweder eine nicht zum Tragen gekommene christlich-protestantische Erweckungsbewegung oder eine Variante der Freimaurerei gesehen.

Unter den offiziell zugänglichen Büchern kenne ich nur eines, das den Gehalt der Rosenkreuzerschriften in der hier geschilderten Weise und mit außergewöhnlicher Tiefe darstellt: *The True and Invisible Rosicrucian Order. An Interpretation of the Rosicrucian Allegory and an Explanation of the Ten Rosicrucian Grades* von Paul Foster Case. P. F. Case (1884–1954) war Amerikaner und zeigte schon als Kind besondere spirituelle Fähigkeiten. Im Alter von sechzehn Jahren entdeckte Case den Tarot als Quelle des in der Esoterik vorhandenen Urwissens und widmete sich eingehend dem Studium dieser 78 Bilder. Seine weitere esoterische Schulung erhielt Case im Golden Dawn, dessen General Prämonstrator er in den USA und Kanada wurde. Infolge der intensiven Tarot-Studien wurde seine innere Empfänglichkeit so stark gesteigert, daß er allmählich spürte, offenbar unter der Führung eines von einer transzendenten Ebene aus wirkenden Lehrers zu stehen, der ihm zwar Instruktionen erteilte, sich aber nie in seine persönlichen Angelegenheiten mischte, ihm niemals schmeichelte und ihm niemals etwas befahl. Unter dem Einfluß dieses Lehrers scheint Case allmählich aus dem System des ursprünglichen Golden Dawn herausgewachsen zu sein, was sich anhand seiner der Öffentlichkeit hinterlassenen Schriften feststellen läßt. Später gründete er auch einen eigenen Orden. Es ist anzunehmen, daß manches, was Case über den eigentlichen Gehalt der Rosenkreuzerschriften herausfand, auch den Hinweisen dieses Lehrers zu verdanken ist. Seine Untersuchungen zu den Rosenkreuzerschriften erschienen erstmals 1927 und scheinen zunächst nur einem kleinen Kreis zugänglich gewesen zu sein. Ein Jahr vor seinem Tode revidierte er sein Buch noch einmal. In dieser Form wurde es im Jahre 1985 in den USA publiziert, offensichtlich noch einmal von anonymer Hand redigiert. In der *Confessio* wird kurz angedeutet, daß die Lehren der Rosenkreuzer nach Graden geordnet sind. Zwar wird die Anzahl der Grade nirgendwo genannt, aber die Tradition nimmt allgemein zehn Grade an, die in Verbindung mit den zehn Sephiroth des kabbalistischen Lebensbaumes stehen. Case hat am Schluß seines Buches den Versuch unternommen, die in der *Fama* und der *Confessio* enthaltenen Lehren in Form von Leitsätzen auszuformulieren. Diese Leitsätze hat er in zehn aufeinanderfolgende Grade eingeteilt. Die Leitsätze der ersten vier Grade folgen auf Seite 226 in deutscher Übersetzung, da diese ersten vier Grade etwa den Rahmen des in diesem Buch vermittelten Grundwissens darstellen. In einzelnen Fällen wurde die deutsche Übersetzung der in diesem Buch verwendeten Terminologie angepaßt. Case hat jedem Leitsatz ein

Tarotbild zugeordnet, das die im Leitsatz enthaltene Lehre bildhaft zum Ausdruck bringt und in erheblichem Ausmaß zu erweitern vermag. Diese Leitsätze sind nicht dazu bestimmt, einfach auswendig gelernt zu werden, damit man sie bei passenden oder unpassenden Gelegenheiten zitieren kann. Sie sollen vielmehr im buchstäblichen Sinne be-herzt werden. Dies geschieht am besten durch eine regelmäßige vertiefte Meditation über einen Leitsatz, wobei das betreffende Tarotbild eine sehr wertvolle Hilfe zu geben vermag.

Esoterik, besonders im Zeichen des Rosenkreuzes, ist weit mehr als alternatives, naturverbundenes Leben und kurzfristig vermittelte Workshop-Erlebnisse. All dies kann wohl Anstoß und Anregung bieten und einzelnen Menschen einen Einstieg ermöglichen; Esoterik im Zeichen des Rosenkreuzes jedoch ist die wirkliche Generalreformation, die den ganzen Menschen erfaßt und umfaßt, ist die Rückbesinnung auf das Urwissen und seine Anwendung in einer Welt, die vom Tod bedroht wird. Esoterik wird auch nie eine Bewegung sein, wie dies von New Age immer wieder gesagt wird, sondern sich stets nur im Denken und Handeln individueller Menschen auswirken und sich daraus erkennen lassen. New Age ist das nachahmende Spiel des Kindes, das noch nicht um die Hintergründe seines Tuns weiß und mit Begeisterung heilende Edelsteine, Indianerfedern, Tarotkarten und Planetensymbole herumschiebt. Esoterik ist Sache des erwachsen gewordenen Menschen, der die Zusammenhänge und die für das große Ganze maßgeblichen Gesetze der großen kosmischen Schöpfungsordnung *versteht* und aus diesem Wissen heraus fähig ist, sie als Magier auf der seiner Verantwortung unterstellten Ebene anzuwenden und zur Auswirkung zu bringen. Nirgendwo wird der Unterschied zwischen New Age und der Esoterik so deutlich wie unter dem Zeichen des Rosenkreuzes.

I. GRAD

Die sechs initiatorischen Wahrheiten

1. Jede menschliche Persönlichkeit ist absolut und uneingeschränkt in das universale Sein eingebunden.

2. Das Universum ist eine geordnete, rhythmische Manifestation von Leben, die von feststehenden Gesetzen bestimmt wird.

3. Die Auflösung materieller Körper ist eine notwendige und wohltuende Manifestation von Leben, aber sie bedeutet nicht das Aufhören des sich selbst bewußten Seins.

4. Das (Höhere) Selbst des Menschen ist ein Leben, das ein Bewußtsein umfaßt, das sich über den persönlichen Intellekt des Menschen erhebt; und von dieser höheren Ebene des Bewußtseins geführt zu werden, ist ein Recht, das jedes menschliche Wesen von Geburt an besitzt.

5. Natur enthüllt sich dem Menschen, wenn der Mensch in der rechten Weise meditiert.

6. Das Böse zeigt sich uns in der Erscheinung natürlicher Prozesse, die wir nicht verstehen. Es ist der Schleier des Schreckens, der uns das schöne Gesicht der Wahrheit verbirgt.

II. GRAD

1. Alles, was existiert, ist eine (Ausdrucks)Form spiritueller Energie. Jede spirituelle Energie untersteht der Kontrolle und Führung durch die Form, die über ihr ist. Alles, was der Mensch bewußt als Bild wahrnimmt, ist eine (Ausdrucks)Form der spirituellen Energie. Alle Formen von Energie unterhalb dieser Ebene der Bilder unterstehen der Kontrolle und Führung der Form, die über der Ebene der Bilder ist. Diese obere Form wiederum wird von der überbewußten Ebene der Energie aus gelenkt. Die Energien der überbewußten Ebene fließen nach unten in die unbewußten Ebenen mittels des bewußten Geistes (Mentalebene) des Menschen. Dieser ist der Vermittler zwischen dem, was oben, und dem, was unten ist.

2. Das Universum ist vernünftig. Es ist nach einem Muster zusammengesetzt, das für den Geist des Menschen verständlich ist. Es kann erkannt werden, vorausgesetzt, daß wir uns darin üben, es zu sehen. Die Kennzeichen dieses Musters sind in die Mechanismen der Natur geschrieben, und wir sind imstande, sie zu lesen.

3. Es gibt Möglichkeiten der Erkenntnis außerhalb der gewohnten Formen menschlicher Erfahrung. Die Lebensenergie, die in jeder menschlichen Persönlichkeit vorhanden ist, kann und gibt auch wirklich dieser Persönlichkeit die Fähigkeit, Eindrücke der Realität auf eine Art und Weise wahrzunehmen, welche die sinnliche Erfahrung übersteigt. Diese Wahrnehmungen sind außerhalb jeder vernünftigen Beweisführung, aber niemals gegen die Vernunft. Sie verhelfen uns zu korrekten Lösungen einzelner Probleme, aber jede Lösung ist ebenso die Enthüllung eines ewigen Prinzips.

Der HIEROPHANT

4. Der Mensch ist die Synthese von allem kosmischen Geschehen. Die menschliche Intelligenz enthält in sich all die vielfältigen Vernetzungen, in welchen sich die Lebensenergie selbst manifestiert, und überträgt diese Manifestation in alles, was außerhalb des Menschen und menschlicher Intelligenz ist.

Die SONNE

5. Die Kraft, die den Menschen befähigt, sich im Zustand der Erleuchtung und Erkenntnis mit den überbewußten Quellen zu verbinden, ist eine Energieform, die abgeleitet ist von körperlichen Aktivitäten, die unter der Herrschaft des Tierkreiszeichens Jungfrau stehen.

(Das Zeichen Jungfrau regiert über Verdauungstrakt und Nervensystem. In diesem Fall ist wohl das vegetative Nervensystem gemeint und im besonderen die sexuelle Energie [H. D. L.].)

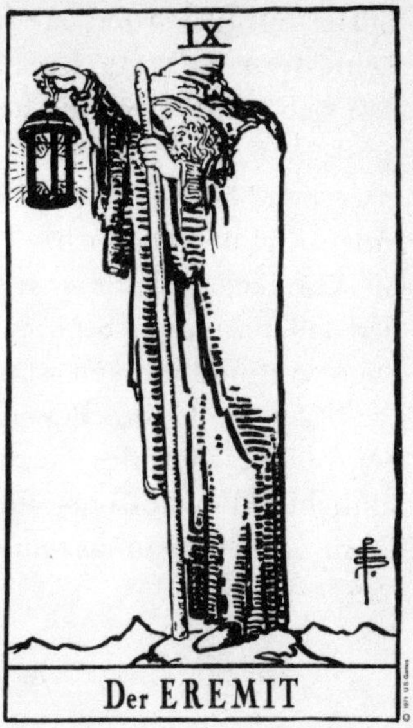

6. Tägliche Übung im Gedenken daran, daß das persönliche Leben von einer höheren Intelligenz geführt wird; sich täglich an die Wahrheit erinnern, daß niemand etwas ständig nur aus sich selbst heraus tun kann; tägliches Bemühen, sich in allen Umständen und Handlungen nach diesen Grundsätzen zu richten; dies sind die grundlegenden Übungen für den II. Grad.

7. Die subtilste und wichtigste Lehre der grundlegenden Theorie läßt sich nicht durch die Instruktion eines menschlichen Lehrers erwerben. Man gewinnt sie nur, indem man mit höchster Aufmerksamkeit auf die Instruktionen einer inneren Stimme hört. Diese Aufmerksamkeit ist ein aktiver Zustand von Bewußtheit, der totale Einsatz des ganzen persönlichen Bewußtseins für eine Form von erwartungsvoller Aufmerksamkeit.

8. Das Gesetz »Der Kosmos ist reine Energie; aber der Mensch kann mit reiner Energie nicht umgehen, es sei denn, er kleidet sie in Form eines Bildes« ist das Tor zum höheren Wissen.

III. GRAD

1. Das menschliche Leben in jedem, hier und jetzt, erstreckt sich über die Begrenzungen der materiellen Ebene hinaus.

2. Alle Aktivitäten des Universums sind in Balance.

3. Der individuelle Mensch ist *niemals* nur der Denkende, der Sprechende oder der aus sich selbst heraus Handelnde. Jeder Gedanke, jedes Wort und jede Handlung sind Auswirkung der Ganzheit der kosmischen Kräfte und Gesetze. Diese zeigen sich innerhalb von Raum und Zeit in einzelnen Formen unter Mitwirkung eines menschlichen Wesens (oder eines anderen Trägers des kosmischen Lebens), das Instrument ihres Wirkens ist.

4. Die ursprüngliche schöpferische Kraft, das von der höheren Vernunft bestimmte Leben, das handelt, umrahmt und das Universum gestaltet, lenkt jede Einzelheit der kosmischen Manifestation. So gesehen gibt es keine Zufälle. Nichts geschieht einfach so. Konsequenterweise ist jedes Detail menschlicher Erfahrung Teilmanifestation dieser lenkenden Kraft, eine einzelne Note in der kosmischen Sinfonie. Diese in uns vorhandene lenkende Kraft ist der wahre Seher all dessen, was wir sehen, der wahre Wissende all dessen, was wir wissen, die höchste Autorität über die ganze Schöpfung. Sie ist das alleinige unteilbare Selbst.

5. Das Höhere Selbst ist über der Ebene des persönlichen Bewußtseins inthronisiert, und von diesem erhöhten Platz aus leitet es durch sein unfehlbares Wort diejenigen, die Ohren haben zu hören.

6. Alle Substanz ist geistige (mentale) Substanz, demnach sind alle Bilder geistige (mentale) Bilder. Die Hervorbringung der geistigen Bilder ist die Aufgabe des universalen Unbewußten, und aus diesem Ursprung entstehen auf allen Ebenen unmittelbar alle Formen.

IV. GRAD

1. Die Auflösung jeglicher Form ist eine grundlegende Tendenz des kosmischen Prozesses. Alle Dinge verändern sich. Alles, was ist, vergeht. Keine Form bleibt bestehen. Das Sein ist ein Strom, eine Folge von Wellen, eine ewige Bewegung.

TOD

2. Der kosmische Prozeß ist Meditation. Die Kraft des Lebens ist bewußt gewordene Energie, welche durch eine Abfolge von Formen hindurchfließt, die mit einem bestimmten Objekt verbunden sind. Jeder einzelne Zyklus, in dem sich die Kraft des Lebens zum Ausdruck bringt, hat sein bestimmtes Objekt, mit dem er verbunden ist. Vom Beginn eines Zyklus bis zu seiner Vollendung gibt es keinen Augenblick, in dem dieses Objekt vergessen oder auf andere Weise der Dunkelheit anheimfallen würde.

Der STERN

3. Die Kraft des Lebens ist jederzeit und an allen Orten erfolgreich. Alles, was den Eindruck von Niederlage erweckt, ist illusorisch. Die eine Identität ist (durch das Höhere Selbst) Sieger, bevor noch die Schlacht begonnen hat.

4. Jedes menschliche Wesen steht unter der direkten Führung der einen Identität, die durch sein Höheres Selbst wirkt. Jede persönliche Handlung ist Ausdruck dafür, daß die eine Identität jede Aktivität durchdringt. Das Wissen darum ist das Geheimnis der vollkommenen Freiheit dessen, der wahrhaft weise ist.

5. Jegliche Form ist eine Begrenzung der unendlichen Energie der Kraft des Lebens. Der ursprüngliche Grund der Begrenzung ist die Bilder gestaltende Kraft des universalen Geistes. Jeder Akt menschlicher Imagination ist in Wirklichkeit und auf eine persönliche Weise Teilausdruck dieser Bilder gestaltenden Kraft. So gesehen ist die menschliche Imagination in gewisser Weise, wenn auch nicht auf entsprechender Stufe, das gleiche wie die Imagination, die das Universum formt.

6. Die menschliche Persönlichkeit ist eine Synthese aller kosmischen Prozesse. Der Mensch ist eine Zusammenfassung all dessen, was vor ihm war, und er ist Ausgangspunkt der Manifestation eines neuen Geschöpfes. Der natürliche Mensch ist das Samenkorn, aus dem der spirituelle Mensch keimen kann.

(Diese Leitsätze entstammen dem Buch *The True And Invisible Rosicrucian Order* von Paul Foster Case, Verlag Samuel Weiser, New York. Übersetzung von H.-D. Leuenberger.)

Den Mitgliedern des Golden Dawn wurde in einem bestimmten Grad ihrer spirituellen Entwicklung eine Schrift überreicht, die zu den wichtigsten Dokumenten abendländischer Esoterik zählt. Sie sei angefügt, damit der Suchende ihren Gehalt durch intensives Studium und Meditation für seine Lebenshaltung beherzigen kann.

Über die Führung und Reinigung der Seele

Zunächst, oh Practicus unseres alten Ordens, lerne, daß wirkliches Gleichgewicht die Grundlage der Seele bildet. Hast du selbst keine sichere Grundlage, worauf willst du dann stehen, um über die Kräfte der Natur zu gebieten?

Sodann wisse, daß der Mensch, inmitten der Dunkelheit der Natur und des Kampfes widerstreitender Kräfte in diese Welt geboren, zuerst danach trachten muß, durch seine Versöhnung das Licht zu suchen. Der du also Versuchungen und Schwierigkeiten in deinem Leben erleidest, frohlocke, denn in ihnen liegt Kraft, und durch sie wird der Pfad ins göttliche Licht hinein geöffnet.

Wie sollte es anders sein, oh Mensch, dessen Leben nur ein Tag in der Ewigkeit ist, ein Tropfen im Ozean der Zeit? Wären die Versuchungen nicht so viele, wie könntest du anders deine Seele von den irdischen Schlacken reinigen?

Ist das höhere Leben nur heute voller Gefahren und Schwierigkeiten? Ist es für die Heiligen und Hierophanten der Vergangenheit nicht schon immer so gewesen? Sie wurden verfolgt und geschmäht, und die Menschen haben sie gequält. Doch ist dadurch ihr Ruhm nur um so größer geworden. Darum frohlocke, oh Eingeweihter, je schwerer deine Prüfung, um so leuchtender wird dein Triumph. Wenn die Menschen dich schmähen und dich belügen, sagte dazu nicht der Meister »Sei gesegnet.« Doch lasse, oh Practicus, deine Siege nicht zu deiner Eitelkeit führen, denn mit

(aus: Regardie: *Das magische System des Golden Dawn*, Band 1, Verlag Hermann Bauer, Freiburg 1987, Seiten 285–288)

zunehmendem Wissen sollte auch deine Weisheit zunehmen. Der nämlich wenig weiß, glaubt, er wisse vieles. Der aber vieles weiß, hat seine Unwissenheit kennengelernt. Siehst du einen Menschen, der sich einbildet, weise zu sein? Für einen Narren gäbe es größere Hoffnung als für ihn.

Verurteile nicht leichtfertig eines anderen Sünde. Woher weißt du, daß du an seiner Statt der Versuchung widerstanden hättest? Und selbst wenn es so sei, warum solltest du den verachten, der schwächer ist als du? Darum sei dessen gewiß, daß in Verleumdung und Selbstgerechtigkeit Sünde liegt. Vergib also dem Sünder, aber stärke die Sünde nicht. Der Meister verurteilte die Ehebrecherin nicht, aber er ermutigte sie auch nicht zu ihrer Sünde.

Versichere dich darum, der du nach magischen Fähigkeiten trachtest, daß deine Seele fest und standhaft ist; denn der Böse bekommt Macht über dich, indem er deiner Schwäche schmeichelt. Demütige dich vor deinem Gott, doch fürchte weder Geist noch Mensch. Angst bedeutet Versagen und geht dem Versagen voraus. Mut hingegen ist der Anfang der Tugend. Fürchte darum nicht die Geister, sondern behandle sie fest und höflich, denn auch das kann dich in Sünde führen. Gebiete den bösen Mächten und banne sie. Verfluche sie bei den Namen des großen Gottes, wenn es sein muß, aber spotte ihrer nicht, noch schmähe sie, denn das führt dich gewiß in den Irrtum.

Ein Mensch ist, was er innerhalb der Grenzen seines angeborenen Schicksals aus sich macht. Er ist ein Teil der Menschheit. Daher berühren seine Taten nicht nur ihn selbst, sondern auch jene, mit denen er in Kontakt kommt, zum guten oder zum Schlechten.

Verehre den physischen Körper nicht, noch vernachlässige ihn. Er stellt deine zeitweilige Verbindung zur äußeren und materiellen Welt dar. Stelle darum dein geistiges Gleichgewicht über die materiellen Störungen. Halte die tierischen Leidenschaften zurück und nähre die höheren Ziele. Durch Leiden werden die Emotionen geläutert.

Tue Gutes an anderen um Gottes willen, nicht für eine Belohnung und weder um ihrer Dankbarkeit noch ihrer Zuneigung willen. Bist du großzügig, so lasse deine Ohren nicht durch Ausdrücke des Dankes betören. Denke daran, daß Kräfte ohne Gleichgewicht böse sind und daß Srenge ohne Gleichgewicht nur Grausamkeit und Unterdrückung bringt, daß aber auch Gnade ohne Gleichgewicht nur Schwäche ist, die das Böse zuläßt und unterstützt.

Ein wirkliches Gebet ist über das Wort hinaus auch Handlung und Äußerung des Willens. Die Götter werden für den Menschen nicht das tun, was seine höheren Kräfte selbst vermögen, wenn er Wille und Weisheit pflegt. Erinnere dich daran, daß diese Erde nichts ist als ein Atom im Universum, und du bist ein Atom darauf. Du könntest sogar die Gottheit dieser Erde werden, auf welcher du kriechst, und wärest immer noch ein bloßes Atom unter vielen. Habe dennoch die größte Achtung vor dir selbst, und darum sündige nicht gegen dich. Die Sünde, welche nicht vergeben wird, ist die absichtliche und bewußte Ablehnung der geistigen Wahrheit, doch hinterläßt jede Sünde und jede Handlung eine Wirkung.

Um magische Kraft zu erlangen, lerne die Gedanken kontrollieren. Lasse nur wahre Vorstellungen zu, die im Einklang mit dem angestrebten Ziel stehen, nicht aber ablenkende oder gegensätzliche Ideen, die sich einmischen mögen. Gerichtete Gedanken sind ein Mittel zum Zweck. Schenke darum der Kraft des stillen Gedankens und der Meditation Aufmerksamkeit. Die materielle Handlung ist nur ein äußerer Ausdruck des Gedankens, und darum ist gesagt worden, daß »ein Gedanke aus Narrheit Sünde ist«. Der Gedanke ist der Beginn der Tat. Wenn schon ein zufälliger Gedanke einige Wirkung nach sich ziehen kann, was kann dann nicht alles ein gerichteter Gedanke bewirken? Darum gründe dich fest im Gleichgewicht der Kräfte, wie es bereits gesagt wurde, im Zentrum des Kreuzes der Elemente, jenes Kreuzes, von dessen Mitte bei der Geburt des heraufdämmernden Universums das schöpferische Wort ausging.

Wie dir im Grade des Theoricus bereits gesagt wurde: »Sei darum flink und tätig wie die Sylphen, meide aber Leichtsinn und Launenhaftigkeit. Sei kraftvoll und stark wie die Salamander, aber meide Reizbarkeit und Heftigkeit. Sei flexibel und aufmerksam für Bilder wie die Undinen, aber vermeide Müßiggang und Wechselhaftigkeit. Sei fleißig und geduldig wie die Gnome, aber meide Plumpheit und Gier.« So sollst du allmählich deine Seelenkräfte bilden und dich darauf vorbereiten, über die Geister der Elemente zu gebieten.

Wolltest du nämlich die Gnome beschwören, damit sie deiner Habsucht dienen, würdest du nicht ihnen befehlen, sondern sie dir. Wolltest du die reinen Geschöpfe aus Gottes Schöpfung mißbrauchen, um deine Taschen zu füllen und deine Sucht nach Gold zu befriedigen? Würdest du die Geister des treibenden Feuers entweihen, um deinem Zorn und Haß zu dienen? Würdest du der Reinheit der Wasserseelen Gewalt antun, um deiner Wollust und deinen Ausschweifungen zu Willen zu sein? Würdest du die Geister des Abendwindes zwingen, deiner Narrheit und deinem Leichtsinn beizustehen?

Wisse, daß du mit solchen Wünschen nur das Böse, nicht aber das Gute anziehen kannst. Und das Böse wird dann Macht über dich gewinnen. In der wahren Religion gibt es keine Sekte. Siehe dich darum vor, daß du nicht den Namen lästerst, unter dem ein anderer seinen Gott nennt, denn wenn du dieses bei Jupiter tust, dann lästerst du *JHVH*, und bei Osiris *Jeheshua*.

»Bittet Gott, und euch wird gegeben.
Suchet, so werdet ihr finden.
Klopfet an, so wird euch aufgetan.«

Esoterik und Christentum

Esoterisch heißt nach innen gerichtet, für wenige bestimmt. Irgendwann wird unvermeidlich die Frage auftauchen: Was ist mit den vielen, die keine Möglichkeit oder keine Absicht haben, sich mit den Kräften des Kosmos zu befassen und die Gesetze kennenzulernen, die damit verknüpft sind? Das Problem ist nicht neu, und es stellt sich allgemein. Die spirituellen Bedürfnisse der vielen zu erfüllen ist Aufgabe der Religion, genauer gesagt der Religionen. Religion ist eine in langer Zeit gewachsene, etablierte und genormte Spiritualität, deren Ziel darin besteht, die geistigen Erkenntnisse, die für die Menschheit grundlegend sind, in einer der jeweiligen Gattung entsprechenden Art und Weise ohne übergroßen Zeit- und Energieaufwand zugänglich zu machen. Daß sie viele erreichen kann, ja sogar muß, ist ein Vorteil der Religion. Das ist nur möglich, wenn möglichst viele Faktoren auf einen gemeinsamen Nenner gebracht werden. Das geht nicht ohne Anpassungen, Vergröberungen oder Auslassungen. Darin besteht der Nachteil der Religion. Dieser Prozeß gleicht etwa dem Unterfangen, Shakespeares Hamlet zum Comic umzuformen. Das ist möglich, und es ist auch möglich, auf diese Weise eine ungefähre Information darüber zu erhalten, wer und was Hamlet ist. Wichtiges und Essentielles, soweit es nicht den bloßen Handlungsablauf mitbestimmt, werden dabei allerdings unerwähnt bleiben müssen. Der Vorteil dieser Bearbeitung besteht darin, daß sich auf diese Weise viele Menschen, die sonst kaum mit Shakespeare in Berührung kommen würden, über dieses Drama informieren können. Ähnliches gilt auch für die Verfilmung von Romanen der Weltliteratur. Die Lektüre von Tolstois *Krieg und Frieden* dürfte bereits vom Umfang des Buches her ein Unternehmen sein, das so viel Zeit in Anspruch nimmt, daß nicht einmal ein normaler Urlaub dafür genügen dürfte. King Vidors Hollywood-Verfilmung beansprucht den Zuschauer dreieinhalb Stunden lang und informiert nicht schlecht über die Hauptakzente der Handlung und die wichtigsten Personen. Zudem wird dank der Verdichtung und der Art der Darbietung des Stoffes im Film das Gemüt des Zuschauers viel stärker und unmittelbarer angesprochen als durch den Text des Buches. Verkürzung und Verdichtung können auch von Vorteil und Nutzen sein, wie anhand der Symbole im Kapitel »Göttlichkeit« gezeigt wurde. So ist es denn auch ein Kennzeichen der Religionen, daß sie mehr oder weniger starken Gebrauch vom Verkürzungseffekt der Symbole machen, wobei gleichzeitig der bewußte Sinngehalt dieser Symbole verlorengeht. Dies bringt früher oder später jedoch immer Probleme mit sich. Man kann sogar sagen, daß der Sterbeprozeß einer Religion eingeleitet ist, wenn sie den unmittelbar bewußten Kontakt zu den von ihr verwendeten Symbolen und dem darin enthaltenen Wissen verliert. Ein solcher Sterbeprozeß kann freilich über eine lange Zeit hinweg andauern, bis zu mehreren Jahrhunderten. Nach diesem Kriterium ist das Christentum mit Sicherheit eine sterbende Religion, die sich zusätzlich noch die Frage stellen lassen muß, ob sie je in der rechten Weise gelebt hat.

Man darf solche Behauptungen natürlich nicht einfach aussprechen, wenn sie sich nicht auf Fakten und Überlegungen zurückführen lassen, die eine ernsthafte und vor allem sachliche Diskussion ermöglichen. Auseinandersetzungen mit dem Christentum und namentlich der christlichen Kirche werden und wurden auch von jeher auf sehr emotionaler Basis geführt, was nicht immer der gerechten Sache dient. Diese Haltung und ein solches Vorgehen sind durch und durch unesoterisch. Eine der ersten und schon deshalb wichtigsten Belehrungen, die ein Neophyt des *Golden Dawn* unmittelbar nach seiner Initiation empfing, war, »niemals die Religion, die ein anderer ausübt, zu verlachen oder zu schmähen, denn, welches Recht hättet Ihr zu entweihen, was in seinen Augen heilig ist?« Sicher, es gibt Erscheinungen im Christentum, wie die Verfolgung und Ermordung der als Hexen und Ketzer bezeichneten Menschen, die Ausrottumg ganzer Gemeinschaften und Völker wie der Albigenser und Inkas, an die ohne negative Emotionen zu denken nicht leichtfällt. Es soll ein Thema dieses Kapitels sein, darzulegen, wie und warum eine Religion, die wie wohl kaum eine andere die Liebe als ihr Zentrum betrachtet, den Durchbruch einer Flut von menschlicher Destruktivität und Chaos ermöglicht, ja sogar fördert und ihrem innersten (esoterischen) Gehalt nach sogar gesetzmäßig erzwingt.

Das ständig anwachsende Interesse an Esoterik, das seit einigen Jahren im Westen erwacht ist und sich rascher ausbreitet als erwartet, dürfte symptomatisch für eine neue Phase dieses Sterbeprozesses sein. Wer sich zur Esoterik hingezogen fühlt, mag in seiner innersten Seele spüren, daß mit Christentum und Kirche etwas grundsätzlich nicht mehr stimmt, und Fehlendes in der Esoterik suchen. Soweit mir bekannt ist, beschränkt sich dieses ausgeprägte Interesse an Esoterik bisher auf den Westen. Dabei sind die anderen großen Weltreligionen ebenso alt und teilweise sogar noch älter als das Christentum. Ein Grund für diese Entwicklung mag sein, daß die übrigen Religionen mit der Esoterik anders umgegangen sind als das Christentum. Jede Religion ohne Ausnahme hat ihre esoterische Seite, die sich meist gar nicht von der esoterischen Seite anderer Religionen unterscheidet. Dieser Umstand kann indessen nicht ohne weiteres erkannt werden, da die Religionen in verschiedenen Kulturen dementsprechend unterschiedliche Bilder verwenden, um den Gehalt ihrer Lehre auszudrücken. Die christliche Kirche hat Esoterik und alles, was damit verbunden ist, stets entschieden abgelehnt und ihr weder Toleranz entgegengebracht noch eine Nische eingeräumt, wie dies in anderen Religionen der Fall ist. Das hat natürlich seinen historisch bedingten Grund.

Das Christentum selbst begann einst als Sekte des Judentums. Die ersten Christen betrachteten sich selbst nicht als außerhalb des Judentums stehend, und in der allerersten Zeit konnte nur an ihrer Gemeinschaft teilnehmen, wer zuvor zum Judentum übergetreten war. Für einen Mann bedeutete dies, daß er sich dem rituellen Brauch der Beschneidung zu unterziehen hatte. Erst mit dem Apostel Paulus begann das Christentum, über die Grenzen des Judentums hinauszugehen. Das geschah freilich nicht ohne zum Teil recht heftig geführte Auseinandersetzungen unter den Aposteln (siehe Apostelgeschichte Kapitel 15). Man einigte sich dann darauf, daß Paulus das Evangelium von Jesus Christus den sogenannten Heiden (das heißt Nichtjuden) verkündigen sollte, während die übrigen Apostel sich der Verkündigung und der Gemeinde im engeren jüdischen Kreis annahmen. Wäre das Christentum innerhalb der Grenzen des Judentums verblieben, hätte es heute wahrscheinlich keine größere Bedeutung als andere spirituelle Gruppierungen oder Bewegungen innerhalb des Judentums. Daß das Christentum seine welthistorische Rolle und Aufgabe wahrnehmen konnte, verdankt es den rastlosen Bemühungen des Apostels Paulus, der noch vor der bald erwarteten Wiederkunft Jesu Christi das Evangelium möglichst in allen Teilen des Römischen Reiches verkünden wollte. Als Folge davon entstanden an vielen Orten des Reichs christliche Gemeinden. Sie fielen bald auf, weniger durch die Lehre, die sie vertraten (das damalige Reich war voll von den verschiedensten Kulten und religiösen Gruppierung), sondern vielmehr durch ihre besondere Infrastruktur, die Gemeinde genannt wurde. Die anderen im damaligen Römischen Reich aktiven religiösen Gruppen, Kulte und Mysterien waren in einer überschaubaren Weise in das öffentliche Leben integriert. Ganz anders die Christen. Diese versammelten sich offenbar an nicht für jedermann zugänglichen Orten, und ihr Kult blieb geheim, was sich aus den historischen Dokumenten schließen läßt. Ihre Gemeinden förderten eine ausgesprochene Solidarität unter ihren Mitgliedern mit einer schon fast modern zu nennenden Sozialarbeit. Übrigens fällt auf, daß diese und ähnliche Merkmale auch ein Jahrtausend später bei der Verfolgung und Vernichtung des Templerordens in Frankreich eine Rolle spielten.

Es konnte nicht ausbleiben, daß sich die Repräsentanten des Römischen Reiches durch die Andersartigkeit des christlichen Kultes im geschlossenen Rahmen der Gemeinden bedroht fühlen mußten. Dazu kam noch, daß sich viele Menschen der unterprivilegierten Schichten vom Evangelium Jesu Christi angesprochen fühlten, das die Gleichheit der Menschen vor Gott verkündete, etwa die Sklaven, auf deren Fronarbeit die ganze wirtschaftliche Kraft des Römischen Reiches beruhte. Das Gefühl der Bedrohung, das dadurch ausgelöst wurde, war der Grund für die immer wiederkehrenden Christenverfolgungen im Römischen Reich, das sonst der Vielfalt der Religionsgemeinschaften mit großer Toleranz begegnete, allerdings unter der Voraussetzung, daß kein Kult die Einheit und hierarchische Form des Reiches in Frage stellte. Deshalb wurde von jedermann verlangt, daß er den römischen Kaiser als obersten Gott verehrte, ganz gleich welcher Religionsgemeinschaft er angehörte. Diesem Ansinnen konnten die Christen natürlich nicht entsprechen, und damit war der Konflikt mit dem Staat programmiert.

Um die Verfolgungen zu beenden, versuchten die ersten christlichen Theologen, dem Staat und der Gesellschaft zu beweisen, daß vom Christentum keine Gefahr drohte. Diese ersten Theologen werden in der Kirchengeschichte Apologeten genannt (Apologie heißt Verteidigung). Die allgemeine Denkweise im Römischen Reich der damaligen Zeit war durch und durch juristisch. So wurde die christliche Botschaft in eine juristische Form gebracht und kodifiziert, um sie allgemein verständlich zu machen. Das hat das Christentum bis in die Gegenwart nachhaltig geprägt. Die auch in der heutigen kirchlich-christlichen Sprache üblichen und häufig gebrauchten Begriffe wie »Jesus Christus, Herr und König«, »Sünde« als Übertretung göttlicher Gesetze, »Gerechte und Ungerechte«, »Gnade« und so weiter zeigen, in welchem Maße das Christentum von dieser juristischen Denkstruktur geprägt ist, die ganz einem hierarchischen, monarchisch-absolutistischen Gesellschaftsverständnis entspricht und in unserer doch mehr demokratisch geprägten Zeit eher anachronistisch wirkt. Auch manche christlichen Theologen sehen dieses Problem und sind nicht sehr glücklich darüber. Die einfachste Lösung, nämlich dieses überholte theologische Denksystem zu ändern, kann nicht durchgeführt werden, weil der Wein, der in neue Schläuche gefüllt werden sollte, im Laufe der fast zwei Jahrtausende weitgehend abhanden gekommen ist. Nur noch das System ist da, aber die Substanz fehlt. Selbst Theologen, die diese Problematik durchaus erkennen, kommen im Versuch, sie zu überwinden, nicht weiter als bis zu einer Art ethisch-sozial ausgerichtetem kategorischem Imperativ von der Art: Weil Gott mich liebt, bin ich dazu angehalten, auch die anderen zu lieben; weil Gott gerecht ist, soll seine Gerechtigkeit auch für alle Menschen gelten und so weiter. Man kann auch nicht die monarchische, hierarchische Denkweise aus der christlichen Theologie eliminieren und das Papsttum bestehen lassen. Gerade an diesem Beispiel wird klar, wie eng Struktur und Lehre in der christlichen Kirche, übrigens nicht nur in der römisch-katholischen, miteinander verknüpft sind. Das geht so weit, daß, wann immer heute Lehre und Struktur miteinander in Konflikt geraten, die Lehre der Struktur angepaßt wird. Diese Probleme und die Unmöglichkeit ihrer Lösung ohne gleichzeitige Selbstaufhebung der Kirchen zeigen sich heute in aller Schärfe, weil gleichzeitig mit der juristischen Formung und Kodifizierung der christlichen Lehre ein anderer Prozeß einherging, der in der Kirchengeschichte als Ausmerzung der Gnosis bekannt ist.

Das Wort Gnosis entstammt der griechischen Sprache und bedeutet »Erkenntnis des Übersinnlichen«. Etwas genauer und weitschweifiger ausgedrückt kann mit Gnosis auch die mit allen zur Verfügung stehenden Sinnen erfaßbare Kraft allen Geschehens bezeichnet werden, die Kraft, die den Kosmos lebendig erhält. Aus dieser Formulierung wird deutlich, daß mit dem Begriff Gnosis der esoterische Gehalt eines bestimmten Religionssystems gemeint ist. Es ist völlig klar, daß Gnosis, das heißt Esoterik, der juristisch dem römischen Staatsdenken angepaßten Überarbeitung des Christentums widersprach. Die gnostische, esoterische Lebenshaltung gründet sich auf der Erfahrung des unmittelbaren Zusammenklangs des eigenen Ich mit der Welt und dem Göttlichen. Nicht die bedingungslose Anerkennung einer höheren oder höchsten Autorität durch den Glauben allein wird verlangt, sondern die Erfahrung des einzelnen ohne Vermittlung einer Institution führt zur Erkenntnis und zur Vereinigung mit Gott. Die auf dem hierarchischen Denken aufgebaute christliche Kirche stellte im Gegensatz dazu das Postulat auf, daß außerhalb der einen Kirche kein Heil zu finden sei. Die Gnostiker lehrten, daß jeder Mensch durch entsprechendes Bemühen den direkten Kontakt zu Gott, eine Vereinigung mit ihm erlangen konnte. Die Kirche lehrte, und die römisch-katholische Kirche scheint dies noch heute offiziell zu postulieren, daß dies ohne eine vermittelnde Zwischeninstanz, eben die Kirche, nicht möglich sei. Das Heil wurde von der Kirche in Form der Sakramente verwaltet. Von der Gewährung oder Verweigerung dieser Sakramente hing es ab, ob ein Mensch die ewige Seligkeit erlangen konnte oder nicht. Dadurch legte die Kirche die Grundlagen ihrer Macht über die Menschen, selbst über Kaiser und Könige, und etablierte sich erfolgreich für Jahrhunderte. Dies ging freilich nicht schnell vonstatten, sondern in einem Prozeß, der die ersten drei Jahrhunderte über andauerte. Es war eine Zeit, in der das Römische Reich langsam seinem Untergang entgegenging. Fremde Völker, etwa die Germanen, bedrängten von allen Seiten her die Grenzen des Reiches, das unter der ständigen Bedrohung zu zerfallen drohte. Nur eine Ideologie oder Religion, die zentrale Gewalt und den Grundsatz der Einheit verkörperte, hatte die Chance, diesen Zerfallsprozeß zu stoppen. Statt der Vielfalt der Religionen und Kulte brauchte man eine allgemein geltende Staatsreligion, welche diese Ideologie der Einheit vertrat. Aus den erwähnten Gründen kam das Christentum diesen Anforderungen am nächsten und wurde deshalb mit der Aufgabe betraut, die Einheit und den Zentralismus des Römischen Reiches religiös abzustützen und zu festigen.

Die christliche Kirche konnte den Zerfall des Römischen Reiches jedoch nicht verhindern. Das Reich ging unter, und die Kirche blieb bestehen. Als der letzte römische Kaiser von den Germanen abgesetzt wurde, legte sich der Bischof von Rom kurzerhand dessen höchsten Titel *pontifex maximus* (oberster Brückenbauer zu Gott) zu und beanspruchte zusammen damit auch alle freigewordenen politischen, weltlichen Befugnisse der römischen Kaiser. Materiell hatte das einheitliche Römische Reich zwar zu bestehen aufgehört, aber der ihm zugrundeliegende Einheitsgedanke lebt in der Kirche weiter und wurde einfach auf die sich neu bildende historisch politische Konstellation übertragen: das Heilige Römische Reich Deutscher Nation. Der Papst konnte die weltlich politischen Aufgaben des römischen Kaisers zwar selbst nicht wahrnehmen, aber er delegierte sie an einen ihm geeignet scheinenden weltlichen Herrscher, der den Titel Kaiser führen durfte. Erstmals geschah dies im Jahre 800, als der Frankenkönig Karl in Rom vom Papst zum ersten Kaiser des Heiligen Römischen Reiches Deutscher Nation gekrönt wurde. Von da an bestimmte die Ideologie der Einheit, politisch wie religiös repräsentiert durch Kaiser und Papst, die abendländische Geschichte. Die Reformation änderte daran nicht viel, denn auch die Reformatoren postulierten einen weltlichen Machtanspruch der Kirche. Es stellte sich nur die Frage, wer ihn anstelle des Papstes nach außen vertreten sollte. Für Luther waren es die Landesfürsten, und Calvin schuf in Genf seine Theokratie. Wir dürfen sie dafür nicht tadeln, denn nur auf diese Weise konnten die Reformatoren ihre Ideen realisieren und dem Scheiterhaufen entgehen. Die Kirche hat den Schock ihrer Anfangsjahre, die Verfolgung, dadurch überwunden, daß sie sich selbst als bestimmende Macht etablierte und in Kauf nahm, selbst zur Verfolgerin zu werden. Dieser Prozeß ging einher mit einer Umdeutung aller zentralen Werte des einst von Jesus Christus überlieferten Evangeliums. Was in der Auseinandersetzung mit der Gnosis aus der christlichen Lehre und Kirche entfernt wurde, mußte in den Untergrund gehen und hat als Esoterik in mancherlei Formen bis heute überlebt. Die Kirche erlangte auf diese Weise zwar eine fest etablierte Position und Sicherheit vor Verfolgung innerhalb der abendländischen Gesellschaft, aber um den hohen Preis einer weitgehenden geistigen und spirituellen Verarmung. Aus all diesen Gründen sind die Kirchen heute gezwungen, ihre Struktur nach Möglichkeit zu bewahren und zu verteidigen, weil sonst wenig mehr da ist, das verteidigt werden könnte. Wenn man dies in Rechnung stellt, dann zeigt sich, daß das in den letzten Jahren aufgekommene Interesse an Esoterik offenbar mehr ist als eine vorübergehende Modeerscheinung oder ein flüchtiger Boom. Es ist die aus dem innersten Herzen kommende Suche der heutigen Menschen nach den verlorengegangenen Werten. Darin zeigt sich eine Parallele zur Reformation im 16. Jahrhundert. Auch damals wurde nach Werten gesucht, die im Lauf der Geschichte offenbar abhanden gekommen waren.

Um sie neu zu finden, suchten die Reformatoren, dem damaligen Zeitgeist des Humanismus entsprechend, in den Schriften der Bibel, im Wort, das geschrieben steht. Auf diese Weise wurde für sie die Bibel zum höchsten Kriterium, um zu entscheiden, was der Lehre von Jesus Christus entsprach und was nicht. Die Reformatoren wählten die Bibel, weil sie glaubten, auf diese Weise am weitesten zurück zur ursprünglichen Quelle christlicher Verkündigung zu kommen; dies um so mehr, als die Bibel im damaligen kirchlichen Leben offenbar keine große Rolle mehr spielte und man gerade auch darum darauf hoffen konnte, Verlorenes darin wiederzufinden.

Eine analoge Situation zeigt sich heute. Im Interesse für Esoterik äußert sich die Suche nach dem, was die Kirche vor anderthalb Jahrtausenden ausgestoßen und in den Untergrund verdrängt hat. Es ist die Hoffnung, daß in diesen so lange verlorenen und nur schwer zugänglichen Lehren das zu finden ist, was die heutige Menschheit so dringend braucht. Diese Entwicklung kann anhand von historischen Fakten nachvollzogen werden. Ich bin mir durchaus bewußt, daß der historische Prozeß sehr viel komplizierter und auch differenzierter war, als ich ihn hier darstelle. Diese Kompliziertheit läßt jedoch auch vieles unklar erscheinen, und vieles verbirgt sich hinter der Fülle der Differenzierung. Es geht darum, die Konturen einer Entwicklung aufzuzeigen, die schon zu Beginn des Fischezeitalters vor zweitausend Jahren ihren Anfang nahm und durch alle Jahrhunderte hindurch konsequent zu der Situation geführt hat, in der sich das Christentum und seine Kirchen heute, zu Beginn des Wassermannzeitalters, befinden. Die meisten bedeutenden Esoteriker des neunzehnten und zwanzigsten Jahrhunderts sind darin einer Meinung, daß das Christentum eigentlich dazu ausersehen war, die Vollendung und Anwendung des dritten Strahls zu bringen (siehe Seite 65), und daß offensichtlich etwas schiefgelaufen und außer Kontrolle geraten ist. Der Handel, den die Kirche mit der staatlich-politischen Macht eingegangen ist, mag ein Grund dafür sein, aber er allein genügt nicht, um das ganze Ausmaß der Abweichung und der daraus ständig entstehenden negativen und destruktiven Auswirkungen zu erklären. Es muß ein Einfluß vorhanden sein, der auf einer viel tieferen Schicht ansetzt und sich noch immer fortlaufend auswirkt, etwas, das weder durch die Kirchengeschichte noch durch die wissenschaftliche Theologie deutlich gemacht werden kann.

Robert von Ranke-Graves, der englische Historiker und Erforscher der Mythen des Mittelmeerraums, berichtet in seinem berühmten, zum Klassiker gewordenen Buch *Die weiße Göttin* vom König eines Hirtenvolkes. Ranke-Graves bezeichnet ihn mit dem Namen Herakles. Dieser griechische Name bedeutet »Ruhm der Hera«. Hera war ein frühgriechischer Name der Todesgöttin, die die Seelen der Sakralkönige in ihre Obhut nahm. Demnach ist Herakles ein Sakralkönig der prähistorischen Megalithzeit, der Zeit, in der die großen Steinmäler wie etwa Stonehenge errichtet wurden. Herakles scheint immer oder meist ein Zwilling gewesen zu sein, der zwölf Gefährten hat, unter denen sich auch sein Zwillingsbruder befindet. Über die Art seines Todes schreibt Ranke-Graves folgendes:

> Zu Mittsommer, am Ende einer halbjährigen Herrschaftsperiode, wird Herakles mit Met betrunken gemacht und in die Mitte eines Kreises von zwölf Steinen geführt; diese stehen um eine Eiche, vor der sich der Steinaltar befindet. Die Eiche ist so behauen, daß ihre restlichen Äste eine T-Form bilden. An diese Eiche wird er mit Weidenruten »in fünffachen Banden« gefesselt, wobei Handgelenke, Hals und Knöchel zusammengebunden sind; seine Gefährten schlagen ihn bewußtlos, dann wird er gehäutet, geblendet, kastriert, mit einem Mistelast gepfählt und zuletzt auf dem Altarstein in Stücke geschnitten. Sein Blut wird in einem Becken aufgefangen und dann über die ganze Stammesgemeinschaft verspritzt, um sie stark und fruchtbar zu machen. Die Glieder werden über Zwillingsfeuern aus Eichenscheiten geröstet, und diese wurden mit einem heiligen Feuer entzündet, das von einer vom Blitz getroffenen Eiche bewahrt oder durch das Drillen eines Erlen- oder Kornellkirschenstabes in einem Eichenscheit angefacht worden war. Dann wird der Stamm entwurzelt und zu Reisern gespalten, die den Flammen übergeben werden. Die zwölf berausch-

ten Männer rasen in einem wilden Achter-Tanz um die Feuer, singen ekstatisch und zerreißen mit den Zähnen das Fleisch. Die blutigen Reste werden im Feuer verbrannt – außer den Genitalien und dem Kopf. Diese werden in ein Boot aus Erlenholz gelegt und auf einem Fluß zu einer Insel überführt; auch wird das Haupt manchmal mit Rauch gebeizt und für Orakelzwecke verwahrt. Sein Stellvertreter wird Nachfolger und regiert für den Rest des Jahres, wonach er von einem neuen Herakles in einer Opferhandlung getötet wird.

Dieser Bericht von einem rituellen Menschenopfer erinnert an die Berichte von der Kreuzigung Christi, und zwar bis in Einzelheiten. Da ist etwa die Zahl zwölf als Zahl der Gefährten des Herakles wie auch der Jünger Jesu. Diese Zahl wiederholt sich in den zwölf ausgerichteten Steinen. Die Fixierung am Kreuz und die Geißelung sind Teile dieses Rituals. Die Pfählung mit einem Mistelast entspricht dem Stoß mit der Lanze in die Seite des gekreuzigten Jesus, und das Blut, das in einem Becken aufgefangen wird, ist Bestandteil des christlichen Gralsmythos. Dies sind nur einige Details, die eine Parallele zur Passionsgeschichte der Bibel aufweisen. In einer tieferen Schicht gibt es noch weitere Übereinstimmungen.

Die rituelle Opferung eines Sakralkönigs scheint ein Brauch der Megalithkultur in England gewesen zu sein. Manches läßt darauf schließen, daß auch die Sage von König Artus und seiner Tafelrunde aus dieser Perspektive zu betrachten ist, wenngleich die Opferung des Königs für sein Volk hier deutlich gemildert in Form des letzten Kampfes zwischen König Artus und Mordred enthalten ist. Aber auch der Leichnam des Artus wird auf einer Barke zu einer Insel, Avalon (Atlantis?), gebracht. Es war eine Eigenart der Kelten, die örtlichen Kulte, die sie überall vorfanden, wo sie auf ihrem Migrationszug aus Zentralasien hingelangten, in ihre eigene Religion zu integrieren. Das könnte auch bei der Opferung des Herakles der Fall sein. Nach der esoterischen Tradition gehörte der Westen Englands zum Einflußgebiet von Atlantis. So wäre es durchaus möglich, daß die Kelten dort auf das alte atlantische Menschenopferritual stießen und es in ihren eigenen Kult übernahmen.

Man muß sich fragen, was denn der Sinn eines solchen rituellen Blutopfers gewesen sein könnte und welche Verbindung, nicht zuletzt auch geographischer Natur, zur Leidensgeschichte von Jesus Christus bestehen mag. Das Thema Blut- und Menschenopfer wurde bereits in den Kapiteln »Initiation« und »Tradition« kurz gestreift. Es könnte durchaus sein, daß ein Grund für das Aufkommen von Menschenopfern bis in jene Zeit zurückverfolgt werden muß, in der die Menschheit von Manus auf ihre evolutionäre Entwicklung vorbereitet wurde. Ein Manu verkörperte alle Eigenschaften der künftigen Evolutionsstufe, zu der er die ihm anvertraute Menschheitsgattung zu führen hatte. Kurz bevor das Ziel erreicht war, verschwand der Manu, was in den Augen seines Volkes als verborgener Tod gewertet wurde; und die bislang in ihm allein konzentrierten Eigenschaften wurden frei und zu Eigenschaften der ganzen Gattung. Was vorher das Privileg eines einzelnen gewesen war, kam jetzt dem ganzen Kollektiv zugute. Es ist sehr unwahrscheinlich, daß der Zusammenhang zwischen dem »Tod« eines Manu und dem evolutionären Fortschritt eines Volkes oder einer Gattung nicht bemerkt worden wäre. Wenn man darin eine gewisse Gesetzmäßigkeit erkannte, dann konnte diese Gesetzmäßigkeit auch manipulativ zum Wohl der Gemeinschaft genutzt werden, vielleicht indem man eine Art »künstlicher« Manus machte. Wenn ein Merkmal des Manu ist, daß er weder Vater noch Mutter hat, dann wählte man Menschen aus, die diese Anforderung annähernd erfüllten, zum Beispiel einen Zwilling, da man damals wahrscheinlich immer nur einen Zwilling als Kind seiner Eltern betrachtete und den zweiten als aus der göttlichen Sphäre herab gezeugt glaubte. Dieser Zwilling war dann ein Sohn Gottes. Auch unter den Jüngern Jesu befand sich ein Zwilling, denn das ist die Bedeutung des Namens Thomas (Johannes 20,24). Ferner gab es die Möglichkeit, einen »Sohn des Volkes« in einem Ritual der künstlichen Befruchtung zu zeugen, an dem entweder alle oder ausgewählte Männer der Gemeinschaft beteiligt waren. Dieser »Sohn des Volkes« oder »Menschensohn« wurde dann zu gegebener Zeit auf die von Ranke-Graves beschriebene Art rituell geopfert, damit die in ihm eingeschlossenen Kräfte frei werden und der ganzen Gemeinschaft zugute kommen konnten. Dazu wurde sein Blut, der Träger dieser Lebenskraft, getrunken oder über die Gemeinschaft verspritzt, sein Körper zerstückelt und verzehrt. In der Passionsgeschichte von Jesus, wie sie in den synoptischen Evangelien (Matthäus, Markus, Lukas) erzählt wird, gibt es eine Episode, die uns sofort an dieses archaische Ritual erinnert. Es ist die Erzählung vom letzten Abendmahl, das Jesus mit seinen zwölf Jüngern feierte. Freilich ist der äußere Rahmen des Abendmahls ein ganz anderer, der zunächst rein gar nicht mit dem blutigen Menschenopferritual in Beziehung gebracht werden kann, und doch fallen dort die berühmten Worte, die im Christentum eine so zentrale Stellung einnehmen: »Während sie nun aßen, nahm Jesus Brot, sprach den Segen, brach es und gab es den Jüngern mit den Worten: ›Nehmt und eßt, das ist mein Leib.‹ Und er nahm einen Kelch, sagte Dank, reichte ihn ihnen und sprach: ›Trinkt alle daraus, denn das ist mein Blut des Bundes, das für viele vergossen wird zur Vergebung der Sünden.‹« (Matthäus 26,26–28)

Wer war denn eigentlich dieser Jesus, Christus genannt, der aufgrund seiner Worte und der von ihm überlieferten Handlungen zum Zentrum und Gründer des nach ihm benannten Christentums wurde? Was wissen wir über ihn, wenn wir wissenschaftlich akzeptierte historische Maßstäbe anlegen? Die Antwort ist einfach: nichts! Es gibt keine Dokumente oder Zeugnisse über ihn, die sich nicht auf die gleiche, anfangs wohl mündlich überlieferte Tradition innerhalb der ersten christlichen Gemeinden zurückführen lassen. Auch die Texte der Evangelien gehen mit Sicherheit auf frühere Vorlagen zurück, die man mit vielen Fragezeichen versehen muß. Sie waren nämlich kaum mehr als eine Sammlung unzusammenhängend überlieferter Sprüche und Erzählungen, die man Jesus zuschrieb. An manchen Formulierungen in den sogenannten synoptischen Evangelien läßt sich nachweisen, daß der griechische Urtext höchstwahrscheinlich auf eine hebräische oder aramäische Vorlage zurückzuführen ist, und das gleiche kann auch beim Johannesevangelium nicht ganz ausgeschlossen werden. Die uns bekannten Evangelien wären demnach Versuche, das lose vorhandene Material in einen sinnvollen Zusammenhang zu bringen, aufgereiht an einem Bericht über Geburt, Wirken und Sterben des Jesus Christus. Wie jeder Laie selbst nachprüfen kann, waren sich die verschiedenen Autoren der Evangelien nicht immer einig, in welche Beziehung diese einzeln überlieferten Worte zueinander zu setzen sind. Eine Rolle mag gespielt haben, daß jeder Evangelist für ein anderes Zielpublikum schrieb und dementsprechend auch die Akzente anders setzte. So schrieb Matthäus für die Juden, denen er mit seinem Evangelium beweisen wollte, daß Jesus der von Gott verheißene Messias ist, der kam, um das jüdische Volk zu erlösen. Lukas kommt aus der Völkervielfalt des römischen Imperiums. Dementsprechend ist seine Darstellung eine Sammlung mythologischer Legenden, wie sie im damaligen Heroenkult üblich waren. Jesus rückt damit in die Nähe von Herakles oder Dionysos. Es würde den Rahmen dieses Buches sprengen, wollte man alle diesbezüglichen Fakten erwähnen, aber alle zusammengenommen lassen eigentlich nur einen Schluß zu (vorausgesetzt man fühlt sich keinem fundamentalistischen Standpunkt verpflichtet, der die Resultate wissenschaftlicher Forschung unberücksichtigt lassen muß): Christus, wie wir ihn aus der christlichen Lehre kennen, ist eine Kunstfigur, geschaffen zum Zweck der bildhaften Verkörperung einer ganz bestimmten Energie, die das Christusprinzip genannt wird. Christus ist eine praktische Anwendung des Gesetzes, daß der Mensch Energie nur in Bildern handhaben kann.

Die wissenschaftliche Theologie ist durch ihre Forschungen zu ähnlichen Resultaten gekommen, vor allem durch Martin Bultmann, einen der bedeutendsten Theologen dieses Jahrhunderts. Die Ergebnisse seiner theologischen Forschung haben in der Kirche jedoch keine praktische Umsetzung gefunden. Bultmanns Schüler, der Göttinger Professor Hans Conzelmann, sagte denn auch zutreffend: »Die Kirche lebt praktisch davon, daß die Ergebnisse der wissenschaftlichen Leben-Jesu-Forschung in ihr nicht publik sind.«

Das heißt aber nicht, daß Jesus von Nazareth nie gelebt hat. Im Gegenteil deutet manches darauf hin, daß ein wirklicher Mensch dieser überlieferten Bildform Modell gestanden hat.

Vielleicht hieß er sogar Jehoschuah (lateinisch Jesus) oder trug einen anderen Namen. Sicher war er ein großer, begnadeter esoterischer Lehrer, und möglicherweise wurde er hingerichtet, entweder durch Kreuzigung oder auf andere Weise, weil seine Lehrtätigkeit mit der offiziellen Tempellehre in Konflikt geriet und deren Repräsentanten sich dadurch bedroht fühlten. Wenn Jesus ein jüdischer Esoteriker war, dann spricht viel dafür, daß er die Esoterik der Kabbala lehrte und vertrat. Schon sein Name ist ein kabbalistisches Bild. Im Bericht des Lukas von Mariä Verkündigung (Lukas 1,26–38) erscheint der Engel Gabriel. Gabriel, der Bote Gottes, ist der Erzengel, welcher im kabbalistischen Baum des Lebens der Sephira Jesod zugeordnet ist. Jesod steht in Verbindung mit dem Unbewußten des Menschen; es ist auch der Ort, wo sich die reinen kosmischen Energien zu Bildern formen. Jesus ist die latinisierte Form des hebräischen Namens Jehoschuah, der aus den vier Buchstaben Jod, Heh, Vau, Heh und dem dazwischengeschobenen Buchstaben Schin besteht. Die vier Buchstaben Jod, Heh, Vau, Heh bezeichnen den höchsten Namen Gottes. Der Buchstabe Schin verkörpert für die Kabbalisten die göttliche Dreieinigkeit der ersten drei Sephiroth am Baum des Lebens: Gott den Vater (Chockma), Gott die Mutter (Binah) und den allumfassenden universalen Gott (Kether); seine flammenähnliche Form macht ihn zudem noch zu einem Symbol für das Feuer als Licht (siehe Abbildung). Die vier Buchstaben des göttlichen Namens stehen für die vier Elemente der Materie: Jod (Feuer), Heh (Wasser), Vau (Luft) und das Schluß-Heh (Erde). Zusammengenommen enthalten diese vier Buchstaben des Gottesnamens die Form, in der sich Gott durch die Materie zum Ausdruck bringt. Wird der Buchstabe Schin in die Mitte eingefügt und der Gottesname zu Jehoschuah erweitert, bedeutet dies bildhaft: Das Licht scheint in der Finsternis der Materie, durchdringt und erleuchtet sie und führt sie dadurch zur Ganzheit (vergl. Johannes 1,5). Genau das ist das Wesen des Christusprinzips.

Aus diesen Überlegungen heraus dürfte auch klar werden, warum Christus und das Christusprinzip in enger Verbindung mit dem Symbol des Kreuzes stehen. Dieses Symbol bringt

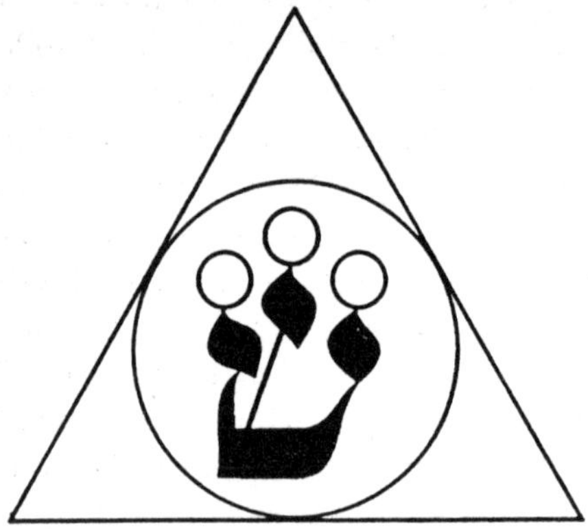

Ganzheit und Ganzwerdung durch Verbindung von Gegensätzen zum Ausdruck. In dieser Eigenschaft ist das Kreuz nicht nur ein spezifisch christliches Symbol. Es findet sich praktisch überall auf der Welt und ganz besonders in Gebieten, die vom Strom der überlieferten drei großen Emigrationen aus Atlantis berührt wurden. Ebenso finden sich überall im Bereich dieser drei Emigrationsströme, besonders des ersten, Spuren von Menschenopfern.

Der Kult des Lichtes im Sinne des Johannesevangeliums verträgt sich nicht mit blutigen Menschenopfern. Und doch scheint es, als vereinige das Christentum beides in sich, denn die christliche Theologie stellte den Tod Jesu am Kreuz von jeher als einen Opfertod dar. Eine Rückbesinnung auf Atlantis böte auch die Erklärung für die so auffallende Übereinstimmung der Kreuzigung Jesu mit der Opferung der megalithischen Sakralkönige. Beides könnte sich auf die gleiche rituelle Quelle in Atlantis zurückführen lassen. Wenn man diesen Gedanken konsequent zu Ende denkt, bedeutet das, daß sich im Christentum ein uraltes Menschenopferritual verbirgt, das jedesmal, wenn eine Messe oder ein Abendmahl gefeiert wird, auch heute noch rituell-magisch neu vollzogen wird. Die römisch-katholische Dogmatik besteht ja darauf, daß sich der Wein im Meßkelch tatsächlich in das Blut Jesu verwandelt. Blutopfer beruhen auf den Energien der

Zerstörung und vor allem der Ausbeutung. Ein Lebewesen wird getötet, damit dessen Lebenskraft, deren magische Träger das Blut und der Körper des Geopferten sind, für andere zur Verfügung stehen kann. Durch Trinken des Blutes und Verzehren des Leibes wird diese Lebenskraft dann der eigenen hinzugefügt, als Mittel zur Machtsteigerung. Das aber ist schwarze Magie im reinsten Sinn. Auch der Einwand, daß sich Jesus ja freiwillig geopfert habe, gilt hier nicht, denn niemand hat das Recht, sein Leben vor der dazu bestimmten Zeit zu vernichten. Jedes Leben, das besteht, ist vom schöpferischen Prinzip gewollt und damit Teil der großen kosmischen Schöpfungsordnung. Wer sein Leben aus freien Stücken aufgibt, handelt gegen diese höhere Ordnung. Jesus als Esoteriker wußte darum und hätte sich daher nie so verhalten.

Jeder, der sich nur ein wenig mit diesen Dingen beschäftigt, weiß, daß Rituale hochwirksam sind. Das gilt sowohl für weißmagische als auch für schwarzmagische Rituale. Es spielt auch keine Rolle, ob derjenige, der das Ritual ausführt oder daran teilnimmt, seine Bedeutung und seinen Zweck kennt oder nicht. Das Ritual an sich bewirkt, was es bewirken soll. Das ist ein Grund, warum rituelle Magie selbst in den einfachsten Formen mit Risiko verbunden ist. Rituale wirken auch dann noch, wenn sie nicht einmal mit der Materie arbeiten, sondern auf reinen Symbolen aufgebaut sind, wie im Falle der Messe oder des Abendmahls. Das heißt, jedesmal wenn eine Messe oder eine Abendmahlsfeier zelebriert wird, wird auch das archaische Blutopferritual vollzogen, und die damit verbundenen Energien werden frei und können zur Auswirkung gelangen. Diese Energien sind aber dem Christusprinzip und dem, was Jesus verkündigt hat, diametral entgegengesetzt. Die durch das Blutopfer beschworenen Energien sind Kräfte des Chaos und der Ausbeutung. Damit ergibt sich die Situation, daß die zentrale christliche Kulthandlung die christliche Lehre der Liebe nicht nur in ihr Gegenteil verkehren kann, sondern durch die Kraft des Rituals auch noch dafür sorgt, daß sich die chaotischen, ausbeuterischen Energien stärker zur Geltung bringen können als die Kraft der Liebe. Die Geschichte des Christentums im Zeitalter der Fische und der Zustand vor allem der westlichen Welt, die sich in einem fast nicht mehr zu verkraftenden Ungleichgewicht befindet, legt dafür beredtes Zeugnis ab.

Blutopfer bedeuten immer eine Störung der kosmischen Balance, weil dem Geopferten dadurch etwas weggenommen wird, das ihm als Individuum zu eigen ist und auf das der Opfernde nach der großen kosmischen Schöpfungsordnung keinen naürlichen Anspruch hat. Mehr noch, Blutopfer dienen immer auch der Machtvermehrung, weil der Opfernde dem Opfer etwas wegnimmt, es seinem eigenen Potential hinzufügt und damit seine persönliche Macht stärkt. Dieses Prinzip ist ein wesentlicher Bestandteil der abendländischen Kultur, das sich immer wieder selbständig verwirklicht. Innerhalb der westlichen Geschichte sehen wir die Auswirkungen dieses Prinzips unter anderem auch daran, mit welcher Regelmäßigkeit sich die zyklisch wiederkehrenden Revolutionen stets wieder in ihr Gegenteil verwandeln. Die Ausgebeuteten und Unterdrückten erheben sich gegen ihre Ausbeuter, beseitigen in einer Revolution deren Macht, um dann in immer kürzerer Zeit selbst zu Ausbeutern zu werden. Dieser Zyklus begann schon in der Frühzeit der Christenheit, als sich die Verfolgten selbst zu Verfolgern entwickelten, und zeigt seine Auswirkungen bis in die Gegenwart, auch da, wo scheinbar keine Verbindung zum Christentum mehr besteht. Der Marxismus ist ein Produkt des christlichen Abendlandes. Auch wenn er sich dezidiert atheistisch versteht und gegen jede Religion wendet, so ist seine Vision doch auf dem Nährboden des Christentums gewachsen.

Ausbeutung ist keineswegs ein Monopol des Christentums, sondern hatte sich bereits in der Antike in Form der Sklavenwirtschaft etabliert. Die Christen integrierten also nur, was sie bereits vorfanden. Die Hartnäckigkeit jedoch, mit der sich das Prinzip der Ausbeutung und des Machtstrebens immer wieder durchsetzte und sogar noch verstärkte, läßt sich daraus allein nicht erklären. Es müssen andere Faktoren einwirken, um eine solch durchschlagende Wirkung zu erzielen – eine Wirkung, wie sie eigentlich nur auf magischer Grundlage zu erreichen ist.

Aufgrund all dieser Überlegungen kann die These aufgestellt

werden, daß sich hinter dem zentralsten christlich-kirchlichen Ritus ein archaisches, schwarzmagisches, blutiges Menschenopferritual verbirgt. Dieses Menschenopferritual ist wahrscheinlich ein Überbleibsel des alten atlantischen Sonnenkultes und hat sich über das Juden- und Keltentum bis in unsere Zeit hinein erhalten. Jedesmal wenn Messe oder Abendmahl gefeiert und die Einsetzungworte »das ist mein Leib, das ist mein Blut« ausgesprochen werden, wird dieses Menschenopferritual neu vollzogen, und die damit verbundenen Energien der Ausbeutung und Macht werden immer wieder neu magisch beschworen und zur Auswirkung freigesetzt. Dies gilt auch dann, wenn der zelebrierende Priester oder Pfarrer nichts über diese Zusammenhänge weiß, weil das Ritual aus sich selbst heraus wirkt.

Es stellt sich nun die Frage, auf welche Weise ein der christlichen Botschaft so diametral entgegengesetztes Prinzip in den kirchlichen Kult Eingang finden konnte. Zwei Möglichkeiten sind vorstellbar. Entweder hat zu Beginn des Fischezeitalters niemand etwas davon bemerkt, weil Ausbeutung und Machtstreben selbstverständliche, nie hinterfragte Bestandteile des Römischen Reiches waren, oder es steht ein intelligenter Wille dahinter, der auf magische Weise ein bestimmtes Ziel erreichen will. Wenn das Christentum mit der Aufgabe betraut war, den dritten Strahl zur Vollendung und Auswirkung zu bringen, dann dürfte es keine wirkungsvollere Methode gegeben haben, dies zu verhindern, als ein den christlichen Lehren entgegengesetztes Prinzip, einem Virus gleich, in eines der zentralsten Rituale des Christentums einzupflanzen. Solchermaßen geschützt und unerkannt konnte der Virus dann seine verhängnisvolle Wirkung entfalten. Wie bereits im Kapitel »Theorie der Praxis« erwähnt, ist die Auslösung eines Selbstzerstörungsmechanismus eine der effizientesten Möglichkeiten, derer sich schwarzmagische Kräfte zu ihrer Auswirkung bedienen. Die entsprechenden Symptome zeigen sich in der Gegenwart deutlich, vor allem in Form der überhandnehmenden ökologischen Katastrophe, eine Folge der Ausbeutung der Natur durch den Menschen, der sich die biblische Devise »machet euch die Erde untertan« zu eigen macht. Ein weiteres effektives Mittel zur Ausbeutung schuf sich das christliche Abendland in Form des Kolonialismus. Dadurch exportierte das Fischezeitalter die in ihm wirkenden destruktiven und destabilisierenden Kräfte in alle Welt, wo sie nun, den Metastasen eines Krebsgeschwürs gleich, ihre unheilvolle Wirkung auf andere Menschheitsgattungen und Kulturen ausüben.

Im Christentum stehen Leid und Schmerzen in enger Verbindung mit dem Opfer. Das letzte Ziel, die Verbundenheit mit Gott, ist beinahe schon abhängig von der Erduldung von Leid. Diese Eigenart zeigt sich bereits in der Mystik des Mittelalters und steigert sich in der Frömmigkeit des Barocks beinahe zum Masochismus. Im Laufe der Jahrhunderte geriet die Tatsache, daß opfern und Opfer nicht a priori mit Leiden identisch ist, weitgehend in Vergessenheit. Opfern heißt Prioritäten setzen. Auch hier soll ein banales, alltägliches Beispiel das Wesen des Opfers näher erläutern. Für sein Gedeihen und Wohlbefinden braucht der Mensch Nahrung. Der heutige Mensch produziert seine Nahrung im allgemeinen nicht mehr selbst, sondern kauft sie ein. Beim Einkauf muß er dem Verkäufer von Lebensmitteln eine entsprechende Gegenleistung in Form von Geld erbringen. Dieses Geld ist meist durch Arbeit verdient, Arbeit, die einen recht großen Teil des Alltags beansprucht. Es ist also durchaus möglich, daß jemand sich nicht unbedingt gern von seinen hart verdienten Geldscheinen trennt. Also muß eine Entscheidung getroffen, es müssen Prioritäten gesetzt werden. Entweder ich gehe am Wochenende im Supermarkt einkaufen, damit ich über Sonntag etwas zu essen habe, und gebe dafür einen meiner hart verdienten Geldscheine aus, oder diese Geldscheine haben für mich einen derart hohen subjektiven Wert, daß ich sie nicht hergeben will. Dann muß ich dafür in Kauf nehmen, daß ich am Sonntag wenig bis nichts zu essen habe. Beide Entscheidungen sind mit einem Opfer verbunden. Im ersten Fall opfere ich einen Geldschein, weil mir Essen wichtiger ist als Geld. Im zweiten Fall hat der unangetastete Besitz meines verdienten Geldes Priorität vor dem Gefühl der Sättigung, und dementsprechend anders sieht mein Opfer aus. Das gleiche Prinzip der Priorität gilt auch im Bereich des religiösen oder spirituellen Opfers. Auch auf dieser Ebene entspringt das Opfer einem willentlichen Entschluß. Etwas ist mir wichtig, und ich will es. Das bedeutet aber, daß ich aufgeben und loslassen muß, was mit dem erstrebten Ziel nicht zu vereinbaren ist. Das ist nicht immer einfach und problemlos und kann daher auch mit Schmerz und Leiden verbunden sein, selbst dann, wenn der Mensch seine Priorität im Sinne der großen kosmischen Schöpfungsordnung setzt. Bevor der Mensch zu seiner wahren Ganzheit und Mitte findet, ist er ja meist einer falschen, durch Gewohnheit eingependelten Balance verhaftet. Wenn er diese falsche Balance zugunsten der echten aufzugeben beginnt, reagieren Körper- und Astralebene mit genau den gleichen Symptomen, Leid und Schmerz, die für die Abweichung aus dem Zustand der Ausgewogenheit vorgesehen sind. Die Astralebene, die diese Symptome produziert, tut nichts als ihre Pflicht, da sie beim Menschen den Unterschied zwischen falscher und echter Balance nicht ohne weiteres zu erkennen vermag. Ist die neue, kosmisch ausgerichtete Balance erreicht, verschwinden die Symptome des Leidens und der Schmerzen wieder und machen neuen, meist noch nie gekannten Gefühlen und Empfindungen des Wohlbefindens Platz. Der biblische Satz »Wir müssen durch viel Leid in das Reich Gottes eingehen« entspricht zwar weitgehend den Tatsachen, aber nur in Form einer statistischen Feststellung und nicht im Sinne eines unabdingbaren »Es muß so sein«. Leid und Schmerz sind dazu da, um dem Menschen ein Abweichen vom Zustand der Ausgewogenheit und Mitte anzuzeigen. Sie nehmen also die gleiche Funktion wahr wie eine Warnleuchte bei einem technischen Gerät, beim Auto zum Beispiel die Anzeige, daß zu wenig Öl im Motor ist. Nehmen wir diese Warnung nicht ernst und gießen kein neues Öl nach, ist es nur eine Frage der Zeit, bis das Auto ernsthaften Schaden erleidet oder gar kaputtgeht. Genauso verhält es sich beim Menschen. Treten Warnungen in Form von Leid und Schmerz auf, ist als erstes zu untersuchen, wo und auf welche Weise die Balance gestört ist. Dann ist, wie beim Auto, das Entsprechende zu tun, um Balance und kosmische Ausrichtung wiederherzustellen. Ein vernünftiger Autofahrer wird es gar nicht zum Aufleuchten der Warnlampe kommen lassen, indem er regelmäßig von sich aus den Ölstand mißt und dafür sorgt, daß er immer die erforderliche Markierung erreicht. Beim Menschen ist das Prinzip nicht anders als beim Auto. Wer von sich aus in Balance und kosmischer Harmonie lebt und von sich aus rechtzeitig das Notwendige tut, damit kein störender Einfluß diese Ausgewogenheit durcheinanderbringt, wird kaum ein Aufleuchten der Warnlampe feststellen müssen. Die Realität, wir wissen es alle, sieht freilich anders aus. Ausgewogenheit und Mitte sind nicht die Regel, sondern wohl eher die höchst seltene Ausnahme. Das ist aber noch lange kein Grund, den Ist-Zustand als verbindlich und notwendig zu erklären. Selbst wenn alle Autos der Welt zuwenig Öl im Motor haben sollten, kann daraus keineswegs der Schluß gezogen werden, daß dies dem Normalzustand eines Autos entspricht und deshalb so sein muß. Genausowenig rechtfertigt die Tatsache, daß nun einmal die meisten Menschen nur durch viel Leid und schmerzvolle Erfahrung in das Reich Gottes gelangen, das Postulat, daß es ohne Leid nicht geht oder nicht gehen darf. Jesus sah das übrigens genau gleich. Er weigerte sich stets, Krankheit und die dadurch entstandenen Leiden als eine Strafe Gottes oder als unabänderliches karmisches Schicksal zu betrachten, wie dies immer wieder von ihm verlangt wurde. Begegnete er einem kranken Menschen, dann heilte er ihn ohne Wenn und Aber, um damit zu zeigen, daß Krankheit und Schmerz nur Anzeichen dafür sind, daß dem betreffenden Menschen die Balance abhanden gekommen ist. Den Geheilten gab Jesus den Satz »Geh und sündige fortan nicht mehr« mit auf ihren künftigen Lebensweg. Das bedeutet im Klartext: Bleibe auf deinem weiteren Lebensweg in der Balance. Dann ist die Heilung dauerhaft. Das deutsche Wort »heilen« bedeutet ganz machen, die ursprüngliche Ganzheit wieder herstellen. Und Ganzheit ist der göttlich kosmisch gewollte, natürliche Zustand. Die höchste kosmische Ordnung und Balance zeigen sich im Zustand der Gesundheit, des Wohlbefindens und der Lust, was auf dem XXI. Tarotbild durch den tanzenden Androgyn unmißverständlich dargestellt ist.

Ranke-Graves' Beschreibung des alten keltischen Opferrituals zeigt, daß Blutopfer stets mit der bewußten, absichtlichen Zufügung von Leiden und Schmerz und mit deren Erduldung verbunden war. Es ist deshalb nur konsequent und logisch, daß Mittel und Wege gefunden werden mußten, um Schmerz und Leiden religiös zu motivieren – was dem Christentum hervorragend gelungen ist.

Ausgangspunkt dieser Leidensverherrlichung ist die juristische Struktur, die dem Christentum durch die Kirche gegeben wurde. In dieser juristischen Struktur, die alles unter dem Aspekt von Schuld und Sühne sieht, kommt der Strafe und der Strafbemessung eine herausragende Rolle zu. Die Grundaussage des Christentums ist sehr einfach. Der unbalancierte Zustand ist für den Menschen, da durch die sogenannte Erbsünde hervorgerufen, an sich definitiv und irreparabel. »Sünde« kommt von »sondern, absondern«, und die deutsche Bibelsprache gebraucht dieses Wort etwa seit dem 16. Jahrhundert ganz klar, um die Übertretung des Sittengesetzes zu bezeichnen. Eine Übertretung des Gesetzes fordert juristisch gesehen Strafe in Form eines willentlich und bewußt zugefügten Leidens. Der Mensch wird so in einem immerwährenden Zustand gehalten, der Strafe erfordert. Durch Gottes Gnade wird dem sündigen Menschen die verdiente Strafe jedoch erlassen, weil Jesus Christus, der Sohn Gottes, die für den Menschen fällige Strafe freiwillig durch Leiden und Tod am Kreuz auf sich genommen hat. Dem Gesetz, das als Sühne für begangene Gesetzesübertretungen Strafe in Form von Leiden fordert, ist dadurch Genüge getan, und der Mensch ist durch diese Erlösertat Jesu Christi aus seinem Zustand der Sünde und Unausgewogenheit befreit – zwar nicht de facto, aber doch de jure, weil trotz des sündigen Zustandes des Menschen durch die Erfüllung des Gesetzes eine Versöhnung mit Gott möglich geworden ist. Auf diese Kurzformel läßt sich die christliche Theologie bringen, und zwar bis in die Gegenwart, auch wenn versucht wird, die Härte dieser Formel durch viele Wenn und Aber und theologische Uminterpretationen abzuschwächen oder zu verschleiern. Die Folge ist, daß der Christ seinem Erlöser vorwiegend im Bilde des zur Strafe für die Sünden der Menschen Gekreuzigten begegnet und ihn als Leidenden verehrt. Zwei Dinge wurden dadurch erreicht, die für das Zeitalter der Fische von großer Bedeutung sind: Die Anwendung von Gewalt zur Durchsetzung der hierarchischen gesellschaftlichen Ansprüche gerade auch der Kirche wurde religiös sanktioniert, denn Gott selbst bediente sich ja des Prinzips von Schuld und strafender Leidenszufügung als Mittel zur Erlösung der Menschheit. Gott wird also identisch mit dem juristischen Prinzip von Schuld und Strafe durch Leidenszufügung, weil ja auch im Falle von Jesus Christus das Gesetz absolut erfüllt werden muß. Wer könnte angesichts dieses Umstandes noch die Kühnheit besitzen, das zugrundeliegende Prinzip zu hinterfragen? Das kam offensichtlicher Gotteslästerung gleich. Ferner konnte sich kein Mensch über individuelles Leiden beklagen, denn immer konnte man diesen Unglücklichen darauf hinweisen, daß sein persönliches Leiden nichts sei und dazu noch verdient im Gegensatz zu dem noch viel größeren Leiden, das Jesus Christus als Unschuldiger freiwillig und ohne Klage auf sich genommen habe. Der Fokus, Höhepunkt oder Tiefpunkt dieser Gesinnung (je nach Position, die man einnimmt), ist das berühmte Gemälde, das Matthias Grünewald vom gekreuzigten Christus malte. Dieses Bild ist die künstlerische und ästhetisierende Erhöhung und Sanktionierung all des Furchtbaren und Grauenhaften, das auf den Richtplätzen und in den Foltertürmen des Fischezeitalters geschah. Leiden als unentbehrlicher Teil des christlichen Weges wurde auf diese Weise von den Kirchen ganz bewußt eingesetzt, um jede kritische Frage schon im Keim zu ersticken, denn wo gelitten wird, gibt es meist jemanden, der einen Vorteil davon hat. Und wer einen Vorteil hat, will, daß es so bleibt. Auf diese Weise wird eine offensichtliche Unausgewogenheit und Disharmonie auf künstliche Weise stabilisiert und zum Naturzustand erklärt, der aufgrund der Erbsünde keine vom Menschen selbst bewirkte Änderung zuläßt. Gleichzeitig wird so verhindert, daß zu offensichtlichen sozialen und politischen Ungerechtigkeiten, die mit Leiden verbunden sind, kritische Fragen gestellt werden.

Nach all diesen Überlegungen können zusammenfassend folgende Thesen formuliert werden:

1. Das Christentum wurde im Zuge der Evolution der Menschheit mit der Aufgabe betraut, im Zeitalter der Fische die Voll-

endung des dritten Strahls, des Strahls der Liebe und dessen Anwendung in der Welt herbeizuführen.

2. Das Christentum scheiterte an dieser Aufgabe, weil in seinem zentralsten Sakrament, einem Virus gleich, ein archaisches blutiges Menschenopferritual enthalten ist. Jedesmal wenn Messe oder Abendmahl gefeiert werden, wird dieses Menschenopferritual magisch neu vollzogen. Dadurch wird ein schwarzmagisches Egregore (siehe Seite 158) immer wieder neu genährt, dessen Energien den im Christentum enthaltenen Kräften des Lichtes und der Liebe gänzlich entgegengesetzt sind. Auf diese Weise werden die Kräfte des Lichtes und der Liebe immer wieder in ihrer Auswirkung beeinträchtigt, gehindert oder sogar in ihr Gegenteil verwandelt.

Natürlich darf man keinen einzigen der heute wirkenden und engagierten Pfarrer und Priester dafür in irgendeiner Weise verantwortlich machen. Sie wissen wirklich nicht, was sie tun, und auch dafür kann man sie nicht tadeln. Woher sollten sie es auch wissen, nachdem die Kirchen in ihrem unmittelbaren Einflußbereich jahrhundertelang sorgfältig alle Spuren, die vielleicht manchen hätten nachdenklich werden lassen, durch Inquisition und geistigen Monopolanspruch zum Verschwinden gebracht haben. Viele Pfarrer und Priester der christlichen Kirchen engagieren und exponieren sich heute in vorbildlicher Weise gegen Ausbeutung, soziale Ungerechtigkeit und Machtanspruch der Institution. Was aber hilft die beste Predigt gegen Ausbeutung und Machtanspruch durch Unterdrückung anderer, wenn im selben Gottesdienst genau die entgegengesetzten Kräfte beschworen und deren Egregore immer neu genährt und fortlaufend gestärkt wird.

Die hier ausgesprochenen Überlegungen scheinen nicht unbedingt neu zu sein. In den Verhörprotokollen der unter schwerster Folter erpreßten Aussagen der französischen Templer des 11. Jahrhunderts ist von einem merkwürdigen Ritual die Rede, dem sich die Ritter während ihrer Initiation zu unterziehen hatten. Sie mußten ein Kreuz mit dem daran gekreuzigten Christus bespeien und mit Füßen treten. Die Historiker suchten nach den verschiedensten Erklärungen für diese seltsame Prozedur. Eine davon behauptet, daß die Ritter damit auf die Gehirnwäsche in einer eventuellen islamischen Gefangenschaft vorbereitet werden sollten. Viel wahrscheinlicher ist jedoch, daß die Templer um das im Christentum verborgene Blutopferritual wußten und sich auf diese Weise vom schwarzmagischen Menschenopfer, das in der Kreuzigung dargestellt ist, lossagten. Auch von den zur gleichen Zeit lebenden Albigensern, die mit den Templern in Beziehung standen, wird überliefert, daß sie die Verehrung des Kreuzes Christi als Hinrichtungsinstrument und Werkzeug der Leidenszufügung ablehnten. Auch die Albigenser wurden wie die Templer in einem der grausamsten Feldzüge der Kirche ausgerottet, und zwar in einer Art und Weise, die nur darauf schließen läßt, daß sich die Kirche in höchstem Maße von ihnen bedroht fühlte. Die Frage bleibt, ob dies geschah, damit eines der bestgehüteten Geheimnisse der damaligen christlichen Kirche, das sie zu ihrer Machterhaltung brauchte, nicht weiter publik und diskutiert werden konnte. Vergessen wir nicht, daß die mittelalterliche Kirche im verborgenen noch über ein beträchtliches Wissen um Magie und alles, was damit zusammenhing, verfügte. Dieses Wissen ging später wahrscheinlich wieder verloren, aber die Struktur der Kirchen und ihre Rituale, vor allem die der römisch-katholischen Kirche, werden bis in die Gegenwart wirkend davon geprägt, ohne daß sich ihre Angehörigen und Vertreter dessen bewußt sind. Sollte dies so sein, dann ist mit der Wende zum Wassermannzeitalter der Zeitpunkt gekommen, um die Frage nach diesem Geheimnis neu zu stellen und eine mögliche Antwort zu finden.

Auch eine andere Frage verlangt nach Antwort: Ist es möglich, Esoteriker und gleichzeitig Christ zu sein? Die Antwort ist ein klares Ja, wenn einige Umstände näher in Betracht gezogen werden. Zuallererst muß man sich dabei vor mancherlei Illusionen hüten. Dazu gehört die unter Esoterikern weit verbreitete Ansicht, es existiere so etwas wie ein esoterisches Christentum. Das ist eine Illusion, denn ein solches esoterisches Christentum, selbst wenn es existiert hätte, wäre längst auf eine so dichte Weise mit der kirchlichen, institutionellen Lehre und Dogmatik verknüpft, daß es absolut unmöglich wäre, es in seiner ursprünglichen Form herauszufiltern und zu rekonstruieren. Auch das Johannesevangelium, auf das in diesem Zusammenhang gern zurückgegriffen wird, hilft da nicht weiter, obwohl offensichtlich ist, daß im Johannesevangelium gnostisches, das heißt esoterisches Gedankengut einen breiten Raum einnimmt. Bezeichnenderweise fehlen im Johannesevangelium auch die Einsetzungsworte »Das ist mein Leib, das ist mein Blut.« Statt dessen wird die Geschichte von der Fußwaschung erzählt. Die kirchliche Theologie hat sich von Anfang an mit diesem Evangelium schwergetan und sich elegant aus der Affäre gezogen. Unter Hinweis auf den Adler als dem Attribut des Evangelisten Johannes wurde erklärt, der geistige Höhenflug dieses Evangeliums könne von gewöhnlichen Menschen eben nicht nachvollzogen werden. Im Johannesevangelium begegnen wir Jesus dem Esoteriker, dem Kabbalisten. Vieles in diesem Evangelium wird erst verständlich, wenn wir es wie die »Fama Fraternitatis« von dieser Seite her zu ergründen suchen. Auch der Gralsmythos, der oft als Ausdruck eines esoterischen Christentums betrachtet wird, weist in eine ganz andere Richtung. Es handelt sich dabei um in christliche Bilder verpackte Esoterik. Dringt man tiefer in diesen Mythos ein, stellt man rasch fest, daß dessen eigentlicher Gehalt nicht im christlichen Bereich gewachsen ist, sondern östlich von Jerusalem, in Ländern wie Persien oder gar Indien, und daß er auch einen keltischen Hintergrund hat. Das Christliche daran erscheint gleichsam aufgepfropft. Manches läßt darauf schließen, daß der Gralsmythos eine mehr oder weniger bewußt künstliche Konstruktion ist, vielleicht dazu bestimmt, nach der Vernichtung der Templer und Albigenser das Gedankengut der Esoterik aufzunehmen und in solche christliche Bilder zu kleiden, an denen kein Inquisitor etwas daran aussetzen konnte. Dieses Gut wie in einem Kelch zu bewahren und durch die kommenden dunklen Jahrhunderte des Fischezeitalters zu tragen, bis die Zeit reif ist, den Schatz neu zu heben, scheint Aufgabe dieses Mythos.

Gibt es kein esoterisches Christentum, so gibt es sehr wohl eine christlich geprägte Esoterik. Kein Esoteriker muß sich von den Bildern verabschieden, die ihm während eines ganzen Lebens lieb und vertraut geworden sind. Er sollte die Bilder lediglich daraufhin prüfen, ob sie ihre Aufgabe, den Energien der esoterischen Erkenntnis die richtige Form zu geben, noch erfüllen. Ist das nicht der Fall, dann müssen die zugrundeliegenden Prinzipien sanft aus den christlichen Bildern herausgelöst und in neue, geeignetere Bilder überführt werden.

Jede der großen Weltreligionen enthält auf ihre Weise alles, was auch Kern der Esoterik ist. Im Christentum ist es das Christusprinzip, das dieses Zentrale und Eigentliche zum Ausdruck bringt. Es wurde in die Figur des Jesus von Nazareth projiziert. Das Christusprinzip wird im Johannesevangelium als das Licht bezeichnet, das in die Finsternis scheint, sie ganz durchdringt und erleuchtet und dadurch den Weg zur Ganzheit erhellt und zeigt.

Noch ein weiteres Mal sei an den Satz »Das Universum drängt zur Form« erinnert. Darin ist die Feststellung enthalten, daß diese Form noch nicht erreicht, der Kosmos also unvollkommen ist. Da der Mensch ein Mikrokosmos ist, gilt dieser Satz nach dem Gesetz »wie oben so unten« auch für ihn. Jeder einzelne Mensch hinkt auf irgendeine Weise dieser zur Form drängenden Entwicklung hinterher. Zu viele Hindernisse, falsche Sicht und Ballast hindern ihn daran, den Rhythmus der kosmischen Bewegung in seinem persönlichen Leben nachzuvollziehen. Er muß also loslassen, was ihn hindert, muß eine Wahl treffen, was ihm wichtig ist, muß Prioritäten setzen. So wird uns die Möglichkeit gegeben, unseren Weg selbst zu bestimmen, selbst dann, wenn wir uns aus freien Stücken gegen den kosmischen Weg entscheiden sollten. Jede Priorität, die wir setzen, bedeutet das Loslassen, die Aufgabe von etwas anderem, das bisher einen Platz in unserem Leben eingenommen hat und wichtig war. Im Hinblick auf das in freier Entscheidung gewählte Ziel hat es aber nunmehr seine Wichtigkeit verloren. Prioritäten setzen bedeutet Opfer bringen, aber nicht von außen aufgezwungene Opfer, sondern freiwillige, aus der Einsicht heraus geleistete. Das mag sicher nicht immer ohne Trauer, Abschiedsschmerz und Entzugssymptome abgehen. Diese Empfindungen haben jedoch überhaupt nichts mit den institutionell oder von der allgemeinen Meinung verordneten Leiden zu tun, die mit Opfer in Verbindung gebracht werden. Jeder Mensch hat selbst einen gewissen Einfluß darauf, welcher Art die Empfindungen sind, die ihn in diesem Sinne belasten. Ist dieser Prozeß tatsächlich mit kaum erträglichem Leid verbunden, dann ist vermutlich die Einsicht auf der Mentalebene oder die Motivation von der spirituellen Ebene her noch nicht ganz klar.

Der Name Christus entstammt der griechischen Sprache *(christos)* und bedeutet der Gesalbte. Die Salbung war eine rituelle Handlung analog zur Krönung eines Königs (siehe 1. Samuel 10). Durch die Salbung wurde der betreffende Mensch aus seiner Gemeinschaft herausgelöst und mit einem besonderen Status versehen, der für alle erkennbar war. Ein König nimmt die Position zwischen der menschlichen und der göttlichen Welt ein. Die klassische Königskrone, die auf den Kopf gesetzt wird, aber über den Scheitel hinausragt, ist das bildhafte Symbol dieser verbindenden, vermittelnden Rolle. Der König vertritt in dieser Zwischenstellung die Belange seiner Gemeinschaft in der göttlichen Sphäre und umgekehrt das Göttliche auf der Ebene der Gemeinschaft, deren König er ist. Aus diesem Grund wird das Bild eines Königs für die Darstellung des Christusprinzips verwendet. Fassen wir das Wesen des Christusprinzips im Licht dieser Überlegungen noch einmal zusammen:

Das Christusprinzip ist die Art und Weise, in der Sinn und Vollendung des zur Form drängenden Universums zum Ausdruck gebracht wird, und es enthält die entsprechende Energie. Da reine Energie von Menschen nur in Form eines Bildes erfaßt und gehandhabt werden kann, wird auch das Christusprinzip verbildlicht. Das Christusprinzip ist Ausdruck von Ganzheit, Ganzwerdung und Ausgewogenheit bei gleichzeitiger totaler Lebendigkeit. Es stellt den vollendete Form gewordenen Zielzustand des Universums dar. Da dieser Zustand schon rein durch das noch im Werden befindliche Universum zukunftsbezogen ist, kann er nur durch Veränderung und Verwandlung des Bestehenden erreicht werden. Veränderung bedeutet, daß neue Prioritäten gegenüber dem Bestehenden gesetzt werden müssen. Dies geschieht durch Einsicht auf der Mentalebene und wird Erkenntnis genannt. Dieses Setzen von neuen Prioritäten wird allgemein Opfer genannt und kann mit Symptomen verbunden sein, die Unausgewogenheit und Schmerz ausdrücken. Das Christusprinzip der Ganzheit und Vollendung wird dadurch Ausdruck des großen kosmischen Schöpfungsprinzips, das sich in der mit Leben erfüllten Form zeigt. Daher steht es in Verbindung mit der Sphäre, die von den Menschen als göttlich bezeichnet wird. In menschlicher Form kann das Christusprinzip durch das Bild eines Königs zum Ausdruck gebracht werden. In der vorchristlichen Antike war der Gott Dionysos eine bildhafte Form des Christusprinzips. Die von Dionysos überlieferten Erzählungen enthalten viele Elemente, aus denen dies erkennbar wird, zum Beispiel Wein und Rosen als Zeichen der Verwandlung und Bewußtseinsveränderung. Deshalb kann ein vom Leidenszwang befreites Christusprinzip mit dem Namen Christos Dionysos bezeichnet werden (der zum König wird und verwandelt). Das im letzten Kapitel eingehend behandelte Symbol des Rosenkreuzes steht ebenfalls für das Christusprinzip. In menschlicher Bildform kann es sich in der Gestalt des C. R. zeigen. Im Zeitalter der Fische war das Christusprinzip durch Jesus Christus verkörpert. Christ ist, wer das Christusprinzip bejaht und in einer Form annimmt und verehrt, in der es für ihn zur Auswirkung kommen, zur Christophanie werden kann. Welches Bild gewählt wird, ist letztlich eine persönliche Angelegenheit.

Das anbrechende Wassermannzeitalter verlangt dringend danach, daß das Christusprinzip behutsam und ohne Gewalt aus dem Bild des gekreuzigten Christus herausgelöst und in eine neue Bildform gebracht wird. Das ist auch der Weg, um die an das Bild des Gekreuzigten gebundenen schwarzmagischen Elemente, die bislang die Vollendung und Anwendung des dritten Strahls verhinderten, aus dem Christentum zu eliminieren. Zum Vorschein kommen wird Jesus von Nazareth, einer der größten esoterischen Lehrer der Menschheit, dessen Lehre und Verkündigung so die Chance erhält, ihren eigentlichen Gehalt zu offenbaren und in der Nachfolge von Jesus in die Praxis umgesetzt zu werden.

Nach dem Bericht der Bibel hat alles mit Melchisedek begonnen, dem Manu, der dem Abraham Brot und Wein gab. Das Widder- und das Fischezeitalter erblickten darin Zeichen von blutigen Opfern, seien es Tiere oder Menschen, die zur Verbindung und Versöhnung mit Gott oder den Göttern dargebracht wurden. Heute ist die Zeit gekommen zu erkennen, daß Melchisedek dem Menschen Abraham mit Brot und Wein die Symbole des ersten und zweiten Strahls darbot und ihm den Auftrag gab, mit Hilfe dieser beiden den dritten Strahl zu bilden und zur Vollendung zu bringen – den Strahl, dessen Wesen Liebe ist. Brot, aus dem aus der Erde herauswachsenden Korn bereitet, ist Symbol dieser Erde, Symbol der Materie, in der der Mensch lebt und wirkt. Wein ist das Symbol der Verwandlung und Bewußtseinserweiterung, die zu Wissen und Erkenntnis führt. Beide zusammen konsumiert vermischen sich zur belebten Materie, die zur Liebe unter Willen fähig und erhöht wird. Die neuen Einsetzungsworte lauten dann: »Das ist das Brot der Erde (Materie), die euch als Wohnort und zur Pflege gegeben ist. Das ist der Wein, der Geist, das Licht, womit ihr diese Erde beleben und erhellen sollt. Und jedesmal wenn dies geschieht, wird Christus, das Christusprinzip, mitten unter euch sein.«

Das anbrechende Wassermannzeitalter hat die Wahl, weiterhin im Banne des gequälten, geschundenen, leidenden, zum Blutopfer gemachten Christus am Kreuz zu bleiben oder sich von dem milden, aber alles durchdringenden Licht, das aus dem nunmehr geöffneten Grab des C. R. strahlt, erfüllen zu lassen.

Literaturverzeichnis

Andreae, Joh. Valentin: *Fama Fraternitatis* (1614), *Confessio Fraternitatis* (1615), *Chymische Hochzeit: Christiani Rosencreutz. Anno 1459* (1616), Calwer Verlag, 1981

Ashcroft-Nowicki, Dolores: *First Steps In Ritual. Safe, Effective Techniques For Experiencing The Inner Worlds*, Aquarian Press, 1982

Ashcroft-Nowicki, Dolores: *The Ritual Magic Workbook. A Practical Course of Self-Initiation,* Aquarian Press, 1986 (erscheint im Herbst 1990 in deutscher Sprache im Verlag Hermann Bauer).

Blavatsky, Helena Petrowna: *Die Geheimlehre,* Verlag J. J. Couvreur, o. J.

Brennan, James H.: *Experimentelle Magie. Einführung in die Praxis,* Sphinx Verlag, 1985

Butler, W. E.: *Die hohe Schule der Magie,* Verlag Hermann Bauer, 1987, 3. Auflage

Case, Paul Foster: *The True And Invisible Rosicrucian Order. An Interpretation Of The Allegory And An Explanation Of The Ten Rosicrucian Grades*, Samuel Weiser, 1985

Conway, David: *Secret Wisdom. The Occult Universe Explored,* Jonathan Cape, 1985

Duke, Ramsey: *Liber SGDSMEE. Die Grundlagen der Magie*, Edition Magus, 1987

Egyptian Mysteries. An Account Of An Initiation (Englische Bearbeitung eines dem Jamblichus zugeschriebenen Textes von Paul Christian, Pseudonym für Jean-Baptiste Pitois), Samuel Weiser, 1988

Fortune, Dion: *Die mystische Kabbala,* Verlag Hermann Bauer, 1987

Fortune, Dion: *Esoteric Philosophy Of Love And Marriage,* Aquarian Press, 1974

Fortune, Dion: *The Esoteric Orders And Their Work,* Aquarian Press, 1982

Fortune, Dion: *The Training And Work Of An Initiate,* Aquarian Press, 1982

Fortune, Dion: *Through The Gates Of Death,* Aquarian Press, 1968

Feinstein, David/Krippner, Stanley: *Persönliche Mythologie. Die psychologische Entwicklung des Selbst,* Sphinx Verlag, 1987

Frick, Karl R. H.: *Die Erleuchteten. Gnostisch-theosophische und alchemistisch-rosenkreuzerische Geheimgesellschaften bis zum Ende des 18. Jahrhunderts – Ein Beitrag zur Geistesgeschichte der Neuzeit*

Hall, Manley P.: *The Secret Teachings Of All Ages. An Encyclopedic Outline Of Masonic, Hermetic, Qabbalistic, And Rosicrucian Symbolical Philosophy,* The Philosophical Research Society, 1977

Hope, Murry: *Practical Celtic Magic. A Working Guide To The Magical Heritage Of The Celtic Races*, Aquarian Press, 1987 (erscheint demnächst in deutscher Sprache)

Hope, Murry: *Practical Egyptian Magic. A Complete Manual Of Egyptian Magical Practices, Including Safe And Simple Rituals Adapted For Presentday Use*, Aquarian Press, 1984

Hope, Murry: *Practical Greek Magic. A Complete Manual Of A Unique Magical System Based On The Classical Legends Of Ancient Greece,* Aquarian Press, 1985

Jennings, H.: *Die Rosenkreuzer. Ihre Gebräuche und Mysterien,* Ansata Verlag, 1977 (Neudruck der Ausgabe Berlin 1912)

Klimo, Jon: *Channeling. Der Empfang von Informationen aus paranormalen Quellen,* Verlag Hermann Bauer, 1988

Lurker, Manfred: *Götter und Symbole der alten Ägypter,* Goldmann Verlag, 1980

McIntosh, Christopher: *The Rosy Cross Unveiled. The History, Mythology, And Rituals Of An Occult Order,* Aquarian Press, 1980

Nigg, Walter: *Heimliche Weisheit. Mystiker des 16.–19. Jahrhunderts,* Artemis Verlag, 1959

Papus: *ABC illustré d'Occultisme,* Editions Dangles, 1972

Papus: *Traité élémentaire de Science Occulte,* Editions Dangles

von Ranke-Graves, Robert: *Die weiße Göttin. Sprache des Mythos,* Medusa Verlag, 1981

Regardie, Israel: *Das magische System des Golden Dawn,* 3 Bände, Verlag Hermann Bauer, 1987/88

Roche de Coppens, Peter: *The Nature And The Use Of Ritual For Spiritual Attainment. Based On The Seven Key Christian Documents,* Llewellyn Publications, 1985

Ruf, Oskar: »Sinn und Bedeutung der Reinkarnationstherapie«, Vortrag gehalten im Rahmen der 6. Breitensteiner Psychotherapiewochen 1986

Schick, Hans: *Das ältere Rosenkreuzertum. Ein Beitrag zur Entstehungsgeschichte der Freimaurerei,* Berlin 1942 (Neudruck Ansata Verlag, 1980 unter dem Titel *Die geheime Geschichte der Rosenkreuzer*)

Verlag Hermann Bauer · Freiburg im Breisgau

Hans-Dieter Leuenberger

Schule des Tarot, Band 3

Das Spiel des Lebens

Tarot als Weg praktischer Esoterik

3. Aufl. 302 S. mit 31 Zeichn. geb. ISBN 3-7626-0286-7

Die beiden ersten Bände der *Schule des Tarot* legen den Schwerpunkt auf die Vermittlung des für ein Verständnis des Tarot notwendigen esoterischen Wissensstoffes. Gleichzeitig soll im Verlauf der Auseinandersetzung mit diesem Wissensstoff beim Leser ein Entwicklungsprozeß eingeleitet werden, dessen Ziel eine Bewußtseinserweiterung ist.
An diesem Punkt setzt der dritte Band *Das Spiel des Lebens* ein. Er zeigt auf, wie der Leser, der sich diesem fortschreitenden Bewußtseinsprozeß unterworfen hat, seine erworbenen Kenntnisse in sein persönliches Leben, in seine Umwelt einbringen und integrieren kann. In *Das Spiel des Lebens* liegt der Akzent ganz besonders auf der praktischen Anwendung des Tarot in Richtung auf die Betrachtung und Bewältigung der täglich anfallenden Lebensprobleme. Der Leser erfährt, wie es möglich wird, mit Hilfe des Tarot die ganz alltägliche Konfrontation mit seinen vielfältigen Lebensaufgaben und Problemen besser und im möglichsten Einklang mit der großen kosmischen Ordnung zu leben.
Ziel des Buches ist es, daß der Leser den einmal eingeschlagenen Weg der Bewußtseinserweiterung und esoterischen Weltbetrachtung unter Bezugnahme seiner ganz speziellen persönlichen Lebenssituation selbständig weitergehen kann, den Tarot in einer möglichst kreativen Weise in sein persönliches Leben integriert und das Gelernte vermehrt und entwickelt.

Verlag Hermann Bauer · Freiburg im Breisgau

esotera-Taschenbücherei im Verlag Hermann Bauer

Hans-Dieter Leuenberger

Das ist Esoterik

Eine Einführung in esoterisches Denken
und in die esoterische Sprache

4. Aufl. 239 S. kart. ISBN 3-7626-0621-8

Seit vielen Jahren zeigt sich in der westlichen Welt ein kontinuierliches Anwachsen des Interesses an Esoterik und Spiritualität. Genau in diese Thematik zielt das neue Buch von Hans-Dieter Leuenberger, das als eine Art Reiseführer verstanden sein will, der den Einsteigern in die faszinierende Welt der Esoterik die nötigen Grundinformationen vermittelt.
Im ersten Teil bietet der Autor eine allgemeine Betrachtung über die Esoterik als ein uraltes, heute wiederentdecktes geistiges Erbe der Menschheit. Da es sich bei der Esoterik um eine alte, beinahe schon archaische Tradition handelt, ist die Sprache, in der dieses Wissen überliefert wird, nicht mehr allgemein verständlich. Der zweite Teil widmet sich der Kurzdarstellung der wichtigsten Teilgebiete: Alchemie – Astrologie – Kabbala – Reinkarnation – Magie – Symbolik – Östliche Esoterik – Theosophie, Anthroposophie – Esoterische Belletristik – Tarot – I Ging – Schamanismus – Esoterische Medizin – Weltreligion und Esoterik. Zu jedem dieser Teilgebiete gibt der Autor einige Bücher an, die nach seiner subjektiven Ansicht geeignet sind, den weiterzuführen, der sich mit diesen Gebieten intensiver befassen möchte.

Verlag Hermann Bauer · Freiburg im Breisgau

esotera
M 5402 E
Neue Dimensionen des Bewußtseins
esotera
STAHL IST WACHS IN IHREN HÄNDEN
WISSEN, ABER KEIN BEWEIS
Heilwissen der Indianer
KAROTTEN KONTRA KREBS
Leichter lernen
MIT FANTASIE ZUM KLASSEN-ZIEL
DES DOKTORS MEDIZIN-MANN
TRÄUMEN-ABER KLAR!